浙江旅游职业学院"双高计划"
建设成果（2019—2023）系列丛书

高等职业学校
全员全过程全方位育人
"浙旅探索"

韦国潭　周国忠 ◎ 主编

北京·旅游教育出版社

图书在版编目（CIP）数据

高等职业学校全员全过程全方位育人"浙旅探索" / 韦国潭，周国忠主编. -- 北京：旅游教育出版社，2023.10

（浙江旅游职业学院"双高计划"建设成果（2019—2023）系列丛书）

ISBN 978-7-5637-4597-5

Ⅰ．①高… Ⅱ．①韦… ②周… Ⅲ．①高等职业教育－人才培养－研究－浙江 Ⅳ．①G718.5

中国国家版本馆CIP数据核字(2023)第179465号

浙江旅游职业学院"双高计划"建设成果（2019—2023）系列丛书
高等职业学校全员全过程全方位育人"浙旅探索"
韦国潭　周国忠　主编

策　　划	丁海秀　黄明秋
责任编辑	施云峰
出版单位	旅游教育出版社
地　　址	北京市朝阳区定福庄南里1号
邮　　编	100024
发行电话	（010）65778403　65728372　65767462（传真）
本社网址	www.tepcb.com
E‐mail	tepfx@163.com
排版单位	北京旅教文化传播有限公司
印刷单位	唐山玺诚印务有限公司
经销单位	新华书店
开　　本	787毫米×1092毫米　1/16
印　　张	19.5
字　　数	284千字
版　　次	2023年10月第1版
印　　次	2023年10月第1次印刷
定　　价	68.00元

（图书如有装订差错请与发行部联系）

《浙江旅游职业学院"双高计划"建设成果（2019—2023）系列丛书》编委会

主　任：韦国潭　杜兰晓

副主任：周国忠　王忠林　陆　文　王　方　韩永良
　　　　姚哲峰　严一平

《高等职业学校全员全过程全方位育人"浙旅探索"》

主　编：韦国潭　周国忠

副主编：徐初娜　金蓓蕾　徐　敏

撰稿人：（按姓氏笔画排序）

王　瑗　王庆华　王相华　韦小良　方　敏
卢静怡　朱倩倩　刘建明　刘　颖　孙　伟
严一平　杨　婷　吴　珊　吴佳佳　吴雪飞
余小平　汪　亮　沈鑫泉　张永波　张建华
陆　书　陈方方　陈卓平　陈莹莹　陈雪琪
罗　峰　罗曼丽　金晓阳　周李俐　周慧颖
郎富平　项顺贵　俞丹茗　洪登海　姚哲峰
钱兴成　徐　峥　徐　洁　郭　一　黄巨永
章　觅　葛志荣　葛丽敏　童建民　谢振旺
雷明化

在全面建设社会主义现代化强国的新征程上，党和国家把职业教育摆在经济社会发展和教育改革创新更加突出的位置。尤其是党的十八大以来，习近平总书记多次就发展职业教育作出重要指示，要求"必须高度重视、加快发展"，强调"职业教育前途广阔、大有可为"。

2019年3月，教育部、财政部联合发布《关于实施中国特色高水平高职学校和专业建设计划的意见》（简称"双高计划"），提出"集中力量建设50所左右高水平高职学校和150个左右高水平专业群"的总体目标，打造一批中国特色高水平高职学校，形成一批有效支撑职业教育高质量发展的政策、制度、标准，引领新时代高等职业教育高质量发展。浙江旅游职业学院作为首批"双高计划"建设单位，坚持以习近平新时代中国特色社会主义思想为指导，紧密围绕国家战略、文化和旅游产业发展需求，依托省部共建机制，落实立德树人根本任务，深化产教融合，强化校地合作，推动治理变革，以"双高计划"十大改革发展任务为轴心，砥砺奋进、攻坚克难、创新发展，努力建成一所全国一流、国际知名、中国特色、世界水平的旅游高等职业院校。

经过近五年的实践探索，《浙江旅游职业学院"双高计划"建设成果（2019—2023）系列丛书》（以下简称《丛书》）正式出版面世。《丛书》旨在回顾总结学校"双高计划"五年建设的所思与所为、求新与求真、所感与所悟，分享新时代旅游高等职业教育高质量发展中的新模式、新样态和新路径，以期为中国乃至世界旅游高等职业教育高质量发展做些摸索、尝试和变革。《丛书》遵循"双高计划"建设要义，依照"学校—专业（群）—育人—反思"逻辑链，以"一个立德树人的育人使命、一系列教育教学关键改革、'校企合作、产教融合'二维办学模式，以及'党的领导、教育教学、学生成长、教师发展、产教融合、社会服务、国际化水平、治理现代化'八大实践场景"构成的"1128"体系为叙事线索,将学校在"双高计划"建设成果分类为《中国特色高水平高职学校建设"浙旅实践"》(简称《浙旅实践》)、《数字文旅时代导游人才培养"浙旅模式"》(简称《浙旅模式》)、《高等职业学校全员全过程全方位育人"浙旅探索"》(简称《浙旅探索》)及《新时代旅游高等职业教育改革"浙旅思考"》(简称《浙旅思考》)四大系列。

《丛书》编撰以"双高计划"建设总体目标为统领,各有侧重。《浙旅实践》主要反映学校在党的领导、教育教学、学生成长、教师发展、产教融合、社会服务、国际化水平、治理现代化方面的顶层设计,是学校践行"双高计划"十大改革发展任务的院校实践;《浙旅模式》主要以专业群建设为切入点,以"解剖麻雀"的视角深入阐释数字文旅时代背景下导游专业群人才培养定位、课程体系重构、实践教学模式改革、教学资源开发、教学方法改革、课程思政建设、师资队伍建设、国际化导游人才培养等方面的模式创新,也是学校"双高计划"建设的关键突破点;《浙旅探索》从"课程育人、科研育人、实践育人、文化育人、网络育人、心理育人、管理育人、服务育人、资助育人和组织育人"十大育人体系彰显学校全员全过程全方位为文化和旅游产业培养高素质技术技能人才、能工巧匠、大国工匠的改革探索;《浙旅思考》围绕人才培养、科学研究、社会服务、文化传承创新、国际交流合作五大办学职能,从院校治理、专业建设、课程建设、产教融合、师资队伍、职教国际化、"双创"教育七个主要维度进行旅游职业教育发展的深度思考,不仅是对学校未来高质量发展的现实反思,更是回应旅游职业教育战线的前沿关切。

四本书内容各有侧重但又融为一体,力图全方位展示浙江旅游职业学院"双高计划"建设以来的办学成效与发展历程,以此凝聚全校师生办好旅游高等职业教育的磅礴力量,激发广大师生与学校发展同频共振的不竭动力。《丛书》在编撰过程中得到了学校党政领导的悉心指导和各二级单位的大力支持,诸位撰稿人员亦尽全力撰写,力求全面、真实、系统地展现学校"双高计划"建设成效。然而,由于编撰者的水平有限,《丛书》难免存在不足之处,在此敬请大家不吝指正。

抚阅过往,我们心潮澎湃;展望未来,我们激情满怀。面对新时代高等职业教育大发展的大好形势,我们将以习近平新时代中国特色社会主义思想为指引,始终牢记为党育人、为国育才的使命担当,将学校全力打造成为旅游职业教育"中国品牌"和"中国服务"人才培养的摇篮,成为"一带一路"沿线国家旅游职业教育的领跑者,成为新时代立德树人的示范校、服务文旅深度融合发展的智囊团和中国旅游职业教育的引领者，在新征程上以奋进之笔书写浙江旅游职业学院更加绚丽的华章，为争创社会主义现代化先行省、高质量发展建设共同富裕示范区、实现中华民族伟大复兴的中国梦贡献力量！

韦国潭　杜兰晓

2023 年 8 月 8 日

前言

"四维合一"深化"三全育人"综合改革

浙江旅游职业学院是全国唯一一所文化和旅游部与浙江省人民政府共建的高等旅游职业院校,致力于打造旅游职业教育的"中国品牌"和"中国服务"人才培养的摇篮。学校以习近平新时代中国特色社会主义思想为指导,坚持社会主义办学方向,落实立德树人根本任务,扎实构建了先锋领航、四融并进、以文化人、数字赋能"四维合一"的"三全育人"模式,德智体美劳五育并举成效显著。学校获评全国黄炎培职业教育优秀学校奖、全国党建工作样板支部2个、全国高职院校首批"育人成效50强"、全国学生发展指数优秀学校、国家课程思政示范课程2门、教育部首批教育信息化试点优秀单位、教育部"一站式"学生综合管理模式建设试点单位、全国国防教育特色校、世界职业院校与技术大学联盟(WFCP)"学生支持服务卓越奖",入选浙江省"三全育人"综合改革重点支持高校、省首批高校智慧思政特色应用试点校、首批省级课程思政示范校、省5A等级平安校园、省高校示范性创业学院。

(一)先锋领航:厚植文旅人才的"红色基因"

一是培根铸魂明育人方向。全面落实党委领导下的校长负责制,以"先锋工程"为总牵引,深入实施"红色根脉强基工程",扎实推进"政治铸魂、强基固本、效能聚力、头雁培优、思政育人"五大行动,着力打造"中国服务 先锋领航"党建品牌,建有省高校思政名师工作室、省高校"双带头人"教师党支部书记工作室,获评省级标杆院系、样板支部和先锋支部7个,省级及以上党建荣誉33项。

二是守正创新筑育人阵地。出台了《关于深化"三教"改革、强化"三风"建设的实施意见》,实施了以"四融五美"为核心的"课堂革命",构建了"思政课创优

361"模式,着力培养"四有"好老师。建立党员干部联系学生"七个一"制度,搭建"书记面对面""校长有约"等校领导与学生沟通平台,建成全国高校首个"红色之旅"思政教育数字化主题馆。通过制定《思政队伍建设"十四五"规划》、创新辅导员职称评聘办法、实行辅导员导师制、建立辅导员工作室等综合施策,打造"六要"思政队伍。心理育人、管理育人、资助育人等6个案例入选《浙江省高校"三全育人"综合改革丛书》。

三是狠抓落实聚育人合力。"三全育人"综合改革纳入学校党代会工作任务,列为"双高计划"重点建设指标和"十四五"规划项目。成立"三全育人"综合改革领导小组,制定《关于全面推进"三全育人"的实施意见》,明确十大育人体系建设任务,厘清责任清单、示范清单、负面清单,做到总体有框架、落实有抓手、实施有载体、成效有评估。学校主要领导每年与各二级单位负责人签署"意识形态""党风廉政""校园安全"三大责任书,强化全员育人意识,构筑全程育人体系,夯实全方位育人责任。

(二)四融并进:增强学生的职业适应性

一是融汇理实强德技并修。强化岗课赛证一体化人才培养模式,重构"通识课+平台课+模块课+拓展课"课程体系,全方位融入劳动精神、劳模精神、工匠精神,让课堂变得更有意义和意思。创新毕业证、职业技能等级证书、综合素质学分证书"三证制"学生综合评价制改革,构建以"一路阳光""一技之长""一生微笑""一流服务"为核心模块的综合素质评价体系。入选省级人才培养优秀案例,获评省思想政治工作精品项目,五年来学生共获国家级奖项321项、国家奖学金特别奖3名、浙江省十佳大学生3名。

二是融通产教强知行合一。以"多元融合""多岗递进"实践教学模式为核心,实现教学与实践、实习与岗位无缝对接。毕业生就业率始终保持在98%以上,2021年在疫情考验下就业率仍取得99.27%的历史性突破,并作为全国唯一高职院校代表,在全国2021届高校毕业生就业工作会议上作典型发言。历届毕业生就业竞争力、用人单位满意率、母校满意率等指标均居全省高职院校前列,全省70%以上的旅游企业管理层均为本校毕业生。

三是融合文旅强家国情怀。3000多人次学生积极响应国家乡村振兴和浙江美丽乡村建设号召,参与全省万村景区化、全省旅游业"微改造、精提升"等省文旅重大工程;对全省11个地市67个县(市、区)的286个村庄进行乡村旅游发展指导,协助

94个村庄成功创建省3A级景区村庄，其中全程指导"两山思想"发源地——安吉余村创建成为国家4A级旅游景区。打造全省首个乡创基地，学生获省级乡村振兴等创新创业大赛金奖12项，全国"互联网+"大赛铜奖，入选《2021世界旅游联盟——旅游助力乡村振兴案例》，通过旅游赋能乡村振兴实践，进一步培养了学生的实践才干，增强了"三农"情怀。

四是融入国际强全球视野。建立3家境外办学机构，获批教育部《国际中文教育中文水平等级标准》教学资源建设项目，11个专业获联合国世界旅游组织（UNWTO）旅游教育质量认证，与全球22个国家和地区的40所高校、85家旅游企业建立紧密型合作关系，疫情前10%的毕业生具有境外研修实习经历，7次获GTTP-全球案例研究竞赛一等奖，获国际大赛奖项71项，连续3年入选全国高等职业院校"国际影响力50强"，获评浙江省国际化特色校。

（三）以文化人：提升学生"中国服务之美"人文素养

一是筑牢人文素养育人载体。深入实施"人文铸旅"工程，成立人文素养教育中心和工作委员会，聘任知名专家组成专家委员会，着力打造一支"名师领衔、团队负责、专兼结合"的素质教育教师团队。与省社科联共建省文旅融合研究基地，与良渚遗址管理区管委会等10余家单位共建共享培养基地，与浙江音乐学院等本科院校共建校际联盟。

二是创新人文素养课程体系。构建以《人文素养概论》《旅游职业礼仪》为核心的"2+4+X"课程体系，建立人文素养公共选修课、人文大讲坛及以社会实践为主的素质教育第三课堂。启动"特长+"计划，获国家级、省级奖项15项，获立省级教学类项目10项，《旅游人才提升人文素养培训体系设置指南》经省标准化协会立项发布。

三是擦亮"中国服务"育人品牌。着力打造"中国服务"人才培养摇篮，成为与杭州亚组委签订全面战略合作的唯一高职院校，较好地完成了亚组委礼仪服务课程制作和专业培训。数千人次学生担任了G20峰会、世界互联网大会、"世界旅游联盟·湘湖对话"等高规格会务的礼仪服务，收到国务院多个部委的感谢信。涌现出"中国红十字会总会十大最美救护员"夏振辉、参加新中国成立70周年阅兵联合军乐团的郑丽萍、面对疫情勇当最美"空中摆渡人"的空乘专业学生陈雨珩、大二就获得"浙江省青年岗位能手"的江博等众多阳光榜样。连续4年获评全国高职院校"服务贡献"50强。

（四）数字赋能：创建高职智慧化育人新范式

一是打造"一件事"数字校园大脑。通过实施"一件事"改革，打造集科研服务、教学管理、后勤服务、平安安全、疫情防控于一体的数字校园大脑，做到常规学生事务 100%"网上办"，核心业务 100%"掌上办"，70% 以上的教室完成了智慧化改造，在推进学校治理现代化的同时，提升了学生的数字化素养。获评浙江省首批数字校园建设示范校、教育领域数字化改革第一批创新试点学校。

二是推进"一站式"综合管理模式。以大数据共享为支撑，推进党建团建进学生社区、进寝室楼幢，形成学生社区与学院、教师与学生密切联系、联动融合的党建引领体系和"网格化"管理模式，成为学生党建前沿阵地、"三全育人"实践园地、平安校园样板高地，实现理想信念"浸入式"教育。入选教育部"一站式"学生综合管理模式建设试点单位。

三是构建"一体化"智慧思政平台。建立基于学业预警、心理预警、经济预警、行为预警等四种类型预警信息，拥有数据共享"安全舱"、安全教育"防火墙"、分析判断"预警台"、AI 辅助"智慧脑"、反馈分析"稳定器"五个功能模块的智慧思政平台，预警有效率达 98%，打造"易班"网络育人新阵地，实现思政教育全时空。获评浙江省首批高校智慧思政特色应用试点单位、省区域和学校整体推进智慧教育综合试点学校。

"三全育人"综合改革事关"为谁培养人、培养什么人、怎样培养人"的教育根本问题。浙江旅游职业学院将进一步守正创新、提质增效、铸魂育人，着力打造新时代立德树人的示范校、服务文旅融合的智囊团和中国旅游职业教育的领跑者。

韦国潭
2023 年 6 月

目录

C O N T E N T S

初心不改 课程育人 / 001

- 002/ 课程思政之路润物无声 "中国服务之美"风化于成
  ——浙江旅游职业学院课程思政创新与实践案例
- 008/ 育人为本，体魄与人格并重
  ——浙江旅游职业学院体育课程育人的实践探索
- 012/ 修厨德守初心　精厨艺育匠心
  ——厨艺学院课程育人的实践与探索
- 018/ "M36"新模式破冰酒店行业人才断层现象
  ——酒店管理学院课程育人探索实践案例
- 024/ 打造"浙旅红"思政品牌　构筑新时代育人高地
  ——浙江旅游职业学院思想政治理论课课程育人案例

聚力攻坚 科研育人 / 031

- 032/ 发挥科研优势　助力人才培养
- 038/ 助推融合　激活创新
  ——厨艺学院科研育人的实践与探索
- 044/ 强科教融合　育文旅英才
  ——旅游规划与设计学院科研育人案例

学思践悟 实践育人 / 049

- 050/ 弘扬劳动精神　培育最美文旅人
  ——浙江旅游职业学院"519"劳动育人模式的探索与实践

001

CONTENTS

059/ 用脚步丈量责任　用行动践行初心
　　——浙江旅游职业学院实践育人案例

063/ 深度服务乡村振兴的乡村旅游运营人才培养实践

068/ 以赛促学　以赛赋能
　　——浙江旅游职业学院体育育人实践案例

072/ 敢想敢创　筑梦启航
　　——浙江旅游职业学院"双创"教育实践育人模式的探索

076/ 传承红色基因　成就青春梦想
　　——红色文化视阈下的创新创业育人模式构建

081/ 青春与志愿同行　服务共技能提升
　　——旅行服务与管理学院志愿服务文化品牌实践

086/ 校园金钥匙引领"服务之美"
　　——浙江旅游职业学院千岛湖校区校园金钥匙育人实践

人文铸旅 文化育人 / 091

092/ 秀水含章筑美境　厚植沃土育英才
　　——环境育人体系的建设与实践

098/ 以旅彰文谱新篇　以文化人润无声
　　——旅游育人体系的建设与实践

104/ 以美育人　以文化人
　　——"人文铸旅"工程助力"中国服务之美"

110/ 书香润物细无声　文化育人强铸魂
　　——浙江旅游职业学院图书馆全域阅读育人模式的实践与推广

116/ 挖掘"朋辈力量"　助力学风建设

123/ 传·非遗　舞·梦想
　　——以艺育人　与美同行

| | 128/ "文化铸院"构建校园文化体系
| | ——浙江旅游职业学院千岛湖国际酒店管理学院文化育人实践

融媒智引
网络育人
/ 133

134/ 以数字化为基石，激活育人新动能
138/ 学生安全态势无感智能预警系统的探索与实践
144/ 智慧劳育赋能劳动教育高质量发展
　　——智慧思政特色应用场景"实践啦·劳动在线"实践与探索
151/ 融入产业的高职院校信息化创新实践
　　——信息技术中心网络育人案例
157/ 三心三力，构建网络育人协同坐标系
　　——工商管理学院网络育人模式的实践

育人育心
心理育人
/ 161

162/ 四驱联动　打造心理育人"护航编队"
　　——浙江旅游职业学院"心理育人"工作探究
168/ 三三心屋　点亮心灯
　　——工商管理学院"一三三"心育工作室育人实践
174/ "12345"心理育人新模式微探
　　——旅行服务与管理学院心理育人创新实践案例
180/ "一心五元双路径"
　　——发展型心理育人模式构建

数智校园
管理育人
/ 185

186/ 以数字化改革赋能校园治理能力提升
　　——浙江旅游职业学院数字化改革工作的探索
191/ 构建五维协同育人格局，擦亮"中国服务"育人品牌
196/ "1+1+N"学生综合素质提升"三全育人"体系

CONTENTS

**幸福旅院
服务育人
/ 203**

204/ 全方位、立体化的"阳光旅院"育人管理模式

209/ 于无声处胜有声
——浙江旅游职业学院服务育人的实践与探索

217/ 策应重大战略　服务重大需求　为文化和旅游高质量发展提供强有力智力支撑
——浙江旅游职业学院文旅智库平台建设案例

**七彩阳光
资助育人
/ 221**

222/ "七彩阳光"　点亮青春梦想
——浙江旅游职业学院"资助育人"的实践与思考

227/ 构建"519春晖义工"服务模式，培育最美文旅人
——浙江旅游职业学院资助育人工作的实践与探索

231/ 三色资助育人　助力七彩人生
——旅游规划与设计学院"三全育人"资助育人案例

236/ 资助育人有力度　真情帮扶有温度
——厨艺学院资助育人工作实践与探索

**对标争先
组织育人
/ 243**

244/ "中国服务　先锋领航"党建凝聚育人合力
——浙江旅游职业学院组织育人案例

249/ 三维布局　六位一体　构建组织育人"共同体"

254/ "心星"品牌树标杆　组织育人增效能
——酒店管理学院组织育人案例

260/ e导华夏　聚力先锋
——旅行服务与管理学院党总支组织育人实践案例

266/ 附录　国家级媒体报道

295/ 后　记

初心不改
CHUXINBUGAI

课程育人
KECHENGYUREN

课程思政之路润物无声
"中国服务之美"风化于成

——浙江旅游职业学院课程思政创新与实践案例

◎ 教务处

> 浙江旅游职业学院,紧紧围绕立德树人的根本任务,按照教育部《高等学校课程思政建设指导纲要》的相关要求,全面推进课程思政建设,逐步形成了"规划—落实—反馈"的课程思政制度体系,党委统一领导、党政齐抓共管、教务部门牵头总抓、二级学院落实推进、相关部门联动的课程思政管理体系,学校教师和行业大师协同、专业教师和思政教师协同的双协同课程思政师资队伍体系,分类推进、共建共享的课程思政内容建设体系,实现了课程思政全覆盖,初步形成了以"中国服务之美"为内涵的课程思政建设品牌。

一、目标思路

坚持以习近平新时代中国特色社会主义思想为指导,全面贯彻党的教育方针,立足于打造旅游职业教育的"中国品牌"和"中国服务"人才培养摇篮,立足于培养与浙江省"三地一窗口"相适应的旅游服务和文化传播人才,坚持价值塑造、知识传授和能力培养三位一体,显性教育与隐性教育相统一,依托校、企、师、生"四位一体"推进课程思政建设的工作格局，以及校企联动共同制定育人目标、共同开发教学内容、共同创新教学方法"三个共同"的工作路径，培养一批育人意识强、育人能力优的教学名师和教学团队，培育一批专业特色鲜明、专业知识与思政元素深度融合的课程思政示范课程，建立一套科学有效的课程思政建设和评价体系，建成一个辐射全省高校和全国旅游类高职院校的课程思政教学研究示范中心，使校内各类课程与思政课程同向同行，在全国同类院校中形成引领和示范作用，打造新时代立德树人的示范校，着力培养德智体美劳全面发展的新时代社会主义建设者和接班人。

二、实施举措

（一）搭建"3+3+3"体系化课程思政建设新框架

三项顶层设计绘好"路线图"。学校党委将课程思政建设作为落实立德树人根本任务的重要举措，将课程思政建设纳入"双高建设"工作方案、"十四五"建设规划以及"三全育人"典型校建设工作体系。

三个实施方案落好"任务书"。学校先后印发《关于全面推进"课程思政"的实施办法》《课程思政建设工作方案》；二级学院和合作企业共同制定学院课程思政年度工作计划，落实一院一案，形成层层落实的课程思政"任务书"体系。

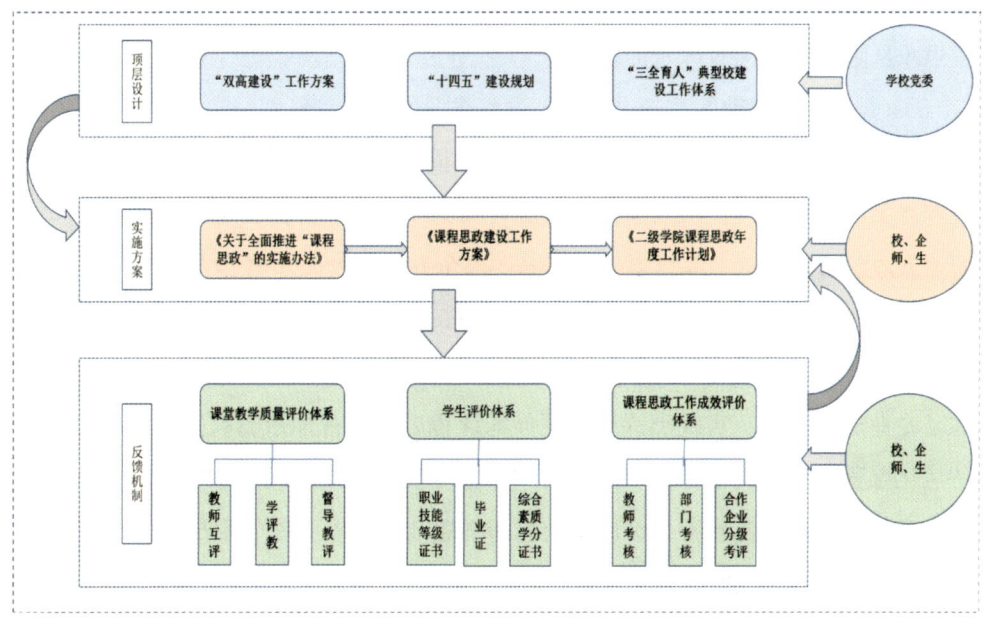

"3+3+3"课程思政建设框架

三个评价体系制好"反馈表"。以课程思政育人有效性作为重要指标，重构课堂教学质量评价体系；实行学生"综合素质学分证书"，落实学生毕业"三证制"；建立课程思政工作成效评价体系，将课程思政工作成效纳入教师考核、部门考核、合作企业分级考评及各类评奖评优工作中。

（二）构建"队伍+基地+项目"一体化课程思政教学新平台

打造校企双主体的课程思政建设管理队伍、教学研究队伍和实训导师队伍。组建以校企专家为成员的课程思政工作指导委员会，负责全校课程思政工作的设计、指导、咨询与评估；成立学校课程思政教学研究中心，打造由行业"工匠"与校内思政教师、专业教师共同组成的课程思政教学创新团队，负责开展课程思政建设教学理论创新与实践、教学资源开发；打造"1+1"专兼结合的实训课程思政导师团队，负责将课程思政工作落实到育人工作的"最后一公里"。

搭建德技并重、虚实一体的课程思政教学平台。以校内生产性实训基地、虚拟仿真实训基地、校外育人示范实训基地为主要载体，建设一批育人成果显著、辐射示范效应明显，兼具学生实习实训、教师进修锻炼等功能于一体的课程思政示范实训基地30个。

建设一批以专业技能综合训练为基础、思政教育为核心的实践教学项目体系。紧密服务浙江省重大发展战略和建设任务，开发"万村景区化建设"、服务亚运、服务G20等师生共同参与的课程思政实践项目，推动课程思政向第二、三课堂延展，凸显课程思政从隐性到显性的育人实效。

（三）开拓校企联动的"三个共同"课程思政教学改革新路径

校企共同制定课程思政育人目标。校企协同开展学校4个专业群26个专业的人才培养方案制修订工作，深入挖掘专业蕴含的德育要素，将真实工作岗位和工作场景对职业人才的价值观念、综合素养等培养要求全方位纳入人才培养方案。

校企共同开发课程思政教学内容。以校企双主体的课程思政工作队伍为骨干，修订全部课程标准，优化重构各类课程的教学内容和教学方案，形成以公共基础课为支撑、专业课为核心、实践类课程为延伸的课程思政课程体系，打造"2+4+N"的系列特色化课程。建设共享性、示范性的课程思政教学资源，每个专业开发百个课程思政教学案例，同步搭建旅游大类职业教育课程思政教学资源库，形成校际、校内、院内、专业内的课程思政资源共享机制。

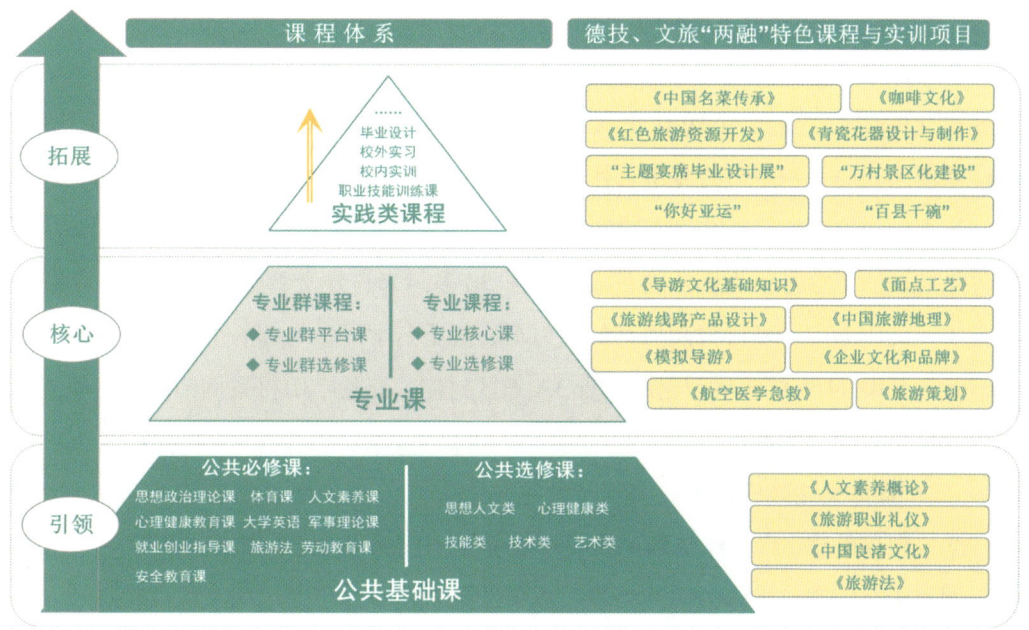

课程思政课程体系

校企共同创新课程思政实施方法。专兼教师协作开展教学，专任教师进行理论内容和专业知识向价值塑造的有效转化，兼职教师在实践教学中言传身教根植职业精神和工匠精神。注重教学平台的充分利用，专任教师运用新媒体新技术，兼职教师在课堂中引入真实工作场景中的信息化工作平台，使课程思政教学活起来、亮起来。专兼职教师合作开展工学结合实践教学，运用现代学徒制、产业学院等载体，实施"课程实践＋专业实践＋志愿服务"的课程思政教学路径。

三、育人成效

（一）课程思政品牌效应逐步显现

学校课程思政建设成果丰富，在同类院校中形成较好的示范引领作用，先后有2门课程入选国家级课程思政示范课，有6个案例入选全国旅游职业教育课程思政示范教学案例，有9门课程入选省级课程思政示范课，有2个团队入选省级课程思政示范基层教学组织，有6个项目入选省级课程思政教学研究项目，有27项教学案例、微课作品等在全省课程思政系列评选活动中获评。2021年学校入选全省课程思政示范校。

(二)人才培养质量全面提升

学校课程思政工作取得了良好的育人成效,培养了一批讲好中国故事、展示中华饮食文化的使者,先后有10位烹饪专业学子受邀赴塞尔维亚参加中国饮食文化周,为中塞两国"一带一路"的旅游合作和交流增光添彩;打造了一支展示中国礼仪之邦良好风貌的志愿者队伍,先后有700余名学生服务G20杭州峰会、世界互联网大会、世界旅游联盟年会等重大国际会议,收到了30多封来自外交部等政府部门的感谢信;培育了一支服务中国乡村振兴战略的生力军,近千名学子参与286个村庄的旅游规划与运营,其中94个村成功创建浙江省3A景区村庄,海盐丰山村案例荣获第三届省大学生乡村振兴创意大赛金奖。

(三)媒体关注效应显著放大

学校课程思政建设工作受到《光明日报》《中国青年报》《中国旅游报》及新华网、人民网等十余家主流媒体的关注报道,成果助推学校举办了多场国家级课程思政专题会议和主题活动,其中举办的2021年全国职业院校旅游大类课程思政集体备课会,线上线下同步直播,线上直播观看超5000人次;承办的2021年全国文化艺术职业院校和旅游职业院校"学党史迎百年"课程思政展示活动,覆盖24个不同省、自治区、直辖市的50多所学校。学校课程思政工作案例入选浙江省教育厅的教育评价改革典型案例,课程思政建设经验和成果在全省课程思政现场交流会上进行展示和交流。

四、经验启示

(一)构建德技、文旅"两融"的课程思政教学新体系

突出文旅融合的行业特色,形成"公共基础课+行业通识课+专业群平台课+专业核心课+职业拓展课+公共选修课"的课程体系。该体系课程类型丰富,行业特色、专业特点突出,价值目标相互支撑、层层深入,能同步提升学生的价值观与专业技能。

(二)创立虚实结合、课训赛一体的课程思政教学新平台

承办了历届省文化和旅游厅主办的"浙江省大学生红色旅游创意策划大赛";依托"红色之旅"虚拟仿真实训中心开发了《旅游策划》等课训赛一体化课程;与安吉余村、第19届亚组委等合作开发了万村景区化建设、你好亚运等育人特色鲜明的专业实训项目百余个,增强了课程思政从隐性教育到显性教育的育人实效。

（三）探索"双协同四递进"的课程思政教学新模式

专业教师与思政教师协同、学校与企业协同开展课程思政教学建设，确保课程思政教学目标、课程体系紧密对接新时代旅游行业人才素质要求，课上学、课后思、校内实践、顶岗实悟的递进式教学贯通一二三课堂，把课程思政从课堂延伸到课外，从学校延伸到企业。

育人为本，体魄与人格并重
——浙江旅游职业学院体育课程育人的实践探索

◎ 公共教学部

> 习近平总书记在关于加强青少年体育教育的一系列重要论述中强调，教育要以学生全面发展、增强综合素质为目标，牢固树立健康第一的教育理念，健全体教融合的育人机制，促进文化学习和体育锻炼协调发展，培养堪当民族复兴大任的时代新人。"加强学校体育工作，推动青少年文化学习和体育锻炼协调发展，帮助学生在体育锻炼中享受乐趣、增强体质、健全人格、锻炼意志。"2019年，浙江旅游职业学院（以下简称"学校"）制定了《关于全面推进"三全育人"的实施意见》，坚定立德树人根本任务，建立完善全员、全程、全方位育人体制，并在学校《"三全育人"综合改革建设任务的通知》中，把培育具有学校特色的体育艺术文化教育载体，加强推进学生综合素质教育，增强"四大节"的吸引力、影响力，提升"阳光工程"内涵品质等作为体育育人的"责任清单"，推动体育育人一体化发展。

一、目标思路

为谁培养人，培养什么样的人，是学校教育的根本问题。坚持立德树人，培养社会主义合格的建设者和接班人是我们的根本任务。公共教学部坚持德智体美劳五育并举,通过阳光跑、体能训练、育训并举、开设职业体能课等方式,探索体育改革的方式和方法,做到学生身体素质培养和人格健全并重。

二、具体举措

(一)以阳光体育引领阳光人格

结合人脸识别技术,自主开发晨跑管理系统。公共教学部、各学院协同配合,加强日常管理,强化目标考核,提高学生晨跑的参与率、合格率。通过规范的早锻炼制度,培养学生健康的生活习惯,保证良好的教学秩序,推进学生的诚信教育,形成优良的学风和校风。

(二)以体能训练补齐体质短板

在体育课中进一步强化体能训练,做到"每课一练""每课必练",切实提升学生体质健康水平。建立学生体质健康状况分析和研判机制,根据学生体质健康状况制定干预措施,对体测成绩不合格的学生,取消其体育课选项的资格,单独组成体能训练班,采取分类教学、个别辅导等措施,指导学生有针对性地进行体育锻炼,提升体质水平。

(三)以育训并举激发荣誉使命

充分发挥各运动队竞技体育的引领作用。加大建设与管理力度及经费投入,制定教练员、运动员激励和保障制度,不断提升学校各运动队的管理和竞技体育水平,重点打造女子篮球、女子足球、游泳、乒乓球、羽毛球、体育舞蹈等优势竞赛项目,增强学校的竞技体育实力,扩大学校的影响力。

(四)以职业体能辅助专业提升

深入推进课程改革。结合学校"双高"项目建设和"以群建院"方案,按照各专业群所对应的工作岗位进行分析,确定所需的素质体系,强化与职业有关的身体素质,用体育训练的手段来提高职业体能素质,了解常见职业性疾病的成因与预防及体育康复的方法,提高胜任职业岗位的能力。

(五)以体育节活动丰富校园文化

注重培养学生体育特长,有效发挥体育特长生和学生体育骨干的示范作用,打造丰富多样的适合大学生体育锻炼与体育展示的平台。革新报名方式与赛制,鼓励团体赛制,不限组队数量,提高学生参与度与关注度,部分项目鼓励跨学院自由组队,促进学生相互交流。重点打造田径运动会、三人制篮球、五人制足球、羽毛球、乒乓球、健身排舞等几项主力品牌竞赛项目。

三、育人成效

（一）晨跑合格率稳步提升

通过规范的早锻炼制度，培养学生健康的生活习惯，毕业生的晨跑合格率从原先的不到 98% 提升到现在的 99.5%，有效提高了学生晨跑的参与率、合格率。

（二）体质达标情况进步明显

通过体育课中课后有针对性的体能强化训练与指导，学生体测成绩及格率有明显提高。2021 年全省高校学生体质健康状况抽测合格率达到 99.5%

（三）各运动队竞赛成绩优异

通过教练与学生的共同努力，校篮球队、足球队、羽毛球队、游泳队、武术队等，部分运动队团体成绩都实现了历史突破。以游泳队和羽毛球队为例，校游泳队和羽毛球队通过科学的训练、坚强的团队凝聚力，取得了骄人成绩，在 2022 年浙江省大学生游泳锦标赛中获得五金一银两铜的好成绩，并获得乙组女子团体总分第一名的好成绩。羽毛球队获得 2022 年浙江省大学生羽毛球锦标赛女子团体亚军的好成绩。

（四）体育课和专业课的融合度更高

针对不同的职业对体能需求的不同，体育教研室积极开发职业体能课程，通过职业体能上一定程度的训练，让学生掌握一定的训练方法，具有与职业相匹配的身体素质，更好地奠定未来参与工作的基础，为国家和社会培养高素质、技能型的人才添砖加瓦。

四、经验思路

（一）坚持大体育工作格局，营造良好的体育氛围，多种方式提升学生身体素质

青年学生的体质密切关系到国家和民族的未来。单独依靠体育课提升学生的体质是不科学也不现实的。新时代学校体育的改革与发展，要从大局出发，加强学校体育工作，以学生为本、以体育活动和赛事为主体、以学生的学和练为核心、以健康为目的，一方面要开足开好体育课，提升体育教师的教学能力和水平，另一方面，要依托

学生团体开展丰富多彩的体育类活动，营造良好的校园体育氛围，多种方式提升学生身体素质。同时，要加大宣传，让"每天锻炼一小时，健康工作五十年，幸福生活一辈子"的理念深入人心。

（二）坚持立德树人根本任务，充分发挥体育课课程思政育人作用，做到体质健康与人格健全并重

学校体育是教育体系中培养学生形成爱国情怀、拼搏向上、敬畏规则、遵守法律、团队意识等品质最具活力、最有效益的手段。学生在体育锻炼中享受乐趣、增强体质、健全人格、锻炼意志，通过身体、心灵和情感的相互碰撞、交融、体验和潜能的发掘，可使他们在道德、智能、体能、社会适应和人际交往等多方面得到全方位的促进，为培养德智体美劳全面发展的社会主义建设者和接班人奠定坚实的基础。

（三）坚持融合发展，将体育教育融入学生专业学习，做到专业能力与身体素质共同提升

树立体教融合、育人为本和健康第一理念，将体育教育融入学生专业学习，强化与学生今后工作职业有关的身体素质，提高胜任职业岗位的能力，使专业能力与身体素质共同提升，充分体现体育的综合功能和引领作用。

修厨德守初心 精厨艺育匠心
——厨艺学院课程育人的实践与探索

◎ 厨艺学院

> 厨艺学院坚定为党育人、为国育才的初心和立场，以立德树人为根本任务，以学生德智体美劳全面发展为中心，以培养国际化、管理型、高素质、技术型的美食创作人才和烹饪艺术大师为重点，把思想政治工作贯穿教育教学全过程，彰显高度、拓展广度、挖掘深度，全方位、全领域、全要素打造学生成长空间，着力构建"三全育人"新格局和"课程思政"育人大格局。

一、目标思路

厨艺学院紧紧围绕立德树人根本任务及学校"双高"建设总目标，坚持德技并重的育人导向，以理想信念教育为核心，以社会主义核心价值观为引领，以全面提高人才培养质量为关键，建立一体化、系统性、联动式的思想政治工作体系，升华"厨德立人，厨艺立身"的核心内涵，培养学生拥有"一双技能之手、一张微笑之脸、一颗阳光之心"，形成全员全过程全方位育人格局，开创思想政治工作新局面，致力于培养国际化、管理型、高素质、技术型的美食创作人才和烹饪艺术大师，高水平打造旅游教育的"中国品牌"和"中国服务"人才培养的摇篮。

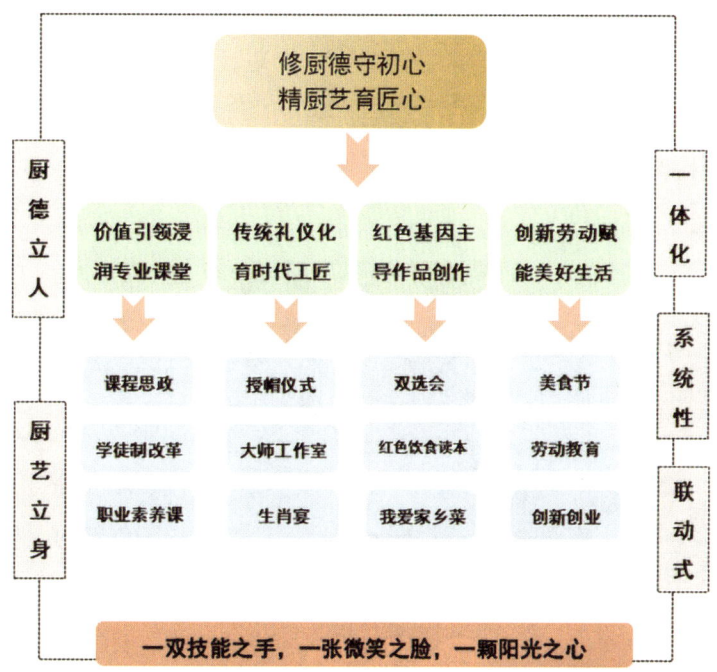

厨艺学院课程育人工作体系图

二、实施举措

（一）价值引领浸润专业课堂

（1）深化新时代课程思政改革创新。探索"互联网+"背景下线上线下混合式的教学组织方式，着力示范引领，推进课程思政建设，成功申报省级课程思政典型案例2个，建成省级"课程思政"示范课程1门。推动课程思政全覆盖，实现课程育人的协同互补。拓展校外育人基地，构建课堂、校园、社会"三位一体"的实践教学模式。组建知名课程思政专家为核心的顾问团队和优秀师资团队，推动各专业开展"课程思政"试点改革，营造浓厚的课程思政氛围。

（2）弘扬中华优秀传统文化。以中国烹饪技艺非物质文化遗产传承、浙江省"诗画浙江·百县千碗"工程、浙江省文化基因解码工程为抓手，深入开展现代学徒制的教学改革与实践，弘扬中华烹饪艺术与文化。

（3）培育学生人文素养。制定人文素养提升目标，细化职业素养课程和其他人文素养类课程建设任务，把职业素养、社会主义核心价值观和创新精神内化于学生的思想世界，落实到学生的实际生活，引导学生从学会"做人"到学会做"职业人"的转变，从而实现思想教育、道德教育、政治教育、素质教育"四位一体"，真正实现职业人的培养目标。

（二）传统礼仪化育时代工匠

1. 举行授帽仪式

厨艺学院学生授帽仪式

厨艺是一门技术与艺术相得益彰的专业，厨师是一门厨艺与厨德相举并重的职业。为更好地弘扬敬业爱岗、艰苦奋斗、甘于奉献、勇于创新的职业精神，继承烹饪行业的优良传统，培养学生良好的职业道德，厨艺学院不断开拓大学生思想政治工作的新方法、新途径，聘请重量级烹饪大师为厨艺学院学子授帽，进一步强化烹饪专业学生的职业认同感、归属感、荣誉感和责任感。

2. 设立大师工作室

为了充分发挥专业带头人作用，厨艺学院先后设立"戴桂宝厨艺传承大师工作室"和"浙江省金晓阳技能大师工作室"两个大师工作室。大师工作室和美食体验中心烹饪专业实训室在完成教学任务的基础上，积极承接省人社厅、省教育厅下达的社会培训任务，培训人数已达2000余人。同时大师工作室积极开展与行业龙头企业的合作，在高技能人才培养和产品研发培训等方面发挥智囊作用，获得一致好评。

金晓阳厨艺传承大师工作室

3. 打造生肖年宴

设计生肖年宴,既能强化传统的节日,又能激发厨艺工作者的创作热情,更能弘扬中华民族传统饮食文化,"生肖宴"已经成为厨艺学院一大特色。同时"生肖宴"让民众感受不同的饮食文化,享受不同的美食,在寓意菜肴中取得好彩头,期盼健康无忧、万事遂愿,祈愿国家兴旺、百姓安居乐业。

生肖文化主题宴

(三)红色基因主导作品创作

1. 开展红色主题活动

厨艺学院始终秉持传承红色基因、不忘初心使命的责任感和使命感,举办了"中国味·家乡情·赤子心——我爱家乡菜"活动等丰富多彩的活动,不断弘扬中华美食文化,丰富校园文化生活,增强学生团队协作力与创造力,帮助学生成长成才。

2. 举办红色主题"双选"会

为架起学生与企业间的有效沟通桥梁,厨艺学院开创了厨艺专业专场招聘会和毕业设计作品展"合二为一"的"双选"模式,用生动精湛的作品"讲述"了红色历史故事,讴歌了中国共产党 100 年来走过的光辉历程,这不仅为学生提供了专业学习成果"大比武"的舞台,更为企业提供了直观了解应聘毕业生业务能力的"零距离"沟通渠道。

3. 编写红色饮食故事读本

结合党史教育,厨艺学院编写了《真理的味道是甜的》红色饮食故事读本,成为一本在艰苦奋斗岁月中与饮食相关的红色故事汇集。读本以时间为序,从建党前夕 1920 年陈望道翻译《共产党宣言》时误把墨水当糖水的故事开始,到 1949 年开国第一宴结束,通过生动的叙述,配以图片、影音资料等形式,创新地从饮食角度回顾党史,帮助同学们了解中国共产党的光辉历程,坚定理想信念,传承红色基因。

（四）创新劳动赋能美好生活

1. 创建特色校园文化

厨艺学院努力培育、扶持、打造一批特色明、质量优、品牌响的校园文化活动，打造了"李锦记"美食文化节。通过连续十四年的举办，美食文化节不仅为全校师生带来了精彩纷呈的饕餮盛宴，展示了厨艺学院欣欣向荣的文化景象，也通过丰富和充实美食文化节的内涵，彰显和突出美食文化节的特色。

2. 开展劳动实践活动

厨艺学院为学生提供多种多样的劳动实践体验，在勤工俭学、社会实践锻炼、志愿服务等多个板块开展劳动实践教育，打造劳动教育特色，让学生树立劳动最光荣、劳动最崇高、劳动最伟大、劳动最美丽的理念，培养学生勤俭、奋斗、创新的劳动精神。

3. 扶持学生创新创业

厨艺学院积极响应国家"大众创业、万众创新"的号召，在"双创"教育教学、项目实践、成果孵化等方面不断探索，建立了 2 个劳动实践基地和 1 个校级专创融合工作室，建立了具有厨艺特色的劳动教育育人模式，拥有一定影响力的大学生创新创业项目，并在省级及以上大学生创新创业比赛中实现新突破。

三、育人成效

厨艺学院重视德技并重，深入开展课程育人工程，积极挖掘各类课程中蕴含的思政教育元素，寻找专业学科知识体系与思政知识体系的接触点，课程育人成效显著：1 门课程入选教育部课程思政示范课程，1 个案例入选 2021 年全国文化艺术职业院校和旅游职业院校"学党史 迎百年"课程思政展示活动优秀案例，2 篇论文分别荣获浙江旅游职业学院课程思政教师征文活动二等奖和三等奖，2 个案例分别荣获 2021 年浙江省高校课程思政优秀教学案例特等奖和二等奖，1 门课程入选 2021 年浙江省高校课程思政优秀教学微课，1 人荣获"浙江工匠"荣誉称号。

四、经验启示

（一）坚持政治方向，突出价值引领

以党的政治建设为统领，围绕"红炉先锋"党建文化品牌，立足新时代，坚持知识传授、能力培养与思想政治教育相结合，科学认识把握思想政治工作的定位，落实育人工作主体责任，确保厨艺学院始终成为培养社会主义建设者和接班人的坚强阵地。

（二）坚持目标导向，突出重点工作

统筹办学治校各领域、教育教学各环节、人才培养各方面的育人资源和育人力量，形成具有厨艺特色的"三全育人"综合改革模式和育人品牌，确保"三全育人"工作落实落细。

（三）坚持改革创新，强化责任落实

坚持理论创新和实践探索良性互动，通过优化内容供给、改进工作方法、创新工作载体，推进思想政治工作与专业教育体系相融合、与学生成长需求相融合，使育人工作因事而化、因时而进、因势而新。

"M36"新模式破冰酒店行业人才断层现象
——酒店管理学院课程育人探索实践案例

◎ 酒店管理学院

> 近年来，酒店管理学院就如何改变传统的酒店专业人才培养模式做了深入的探索和研究，与开元酒店集团率先启动"M36开元精英班"项目，围绕创新课程育人模式，针对性地从在校课程教育体制与在企业的社会实践模式上进行了调整，通过"改变原点起步""落实全程产教融合""实施行企校无缝交互""构建职业双元路径发展"等举措，试点探索酒店行业吸引大学生、留住大学生、培养专业人才等问题，取得了一定的成绩和成效。

开元产业学院成立

一、案例背景

酒店数量与规模快速增长，同时伴随着疫情影响，"招聘难""离职率高""行业转换率高"成为酒店业常态，"三大断层"迫在眉睫。第一，"薪资待遇吸引力不足""服务行业就业观念束缚"等引起招聘难，而"薪酬与福利低""个人晋升机会少"造成员工离职率高、流动性大，同时新兴行业薪资水平、工作内容与环境更契合新生代年轻人需求，引致"员工断层"。第二，酒店数量与规模仍在持续增长，管理人员培养速度慢，同时受"员工断层"的影响员工基数减少、稳定性降低，不能满足管理晋升的选拔基础，于是管理岗位标准"一降再降"恶性循环，带来"管理断层"。第三，对比新兴行业对人力资源的吸引力，酒店行业本身较难吸引相应的新技术人才，加之长期以来偏向传统能力培养和梯队式培养，学习更快、掌握更快的新技术应用人才则较难适应这样的规则，带来了"新技术应用人才断层"。

酒店人力资源"断层现象"将引发酒店行业服务质量持续下滑、经营管理效益不佳、创新能力匮乏等问题。对于高职大学生而言，留在行业发展的主要痛点在于毕业后1-2年收入低无法匹配大学生薪资诉求；没有长期职业规划，实习与毕业不再是逻辑关联；无法实现校企的无缝对接，往往和高中毕业甚至初中毕业的同事一样"从头做起"，大学生身份反而成为一种心理负担。"原点起步"引发的低薪资、职业发展慢等问题正在踢走一批又一批的行业潜在专业人才。

二、目标思路

酒店行业是高度密集型的服务行业，酒店产品与服务质量与"人"密不可分。浙江旅游职业学院作为旅游行业高职院校中的"黄埔军校"，酒店管理学院作为学校规模最大的学院，对于应当以什么样切实有效的创新方式为行业企业输送什么样高品质的专业人才，拥有最高话语权的同时也肩负着最重的责任和使命。浙江旅游职业学院作为"双高"建设重点单位，一直以来高度重视校企合作。近年来，酒店管理学院深入学习贯彻习近平总书记关于教育的重要论述和全国教育大会精神，聚焦立德树人根本任务，把推进课程育人作为深化"三全育人"综合改革的重点内容，摆在学校工作重要位置，通过建好三类课程、做好三全融入、用好三维保障，不断提升课程育人质量，着力培养担当民族复兴大任的时代新人。学院紧随行业动向，积极建设校企命运共同体，大胆探索和尝试全新的课程育人模式，为当下企业人才需求和学校人才培养实施"零"对接。在以往订单式培养、顶岗实习、共建实训基地等基础上，酒店管理学院积极联系行业、企业，希望他们更多地参与到学校管理和学生培养中来，校企共同制订教学计划、共同组建教师团队、共享教学资源、共同管理培养质量。在此基础上不断探寻出酒店管理人才培养的新通道、新尝试，将校企合作进行全面提升、深度融合，调动和发挥好各方的资源优势，建设校企命运共同体，实现多方共赢发展。

三、实施举措

针对如何改变传统的酒店专业人才培养模式，酒店管理学院与开元旅业集团启动"M36 开元精英班"项目，做了深入的创新探索和实践。M36 是指 36 个月的重点实践培养期，具体分 3 个周期。一是学生在校 2 年学习期间，依托校企共同开发定制的人才培养方案，使学生获得超过 10 个月的在岗实习时间；二是学生第三学年为期 11 个月的酒店实践实习期；三是毕业后在酒店正式工作 15 个月左右。学生在开元旅业集团提供岗位实践实习 36 个月后，即可获得 3 次开元酒店部门经理的推荐机会，和常规酒店专业毕业生的晋升时间相比，开元精英班的同学有机会在毕业后 1 年半的时间完成其他人 5 年甚至 8 年才能获得的提升。

（一）改变原点起步

M36 实施"入学即入职，学生即员工"同步培养计划，从而实现招生招工一体化。通过校企合作文化宣传、品牌宣传，共同制定现代学徒制人才培养模式，共同确定现代学徒制班招生与招工的面试标准，共同商定录用名册。通过第一阶段的师徒结对、校内见习、校外实践课程，完成酒店基本认知。通过第二阶段的专业核心课程、专业选修课程、企业品牌课程学习，及开元 M36 启动企业实践项目 A-B，完成学生学徒向员工的逐步转型。第三阶段通过操作类跟岗与顶岗实习，通过工作标准考核，逐步向技术工匠转化；通过管理类跟岗与顶岗实习，通过管理能力点测评，逐步进阶为管理精英（工匠）。

（二）落实全程产教深度融合

M36 管理精英计划打破原有理论与实践分阶段式教学形式，即"岗位见习、校内实践、校外实习"的产学交叉形式，构建全新的全程无缝隙式产学融合。一是教学周课程阶段,设置企业实践课程,每周安排完整、连续课程至企业完成专业理论学习、岗位实践操作学习。二是根据学生自愿原则,企业方安排周末、寒暑假阶段实践锻炼岗位,所有在企业实践的课时均累计计入企业实践学时。学生既可以根据教学工作安排保障实践学时的有序推进,又可以根据自身时间安排累计实践学时,以提前完成累计 36 个月的实践时长,提前完成从"员工、见习领班－见习主管"的过程,在毕业时即可获得三个酒店部门经理的推荐机会。

(三) 实施行企校无缝交互

校企双方从 2018 年开始谋划人培新模式,在"企业制学院"等教育教学改革成果上,拟共建浙旅院开元酒店管理产业学院,共定开元 M36 酒店管理精英班人才培养方案,通过浙旅院与开元酒店集团专兼职教师互聘,共管人才培养全过程,共评人才培养成效,从而达到行、校、企、生四体深融通的共赢,通过课程从学校到企业的延伸,实现教学过程与工作过程的无缝对接,实现学生与员工无缝转换,探索产教协同育人实践的新突破。学生在交互过程中紧紧围绕不同岗位、不同职位的能力点测试,自主自愿完成实践考核,实现实践学分与实践学时的获得。

(四) 构建职业双元路径发展

学院在校企深度合作基础之上,重构了基于工作过程能力和职业素养导向的课程体系,通过品牌活动体验、开元酒店赛项等,以工作标准技术为要求,创新了"学生—学徒—技术工匠"全程产学交叉成长路径。迭代升级实施开元 M36 现代学徒制精英班成长路径。引入开元中高层管理能力点测评指标,以企业课程为主导,充分利用 36 个月完成各等级能力点测评,鼓励学生利用假日提前完成实践积分,在校时实现管理晋升,突破校园"围墙",实现从"学生—学徒—管理精英(工匠)"升级发展路径。以课程为载体,校企路径互鉴共通,打破学徒至技术型工匠的单一路径。

四、育人成效

(一) 人才培养质量大大提升

这种校企合作项目呈现出清晰的职业发展路径,对于学生而言有着强大的吸引力。只要成功加入"开元精英班",学生一方面可以享受学校和企业的双重高针对性培养,另一方面还可以获得更快速的职业发展。自 2019 年以来,每年学院联合开元酒店集团举办开元精英班推介会,三年来吸引 2000 余名新生参加,每年经过面试选拔后招收 36 名精英班成员，正式组建开元精英班。经过一年左右的培养，我院 M36 项目的学生就崭露头角，基本上能胜任酒店基层领班或主管的职责，部分学生不需要多久就被聘任为见习领班，成为开元酒店集团的储备人才。近年来，学院已累计向杭州开元名都、森泊度假乐园等开元旅业旗下酒店输送前厅部、餐饮部、公关部等职能部门管理级干部人才 30 余人。

（二）校企合作路径大大拓宽

以 M36 为铺垫，酒店管理学院与开元集团不断深化产学研合作。2021 年 11 月 5 日，浙旅院开元产业学院揭牌成立。学院持续依托开元产业学院，大大拓宽校企合作路径，为企业开创和开设系列课程，为酒店的发展汇聚新动能，提供更好的支撑和保障；邀请企业高管进校园，进一步共同落实和完善"M36 计划"项目，深化产教融合，提升校企合作质量，积极探索产学合作协同育人的人才培养路径。

（三）媒体关注力度大大增强

酒店管理学院推行"M36 项目"以来，取得的成绩和成效陆续获得多个高校的青睐以及相关行业企业的高度重视，项目近年来登上了"学习强国"平台等重要媒介平台，得到了全国范围的广泛关注；被《中国旅游报》、《浙江新闻》、新浪浙江、"小时新闻"、浙青网、环球旅讯、品橙旅游、《饭店业》等多家主流媒体报道，受到了旅游行业的广泛关注。大大提升了酒店管理行业在媒体视野中的分量和占比。

五、经验启示

（一）创新点

"M36 开元精英班"是开元酒店集团与浙江旅游职业学院酒店管理学院校企深度合作的一个创新项目，深刻剖析出原点起步影响行业选择是"断层现象"症结，在此基础上"M36"模式试点探索为"断层现象"破冰。"M36"能把学生的"历练"深入贯穿在校学习阶段，使其毕业后成为酒店真正需要的人才，而真正有才能的人也得到了应有的职业待遇，获得比一般毕业生较高的薪资收入和职位，这样就会让院校方和酒店方的供需由以前的"错位"变为"匹配"。该项目创新办班模式，将实践教育贯穿人才培养全过程，有针对性地从在校教育体制与在企业的社会实践模式上进行了调整，以解决酒店行业难留住大学生、难留住优秀人才的问题。

（二）下一步举措

酒店管理学院将进一步加深校企合作，探索搭建全新的"实体化"新平台，构建"三融三通"新机制，打造"产学研训创"一体化新形态，实施产教融合"全链式"人才培养新模式，紧紧把握行业发展动态需求变化，给在校学生开辟和创设更多的途径和平台，为行业企业输送更多"量身打造"的精英人才，相互促进、相互提升。

打造"浙旅红"思政品牌 构筑新时代育人高地

——浙江旅游职业学院思想政治理论课课程育人案例

◎ 马克思主义学院

"为谁培养人、培养什么人、怎样培养人"始终是教育的根本问题，习近平总书记在主持召开学校思想政治理论课教师座谈会上指出："思政课是落实立德树人根本任务的关键课程。"这高度肯定了思政课在落实立德树人教育方针中至关重要的地位，为新时代思政课建设指引了正确方向、提供了行动指南。

为深入贯彻落实习近平新时代中国特色社会主义思想和党的二十大精神，贯彻落实习近平总书记关于思政课建设的重要讲话和指示批示精神，贯彻落实中共中央办公厅、国务院办公厅《关于深化新时代学校思想政治理论课改革创新的若干意见》和中共中央办公厅《关于加强新时代马克思主义学院建设的意见》等精神，学校以马克思主义学院建设为依托，以浙江省高校思政名师工作室为引领，扎实推进习近平新时代中国特色社会主义思想进教材、进课堂、进头脑。2019年开始，出台实施《新时代思想政治理论课改革创新实施方案》以及"三年行动计划"，围绕"双高建设"任务，牢记立德树人根本任务，以教育教学为中心，持续推进思政课改革创新。立足于打造旅游职业教育的"中国品牌"和"中国服务"人才培养摇篮，着力培育"浙旅红"思政课特色品牌，构筑新时代铸魂育人新高地。

一、目标思路

坚持以习近平新时代中国特色社会主义思想为指导，全面贯彻党的基本理论、基本路线、基本方略、教育方针，全面贯彻习近平总书记关于教育的重要论述以及关于高校思想政治理论课建设重要讲话精神，紧紧围绕浙江省委省政府守好"红色根脉"，忠实践行"八八战略"、奋力打造"重要窗口"，高质量发展建设共同富裕示范区的中心大局，秉承"和礼勤进"旅院精神，扎根文旅，紧紧围绕培养有社会责任、敬业精神、博爱胸怀、国际视野的文旅英才的目标，依托"123"思政课教学改革实现路径，培养一支底蕴深厚、各展所长、深耕行业又与时代协行的思政教师队伍，培育一批"四融·五美"思政魅力课堂，走出一条研讨、教学、理论、实践四位一体的"浙旅红"品牌建设之路，守好主阵地，唱好主旋律，培养德智体美劳全面发展的中国特色社会主义合格建设者和可靠接班人，培养担当民族复兴大任的时代新人，充分发挥思政课落实立德树人根本任务的关键课程作用。

二、实施举措

（一）架构思政课程"234"课程体系

严格落实开足4门思政必修课。根据中办、国办、教育部、省委省政府的要求，开足开全思想政治理论课必修课程，落实"习近平新时代中国特色社会主义思想概论"3个学分、"毛泽东思想和中国特色社会主义理论体系概论"2个学分、"思想道德与法治"3个学分、"形势与政策"1个学分的课程体系。

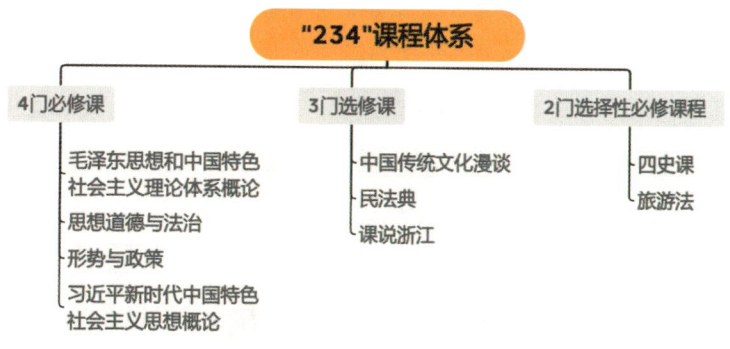

"234"课程体系

立足学校实际开设思政系列 3 门选修课程。针对大一、大二学生做实"浙旅红"课堂教学模块，以公选课的形式重点讲授"习近平新时代中国特色社会主义思想在浙江的实践""课说浙江""'两山'重要思想与浙江乡村旅游发展"等内容，开设"中国传统文化漫谈""民法典""课说浙江"3 门选修课程。

扎根中国大地开设 2 门选择性必修课程。重点围绕党史、新中国史、改革开放史、社会主义发展史、中华民族发展史、旅游法等，开设选择性必修课程。

（二）构建教学创新"123"实现路径

一切工作紧紧围绕上好思政课这条主线。建立高校党委书记、校长带头抓思政课机制，校党委会议、校长办公会每学期至少召开一次专题会议研究思想政治理论课建设，解决突出问题，在工作格局、队伍建设、支持保障等方面采取有效措施。落实《关于领导干部上讲台开展思想政治教育的意见》，将领导干部上讲台列入教育教学计划，上好新学期的"党委书记思政第一课"和学生毕业时的"校长思政最后一课"。宣传、人事、教务、科研、学生处、团委、马克思主义学院等责任部门要对标对表，明确目标任务，凝聚一体推进、大抓落实的强大合力。

内外强联，双轮驱动。依托思政课四个教研室开展常态化"三级备课""二级教学质量反馈"制度。"三级备课"即每周各教研室集中备课、每月全院教研室统一备课、每年度校际马院"手拉手"联合备课，集中交流解决教学共性问题，及时将党的理论创新最新成果融入教学，促进各门课程有效衔接；"二级教学质量反馈"即每日教师反馈到教研室、每周教研室反馈到学院办公室，及时跟踪、处理和纠偏教学问题。充分利用寒暑假、课余时间，思政教师或集中或分散多种途径参加线上线下各项提升能力的"浙旅红"系列讲座培训。

做开面上"浙旅红"、做长线上"六化"教学法、做深点上"情景体验"。"浙旅红"是一项宏观的、统领全年的、外开式的、对接全国高职院校马院的整体性工作，分春会、夏讲、秋研、冬展四个板块；"六化"教学法是一项中观层面的思政课堂教学改革路径，其中包括内容故事化、题材亲近化、语言优美化、场域情境化、主体二元化、展示新颖化等六个方面；"情境体验"是一项微观的、连贯校内外的、单点突破性工作，其中涵盖了三大支撑，一是建设思政课校外实践基地，二是引导学生创作思政课文创成果，三是利用好"红色之旅"主题馆，荟萃全国重要红色资源于一馆，集数字化展示、情境化体验、智慧化操控于一体，切实有效开展思政课情境化体验教学，有效达成思政课生动有趣的教学目的。

◎ 初心不改 课程育人

"六化"教学法

（三）搭建"融合文旅"的实践教学平台

用实用好"红馆"场地拓展课堂教学。不断更新优化"红馆"资源，充分利用馆内红色文创、老兵回忆、文博会、戏曲等模块资源，将思政课搬到虚拟仿真教学中心，提高思政课教学的针对性、时效性。

探索"以赛促学"实践教学新模式。专门制定了《浙江旅游职业学院思想政治理论课实践教学方案》，以理实一体、学赛一体、思专一体、研创一体为原则，探索实践教学新模式。

"红色之旅"主题馆

借助地方资源做强实践育人基地建设。与安吉余村、萧山衙前农民运动纪念馆、浙江革命烈士纪念馆等地签约共建育人实践基地，在做好师生为地方发展提供智力服务的同时，为思政教师挂职锻炼、学生实习实训创造更多教育教学的实践机会。

三、育人成效

（一）学生综合能力显现，社会责任不断增强

学生素质品质明显提升，能够自觉担当旅游人的社会责任。通过创新社会化考核

评价持续关注学生个体成长和社会贡献，多名学生参与服务大型国际会议、世界旅游联盟对话、中国传媒技术生态大会等，获得广泛好评。多人获得第二十届中国科协年会志愿者服务"优秀志愿者"荣誉称号、"省级好人"荣誉称号，荣获世界职教院校联盟（WFCP）"学生支持服务卓越奖"等。

（二）教师教学能力提升，教学比赛多点开花

学院有3人成为全国性的讲师，1个教学创新团队荣获2021年浙江省高职院校教学能力比赛一等奖，8位教师获得浙江省高职高专思政课教学技能大赛一等奖、二等奖，浙江省高校思政微课大赛二等奖、三等奖等奖项，教学视频多次参与省文化和旅游系统"精品微党课"视频比赛、全国高校思想政治理论课教学展示浙江省思政课的选拔、全省高校微型党课大赛等并获奖。

（三）媒体关注持续扩大，宣传报道遍地开花

"学习强国"、浙江卫视、《光明日报》、新华网、《文汇报》、《中国青年报》、浙江党史网、中国日报网、《浙江在线》、《浙江教育报》、新浪浙江、浙青网、《小时新闻》《浙江新闻》等央媒、省媒对学院建设工作和思政课建设成果进行了宣传报道，社会影响力不断提升。

四、经验启示

（一）创新点

立足地方特色、行业特色建好高校思政课程。有效开发和利用地方、行业资源是增强思政课教学实效的有效途径，能实现价值引领、文化传承、人才培养的多重效果。在文旅行业大背景下开设特色"浙旅红"思政系列课程，讲好行业特色故事、用好行业特色资源、聚好行业特色力量，强化思想政治理论课价值引领功能，满足学生成长发展需求和期待，助力学生职业发展。

拓展虚实结合、理实一体多种方法，上好思政课程。立足学生学习需求和学习特点，重构思政课教与学的传统关系，构建以情感认同为导向的同场域体验式教学模式，借助"六化"教学方法，利用"红色之旅"虚拟仿真教学中心等数字教学资源，共建实践课教学基地，架构起第一课堂与第二课堂、理论教学与实践教学双重贯通的思政课教学体系。

成立"六个协同"大中小学思政课一体化理论与实践中心，深化思政课教学改

革。通过内容协同、教师协同、资源协同、专业协同、教法协同和评价协同，实现小学、中学和大学有效衔接、三阶贯通，把小学、中学、大学的思政课统筹起来，实施一体化教学，共同建设思政"大课堂"，搭建思政"大平台"，建好思政"大师资"，丰富育人资源，拓展育人空间，构建起适应社会发展需要的"大思政课"格局，达到"启蒙道德情感、打牢思想基础、提升政治素养、增强使命担当"不同学段无缝接续的教学目标。既"守好一段渠"，又"跑好接力赛"。

（二）下一步举措

坚持以习近平新时代中国特色社会主义思想为指导，紧紧围绕立德树人根本任务，以教育教学为中心，持续推进思政课改革创新，提高思政教师教学能力，打造标志性亮点成果；通过举办"浙旅红·高职院校思政课教学研讨会""浙旅红·优秀思政课教师示范课堂在线直播活动""浙旅红·思政课实践教学成果大赛"，扩大"浙旅红"品牌影响力。

聚力攻坚
JULIGONGJIAN

科研育人
KEYANYUREN

发挥科研优势　助力人才培养

◎科研处

> 科研是立德树人的一个重要载体，是"三全育人"过程中不可忽视的重要环节。学校坚持教育和科研相结合，积极挖掘科研育人内涵，不断健全科研育人组织管理体系，积极探索科研育人的方法路径，着力培养担当民族复兴大任的时代新人。

一、目标思路

（1）落实破除"五唯"倾向，优化科研管理制度，明确科研育人要求，把思想价值引领贯穿选题设计、科研立项、项目研究、成果运用全过程，把思想政治表现作为科研团队的底线要求。

（2）建立科研育人激励机制，完善科研评价标准，改进学术评价方法，健全体现育人导向的学术评价标准和科研成果评定办法。开展学术诚信教育宣传活动，每年举办学生科研精神培育的专题报告。

（3）构建集教育、预防、监督、惩治于一体的学术诚信体系，治理、遏制各种学术不端和科研失信行为。组织编写师生学术规范与学术道德读本，在学生中开设学术诚信专题讲座。

（4）加强创新平台建设，搭建师生科研交流互动平台，培养师生科学精神和创新意识。实施科研创新团队培育支持计划，制定科研创新团队培育工作方案，培养学生的团队精神和创新意识。

（5）加大学术名家、优秀创新团队先进事迹的宣传教育，培养选树一批科研育人示范项目、示范团队和优秀人物。

二、实施举措

（一）完善科研管理管制设计

1. 强化教科研项目的育人导向

一是科研选题紧抓育人关，各类校级项目将全过程育人作为科研项目选题的重要内容；二是项目评审把好育人关，将育人质量高低作为项目评审核心标准，对于育人偏差项目实行一票否决制。

2. 完善教科研协同育人机制

学校科研管理制度坚持"科研促教学　科研促育人"定位，将育人功能渗透到科研活动各方面。一是将教学成果纳入科研积分；二是推进全员教学研究，设立思政专题项目、教管人员科研项目等。

3. 组建学生科研项目团队

依托万村景区化、新苗计划、挑战杯、阳光助跑等项目，组建由教师牵头、学生参与的团队开展研究，提升学生的社会实践和科研能力。

4. 孵化科研育人项目

每年培育10余项省部级及以上课题、建立10余个校级教科研基地、评选10余个科研创新团队。

5. 深化科研育人激励机制

一是每年评选10余项具有重大影响力的科研项目；二是每年评选10余位40周岁以下年轻教师的科研新秀；三是加大国家级教科研成果奖励力度。

6. 健全优秀成果推广机制

一是鼓励教师积极参与行业研究与服务，将横向课题纳入学院科研积分范围；二是将科研成果应用作为重要评价因素；三是举办优秀科研成果推广活动。

（二）完善学术诚信体系

1. 通过实践平台培养学生科研精神

开展科研要素进课堂工作，鼓励教师将自己的教科研项目、科研领域前沿研究成果融入课程设计、毕业设计等环节，成立课程研发小组，以技能应用型研究探索为目标，引导学生进行技术创新、应用创新探索，培养科研思维。

2. 通过学术团体建立教科研导师制度

引导学生加入教师科研创新、项目设计、应用推广等团队，推动教师成立相关专业的科研团队，吸纳学生参与其中，促进学生的科研意识养成，提升学生文化和旅游科学研究能力。设立"万名旅游英才计划"和"挑战杯"创新创效竞赛等学生为负责人、教师为指导老师的研究项目。

3. 建立健全学生学术诚信档案

加强学生在校就读期间的原创性项目和毕业论文或作品的管理，将学生创新创业竞赛、技能竞赛（创意设计类）涉及版权、知识产权等内容的项目和学术失信行为纳入学生诚信档案。

4. 全程监管学生学术诚信行为

在事前、事中、事后三个阶段采用相应手段进行引导，在学生教学实践阶段，有针对性地进行学术规范教育，将学术诚信解读融入相应环节。在预防手段、监督体系、惩治措施等方面，对违背诚信行为的学生采用一票否决制，在相关诚信环节出现问题的学生，将给予警示处分并取消资格。

5. 进一步拓宽学生学术视野

树立高职应用型科研理念，拓宽学生的科研视野。一是科研先进事迹进新生始业教育阶段，将优秀学生的典型科研事迹进课堂进行宣讲，激发学生创新热情；二是专业学术研究内容进课堂，让学生专业学习伊始了解前沿研究成果，激励学生的学术探索热情。

（三）建设创新平台与团队

1. 打造文旅研究平台，强化立德树人核心

以文化旅游产业发展为导向，以科研服务为路径，以师生实践为契机，建立浙江北大数字文化和旅游联合中心、中国旅游研究院旅游标准化研究基地等12个研究平台，更全面更科学提升育人成效。

2. 组织各类项目活动，发挥全员育人功能

通过组织旅苑学术沙龙、文旅大讲坛等各类讲座活动，促进师生在科研交流中育人；组织师生团队参与学院创新创业导师计划、"百个师生团队服务万村景区化"等科技创新创业活动，推动科研育人。

3. 推进研究基地建设，发挥全程育人功效

继续推进校级研究基地、科研导师和助理团队结对工作，鼓励和支持教师团队协作、专长发展，充分发挥研究基地在地方文旅调研、乡村振兴、科学研究、专业建设、社会服务等方面的作用。

4. 培育优秀教科研团队，争创科研育人佳绩

通过培育各类教科研团队和个人，积极参加国家级教学团队等各级各类教学育人项目，申报国家社会科学基金思想理论课项目等思政育人项目，不断提升科研育人成效。

5. 创新学术平台建设，加大育人事迹宣传

创新学术平台建设，不断加强学校学报"旅院名师"等栏目建设，宣传科研育人先进事迹，积极组织召开全国高校科研主题研讨会、数字文旅高峰论坛等，为学者提供科研育人先进事迹的展示机会，并在全国范围内介绍和推广。

三、育人成效

我校通过科研管理管制设计、学术诚信体系建设、创新平台与团队建设三方面，不断提升学生科研意识，提升教师科研能力，提升整体科研育人成效，学校整体科研成绩取得突破。2019-2021年我校连续3年获得国家社科基金6项，浙江省哲学社会科学优秀成果1项，教育部人文社会科学研究项目2项。

2019年我校立项国家社科重大课题子项目1项，获得浙江省第二十届哲学社会科学优秀成果二等奖。其中《文旅融合背景下职业教育产教融合的旅游人才培养路径与措施》开创了我校"国字号"立项的历史;《大学生国家认同研究》获浙江省第二十届哲学社会科学优秀成果二等奖，全省高职两项之一，属于我校科研成果历史上的首次突破;《乡村振兴战略下乡村旅游者环境责任行为研究：测量、形成机制、影响后效及柔性政策》获得2019教育部人文社科青年基金项目立项。

2020年我校首次同时立项国家社科基金艺术学重点项目和一般项目，且喜获3项。其中，重点项目为《浙江当代戏曲史》，一般项目共2项，分别为《线上线下融合的乡村文化旅游模式及实现路径研究》和《文化记忆视野下的乡村旅游历史人类学意义及第三水平文旅融合理论研究》。全国高等职业院校共立项4项，我校立项数量位列全国高等职业院校第一，取得历史性突破。

高等职业学校全员全过程全方位育人"浙旅探索"

2021年度国家社科基金艺术学项目立项名单

批准号	项目名称	负责人	责任单位	项目类别
21AH016	乡村振兴战略中的文旅发展和城乡融合研究	孙九霞	中山大学	重点
21BA025	西方影像哲学研究	李洋	北京大学	一般
21BF086	中国书法学学科发展史（1918—2021）	祝帅	北京大学	一般
21BG129	中国传统宗教建筑历史光环境的文化形态研究	杜异	清华大学	一般
21BG130	大运河国家文化公园文化空间景观体系构建研究	黄艳	清华大学	一般
21BH149	高质量发展视角下中国数字文化创意产业政策模型构建与实证研究	王相华	浙江旅游职业学院	一般
21BH163	红色旅游与公众国家认同的文化逻辑及其建构策略研究	杜兰晓	浙江旅游职业学院	一般
21CB171	20世纪以来的戏曲跨文化传播与现代中国的文化认同研究	郭超	中山大学	青年

2021年我校荣获国家社科基金艺术学项目2项

2021年学校荣获国家社科基金艺术学项目2项并连续三年荣获国家社科基金艺术学项目，成为全国高职院校在该领域唯一立项单位，且获立项2项，连续取得重大标志性的国家级科研项目。项目分别为《高质量发展视角下中国数字文化创意产业政策模型构建与实证研究》和《红色旅游与公众国家认同的文化逻辑及其建构策略研究》。另外，《基于多源异构数据的文化旅游知识图谱构建及数字化融合路径研究》获2021教育部人文社科青年基金项目立项。

四、经验启示

（一）学校高度重视

学校一直高度重视、多方培育、重点支持科研育人项目建设，重点推动国家社科基金艺术学项目、文化研究工程等高层次科研项目的申报组织工作。学校党委牵头组织、参与和指导各类高级别科研项目。

（二）管理多措并举

成立高级别科研育人项目工作队伍、社会服务实践团队和高层次项目培育团队，举办各类线上线下专题研讨会，从项目选题、项目论证及申报注意事项等多方提供精准指导。

（三）教师多元成长

成立校级青年领头人、科研创新团队、校级研究基地、校级研究所、科研新秀项目、重大科研项目后期资助、重大科研成果奖教基金等各类教师科研育人能力成长的项目与团队。

（四）学生重点参与

在教科研团队建设中，引导不同专业学生加入对应研究方向的教师科研创新、项目设计、应用推广、社会调研和地方服务等团队，为高级别科研项目夯实研究基础，提升学生科学研究思维和科研视野。

助推融合　激活创新
——厨艺学院科研育人的实践与探索

◎ 厨艺学院

> 厨艺学院坚持以习近平新时代中国特色社会主义思想为指导，全面贯彻落实全国高校思想政治工作会议和全国教育大会精神，秉承立德树人、为国育才的初心，赓续科技创新的文脉，不断健全科研育人组织管理体系。根据学院专业特色，深入挖掘科研育人要素，统筹校内外育人资源，打造育人特色，努力培养国际化、管理型、高素质、技术型的美食创作人才和烹饪艺术大师，着力构建学院"三全育人"新格局和"科研育人"大格局。

一、目标思路

科研是高校立德树人的重要载体，是培养担当民族复兴大任的创新型人才的重要途径。厨艺学院高度重视科研育人在人才培养中的协同作用，以落实科研育人成效为目标导向，践行"科研"同"育人"交融的理念，多管齐下、多措并举，着力打造有实效、可转化、能推广的科研育人模式。厨艺学院以科研管理体制机制创新为着力点，充分发挥科研育人功能，持续推进学生进课题、进团队、进企业，以赛促学，以赛促研，不断提高学生实践和创新能力，不断拓展师生共同参与科研育人的广度和深度，努力培养学生至诚报国的理想追求、敢为人先的科学精神、开拓创新的进取意识和严谨求实的科研作风，全面提升学生科研创新能力。

二、实施举措

（一）与专业发展同融共促

厨艺学院致力于把科研融入教育教学环节，提高教师的科研能力，加强课程体系和教师队伍建设，深化教学研究和教法改革，大力推动学院学科专业优化调整和人才培养模式创新，不断提高学生参与的积极性，创新科研育人方法，进而发挥科研育人的作用。

学院依托专业特色打造具有重大影响力的国际交流平台，构建科研、专业发展共同体，中意合作教学相长、中澳合作资源共享、中法合作赛事平台、中美合作国际证书。学院坚持智能融合、创新发展的人才培养方式，将学科竞赛融入人才培养方案，积极推动教育教学改革，在人才培养和专业教学过程中，以竞赛为契机，以项目为载体，以培养学生创新精神和实践创新创业能力为宗旨，紧密结合学院人才培养目标，努力提高在校大学生综合开发和实际应用能力，营造人人参与、人人成才的良好氛围，为学生的成长成才创造条件，努力实现创新创业人才可持续再生培养的长效机制。近年来，学院在学科专业类比赛、创新创业赛等众多大赛中，屡获佳绩。

（二）与时代发展同频共振

《高等学校乡村振兴科技创新行动计划（2018-2022）》自发布以来，在全国高校中掀起乡村振兴的热浪。厨艺学院积极响应学校号召，调动全院师生积极性，参与"万村景区""百县千碗""饮食非遗传承"等多项立足乡村振兴的政府工程，并将研究成果灵活运用到学生创新创业项目中来。近年来，厨艺学院在乡村振兴大赛中屡获佳绩，共获得7枚金牌、10枚银牌。2021年，在首届全国大学生乡村振兴创意大赛中，学院学生团队用一台造型精致、内涵丰富的"将军板栗宴"，在"创意美食"赛项中力压群雄，问鼎"特等奖"。

为传承弘扬优秀传统文化，充分展示我省传统美食类非遗项目的当下价值和独特魅力，进一步促进制作技艺的交流提升、有效保护和活态传承，推动"百县千碗"工程实施，2019年"诗画浙江·百县千碗"特色旅游美食师资培训班在我校举办，学院负责"百县千碗"工程的相关标准制定和人员培训的重任，旨在落实《做实做好"诗画浙江·百县千碗"工程三年行动计划（2019-2021年）》，培育一批旅游美食大师、美食工匠和美食手艺人，共同打造各地特色美食品牌。

学院"新苗计划"项目坚持"以赛促学,以学促用",通过鼓励学生积极参与项目,不断夯实理论基础,强化科研训练,提高综合素质,注重实践能力,培养创新精神。学院师生"食光宝盒"——二十四节气的食育微视频制作与推广、"一带一路"背景下烹饪专业中英文版《中国味道》菜谱编写建设与推广应用和"汁遇"餐饮服务公众号的创意与运营等项目结合专业特色为培养意志品质高尚、知识结构科学、实操能力突出、具有科研创新能力的创新型人才提供保障。

学院师生在乡村振兴大赛中屡获佳绩

学院师生在"创意美食"赛项中问鼎"特等奖"

（三）与创新发展同轴运转

厨艺学院在创新创业工作的推进中注重全方位挖掘科研育人要素，不断优化科研育人环节，让科研育人和创新创业相互促进，共同发展，不断夯实我院"三全育人"创新创业教育模式内涵建设。

自 2011 年始，厨艺学院就开辟了"美味教室"大学生创新创业孵化基地，致力于提高大学生创新创业的素质和能力。"美味教室"是创新创业的孵化器、美食研发的实验室、健康养生的传播地、工学结合的示范区，地址设在学校北校区下沉广场。十几年来，在厨艺学院教师的悉心指导下，在学生们自己的不断努力探索下，"美味教室"已成为旅院的一道富有创新创业特色的亮丽风景线。

在创新创业比赛中，"指尖上的传承"项目刷新我院在浙江省国际"互联网+"大学生创新创业大赛中的成绩。该项目团队旨在通过创作剪纸多元产品、打造剪纸教育体系，继承与发扬优秀传统文化，适应传统文化教育的变革升级需求。以定制服务和教育培训两大主营业务，通过研学旅游、剪纸作品定制销售、非遗文化传习培训等途径，实现效益营收、非遗传承、文化传播等社会效应，推动中华优秀传统文化创造性转化和创新性发展。"路易的王国"项目创新中西匠制，坚持手工原创，立足温岭，辐射全国，聚焦中产需求，提供优质烘焙产品，与员工共成长，与顾客共发展。通过建立"烘焙手艺人+创意营销人"核心团队，加强新媒体运营，用数字化赋能传统门店升级，以初心致匠心，打造具有归属感、舒适感和未来感的本地生活圈，让美好生活更有味道。

厨艺学院大学生创新创业孵化基地——"美味教室"

厨艺学院团队荣获省"互联网+"大学生创新创业大赛银奖

三、育人成效

厨艺学院以培养创新人才为目标，提高学生科研实践能力，通过搭建常态化的科研、竞赛平台，以赛促建，引导和鼓励学生参与教师的纵向、横向科研项目实施、专利申报、成果转化等工作。近年来，学院依托专业特色比赛、全国"互联网+"创新创业大赛、全国大学生乡村振兴创意大赛、浙江省"挑战杯"大学生创业计划大赛等竞赛为契机，充分发挥厨艺学院专业特色和优势，加强科研育人，全方面培养具有创新精神和实践能力的高素质人才，育人成果显著。

近三年，学院教师共申报课题136项，含2项省部级课题、48项厅局级课题；发表论文137篇，其中SCI、SSCI、A&HCI 12篇；发明专利5项；出版教材32本、编著4本、译著1本；获科研成果奖7次。3人获评学校创业导师，1人获评学校奖教基金优秀科研成果奖。近三年，我院学生在多项国家级、省级比赛中获奖，在国际类、国家类比赛中获奖55次、省级比赛获奖87次，其中专业类比赛中共获金牌41枚、银牌40枚、铜牌21枚；在全国大学生乡村振兴创意大赛、浙江省挑战杯比赛中，共获得7枚金牌、10枚银牌，9人获一等奖、1人获三等奖。

四、经验启示

厨艺学院高度重视科研育人工作，坚持"学院主导、师生主体、创新引领、专业协同"的科研育人模式，在氛围营造、政策支持、项目培育、竞赛等方面进行了深入探究，围绕创新性、全面性、导向性和群众性等原则，鼓励师生参加各类学科、创新创业竞赛，以赛促学，以赛促研，提升学院师生敢为人先的科学精神、开拓创新的进取意识、弘扬时代精神、把握时代脉搏，着力加强科研育人，促进"三全育人"结硕果。

下一步，厨艺学院将进一步提高政治站位，从"为党育人、为国育才"的政治高度，深刻认识"三全育人"综合改革的重要意义，加强思考和研究，主动担当作为，真正把育人力量和资源调动起来，发挥科研育人协同作用。继续探索开展科研育人的方法和渠道，努力探求科研育人与教学工作、学生管理工作、专业发展等工作的结合点，建立健全科研育人的制度体系，构建科研育人的良好机制，营造科研育人的良好氛围，切实推动学院"三全育人"综合改革实施方案落地生根，不断完善全员全过程全方位育人格局，助推学院工作提质增效，为培养担当民族复兴大任，具有爱国情怀、人文素养、创新精神、实践能力的高素质人才和德智体美劳全面发展的社会主义建设者和接班人作出更大贡献。

强科教融合　育文旅英才
——旅游规划与设计学院科研育人案例

◎旅游规划与设计学院

一、育人目标

旅游规划与设计学院认真贯彻落实《浙江旅游职业学院关于全面推进"三全育人"的实施意见》，积极构建科研育人质量提升体系，充分发挥科研育人功能，优化科研环节和程序，完善科研评价标准，改进学术评价方法，促进成果转化应用，以高质量科研成果助推科研育人全过程，积极引导师生树立正确的政治方向、价值取向、学术导向，培养师生至诚报国的理想追求、敢为人先的科学精神、开拓创新的进取意识和严谨求实的科研作风。

二、育人思路

（一）坚持思想价值引领

落实破除"五唯"倾向，优化科研管理制度，明确科研育人要求，把思想价值引领贯穿学院科研项目选题设计、立项、研究以及成果运用全过程。坚持将思想道德作为科研育人工作的底线要求，构建集教育、预防、监督、惩治于一体的学术诚信体系，治理遏制各种学术不端和科研失信行为，加大教育宣传力度。

（二）加强创新平台建设

积极搭建师生科研交流互动平台，通过加强"双高"专业群建设、教师教学创新团队建设、学生毕业设计答辩等，培养师生科学精神和创新意识。推动科研创新团队培育计划，努力培养青年教师和学生的科研团队精神和创新意识。

（三）完善评价激励机制

完善科研评价标准，改进学术评价方法，健全体现育人导向的学术评价标准和科研成果评定办法，并在二级学院年度考核方案以及学生评奖评优过程中予以体现和重视。

国家级教师教学创新团队召开科研项目推进会

三、实施举措

（一）强化教师教科研项目的育人导向

旅游规划与设计学院认真审核科研项目选题的思想价值导向，将"三全育人"作为专任教师及行政人员科研项目选题的重要内容，坚持以"科研促教学，科研促育人"的定位，将育人功能渗透到科研活动各方面。

（二）建设国家级教师教学创新团队

旅游规划与设计学院依托"双高"专业群和文旅共同体建设，大力加强跨校、跨学科交流合作，以服务文化旅游产业发展为导向，以科研教学创新为路径，认真做好国家级教师教学创新团队建设，充分发挥团队在地方文旅调研、乡村振兴、科学研究、专业建设、社会服务等方面的作用。

（三）积极组建学生科研项目团队

旅游规划与设计学院依托新苗计划、挑战杯、"互联网+"、乡村振兴、阳光助跑、万村景区化、"微改造、精提升"等相关项目，组建由教师负责、学生参与的科研创新团队，开展研究，鼓励教师将教科研项目、科研领域前沿研究成果融入课程设计、毕业设计等环节中，引导学生进行有关技术创新、应用创新的探索，努力提升学生的科研能力和实践应用能力。

（四）大力加强学生学术诚信教育

在事前、事中、事后三个阶段有针对性地进行学术规范教育，建立预防为主、监督和惩治措施相结合的学术诚信体系，对违背诚信行为的学生在各类评比中采取一票否决制并给予相应处分和警示教育。对学生原创性项目和毕业论文或作品加强管理。在学生创新创业竞赛、技能竞赛创意设计类涉及版权、知识产权等内容的项目中，将其学术失信行为纳入学生诚信档案。

（五）深化科研育人激励机制

一是在年度绩效考核中对教师本人科研予以认定；二是在课时和绩效考核方面对教师指导学生取得科研和专业竞赛的成果予以认定；三是每年选树并表彰"红雁领先锋行"教师先进个人之"科研先锋"。

四、育人成效

近三年，学院科研育人取得丰硕成果，教师共获得省部级课题立项8项，其中《职业教育景区开发与管理专业国家级教学资源库》项目获教育部重大科研项目立项；在三级及以上刊物以第一作者身份公开发表论文15篇，其中《我国红色旅游研究的文献分析与述评》被中国人民大学复印报刊资料《旅游管理》收录，《Evaluation of Agricultural Cultural Heritage Tourism Resources Based on Grounded Theory on Example of Ancient Torreya Grandis in Kuaiji Mountain》发表于《Journal of Environmental Protection and Ecology》；关于《优化乡村旅游运营管理推进乡村产业现代化》的建言获省长批示；3人被评为"科研新秀"；师生共同参与城镇乡村A级景区建设、全域旅游规划、"微改造、精提升"、文化和旅游资源普查等横向科研项目50项，在充分发挥高校社会服务功能的同时，全面提升学生的科学研究能力和创新实践能力，助力全省大花园建设、乡村振兴和共同富裕。

学生在国家级比赛中取得优异成绩

在学院教师的指导下，近三年我院学生在科学研究和学科竞赛方面取得了重大突破，荣获浙江省乡村振兴大赛金奖3项；浙江省大学生红色旅游创意策划大赛团体一等奖3组；全国大学生红色旅游创意策划大赛总决赛二等奖1组；全国红色旅游线路策划大赛二等奖2组；浙江省大学生科技创新活动计划暨新苗人才计划项目立项3项；浙江省暑期社会实践百强团队2支、风采大赛一等奖1组；全国高校商业精英挑战赛会展文案（应急预案）创作大赛团体一等奖3组；2020年第十届全国大学生红色旅游创意策划大赛华东赛区团体二等奖2组；全国高校商业精英挑战赛会展创新创业实践竞赛特等奖2组，一等奖6组。

此外，学院对标本科院校，认真组织专科学生和旅游管理本科班学生的毕业设计工作，将毕业设计作为学生科研能力和学术诚信锻炼的重要渠道，指定专业导师从选题到调研、论文撰写全程严格把关，毕业生全员参与答辩，并一对一指导不合格学生进行论文修改和二次答辩，直至成果合格。

五、经验启示

（一）组织高度重视

旅游规划与设计学院历来高度重视、多方培育、重点支持科研育人项目建设，领导班子、专业带头人、科研骨干牵头组织、参与和指导各类高级别科研项目，成立高级别科研育人项目组织工作队伍、社会服务实践团队和高层次项目培育团队，定期举办各类线上线下、校内校际交流研讨会，从项目选题、项目论证及申报注意事项等多方提供精准指导。

（二）教师多元成长

鼓励青年教师积极参与科研团队，构建青年教师和骨干教师、教师和学生之间的"传帮带"机制，在各自专业领域深耕，积极培育教师教学科研创新团队等各类有助于推动教师科研育人能力成长的项目团队。

（三）学生重点参与

将科研与学生培养相结合，在教科研团队建设中，引导不同专业学生加入对应研究方向的教师科研创新、项目设计、应用推广、社会调研和地方服务等团队，拓展学生科学研究思维和科研视野，提升专业知识的创新和实践应用能力。

学思践悟
XUESIJIANWU

实践育人
SHIJIANYUREN

弘扬劳动精神 培育最美文旅人
——浙江旅游职业学院"519"劳动育人模式的探索与实践

◎ 学生工作部

一、目标思路

2020年3月,中共中央、国务院发布《关于全面加强新时代大中小学劳动教育的意见》,对新时代劳动教育作了顶层设计和全面部署。高职院校劳动教育具有独特的价值属性,既是人才培养的内在要求,也是全面开展"双高"建设的必然要求。在新时代文旅融合的背景下,在德智体美劳"五育并举"的人才培养体系下,学校积极响应《中共中央 国务院关于全面加强新时代大中小学劳动教育的意见》等文件精神,把构建"中国服务"品牌的劳动教育体系列为学校"双高"建设的重点项目,作为深化"三全育人"综合改革工作的重要抓手,将劳动教育与专业建设相融相通,以劳动精神培养为核心,创新劳动教育机制,整合多方劳动资源,拓展劳动教育载体,推进劳动育人工作规范化组织、制度化运行、常态化发展。

二、实施举措

学校劳动教育体系构建探索开始于2009年,在长期的劳动育人实践中,学校形成了"519"劳动育人模式,这也与"519"中国旅游日不谋而合,开拓创新、行者无疆的"霞客精神"更为文旅人的劳动教育注入活的灵魂。

（一）强化五维联动，增进劳动教育的系统性

"五维联动"增进了劳动育人工作的系统性，推进劳动育人与第一课堂、第二课堂、专业教学、实践活动、文化建设与理论研究的有机融合，全面提升学生的劳动素养，体现了劳动教育的科学性。

"519"劳动育人模式

（二）强调一核引领，提升劳动教育和人才培养的耦合性

"弘扬劳动精神，做最美文旅人"是"519"育人模式的核心，它将劳动精神、劳模精神、工匠精神有机交融到人才培养、专业建设、师资建设、文化传承、社会服务等方面，致力于为文旅行业培育有正确劳动价值观、实践观、幸福观的文旅人才。

（三）落实九项举措，增加劳动育人形式的多样性

"九项工作举措"为劳动育人工作落地提供了明晰的实践路径，通过九个方面的工作举措，形成了丰富的劳动教育形式，增加劳动育人效果，达到沁入人心的劳育效果；同时，九项工作举措贯穿于学生的整个大学生涯，适合不同学情下学生的劳动教育需求，拓宽了劳动教育场域。使劳动教育做到总体有框架、落实有抓手、实施有载体、过程可量化、成效有评估。

1. 打造一个"中国服务"劳育文化品牌

学校把劳动教育作为"双高"校建设重大项目——"三全育人"的重要内容，把打造突显"中国服务"元素的劳育文化品牌作为"双高"校建设的重点项目，并制定了《关于推进"中国服务"劳动教育的实施意见》，明确了指导思想、目标要求、基本原则和主要任务，从顶层设计、职责要求、保障措施上作了具体要求和规定，着力打造培养学生服务精神、服务意识、服务能力、服务品质的"中国服务"劳育文化品牌。

2. 培育一门劳动教育精品课程

将劳动教育纳入人才培养方案，设置劳动教育公共必修课。重点打造专兼结合、知行合一的劳动教育教学团队，目前已被评为学校课程思政教学创新团队和教师教学创新团队；创新教学模式，设置劳动课程菜单，形成形式上"集中＋分散"、空间上"日常＋节假日"、方式上"理论＋实践"、内容上"体力＋专业"相结合的课程形式；完善劳动教育评价机制，搭建大学生综合素质评价系统，将"劳动素质"放入学生综合素质评价，实现劳动实践效果可量化。

"劳动教育"线上课程主页截图

3. 开设系列劳动融合专业工作坊

依托劳动融合专业工作坊的形式，开设了多门劳动专业融合课程，在课程标准中明确劳动育人元素，将劳动教育有机融入专业教育中，强化劳动实践对专业技能训练的作用，探索完善专业劳育教学体系。其中，厨艺学院劳动专业融合课《面点制作》

的课堂案例《黄芯诚品，桥意臻尝——黄桥烧饼的制作》入选全国旅游职业教育"课程思政"在线展示活动课堂教学案例。

4. 搭建一个劳动育人研究平台

为提升劳动育人理论研究水平，学校成立了"浙江旅游业'工匠精神'研究所""劳动教育教研室""劳动育人辅导员工作室"，对校园劳动文化活动、劳模精神、劳动精神、工匠精神进行理论研究。目前获校级课题7项，出版新形态活页教材1本。

5. 建设一批校企地劳育实践基地

按照开放、联动、共享的原则，整合校内外资源，加强校企（地）劳动教育实践基地建设。目前已签约40多家校外劳动教育实践基地，与开元集团、雷迪森、知味观、外婆家、传化集团等行业龙头企业均建立持续的劳育合作关系。

6. 开展一组"美丽校园"劳动活动

学校将每周三作为"美丽校园创建日"，五月作为"劳动文化月"，各专业根据劳动实践安排设定"劳动周"，让学生在劳动中身体力行，养成良好的劳动习惯；连续5年组织由退伍学生组成的教官大队参与新生军事训练中，共训练学生25000余人次；开展劳动精神、劳模精神、工匠精神专题讲座百余场，举办具有专业特色的"一院一品"校园劳动文化活动。

"美丽校园"劳动实践活动

组织学生参与大型活动志愿服务

7. 组织一批社会实践与志愿服务队伍

组织学生参与 G20 峰会、世界游泳锦标赛、亚运会、世界互联网大会等大型活动的志愿服务工作，受到组织方广泛好评；组织暑期社会实践学生队伍助力乡村振兴，参与"万村景区化""微改造、精提升"等浙江省重大文旅工程，在社会服务中，培育了学生的奉献社会的劳动服务意识。

8. 提供一次顶岗实习劳动实践机会

学校与迪士尼、洲际集团、希尔顿、喜来登、中国旅游集团、乌镇旅游集团、宋城集团、开元集团等全国 430 多家行业知名企业开展实习实训合作，实现实训岗位与生产岗位有机融合，促进学生技能和素养与未来就业岗位实现零距离对接。

9. 构建一套智慧劳育评价系统

充分发挥学校作为教育部第一批教育信息化试点优秀单位、浙江省教育领域第一批数字化改革创新试点校和浙江省第一批高校智慧思政特色应用试点校的智慧信息平台优势，创建了劳动育人智慧评价平台，学生将劳动过程及成果记录至平台，经辅导员或班主任审核后自动生成素质分数转入学生综合素质学分库中，作为毕业生"综合素质学分制证书"评价的重要指标和全校性"劳动标兵"等先进评选的主要依据。

三、育人成效

学校劳动教育走在高校前列,逐渐成为育人工作的"金名片"。学校是全国首届高职院校"育人成效50强"单位,获评浙江省"三全育人"综合改革重点支持高校,是浙江省中小学劳动实践基地,"519"劳动育人模式获浙江省高校思想政治工作精品项目立项,入选浙江省高校"实践育人"优秀工作案例。

(一)劳动教育好评如潮,热爱劳动凝成共识

2017年,学校设立"最洁净校园活动"思政实践课,目前已开展了180多期,参与学生高达3万余人次,学生好评度高达99.4%。2020年开始,劳动教育现已被纳入劳动教育公共必修课,累计开展5个学期的教学,在校学生覆盖率100%,教师结合时代楷模、劳动模范、身边榜样等的鲜活事例开展劳动价值观的教育,使得学生参与劳动实践后有较强的收获感和价值感。课程评价和满意度调查显示,学生对劳动教育课反响良好,满意度高达99.1%。

(二)劳动榜样不断涌现,崇尚劳动蔚然成风

学校始终将劳动育人贯穿在人才培养的全过程之中。在学生综合素质评价标准上,增加了对学生劳动态度、劳动技能、服务意识、工匠精神等的考评;在人才培养方式上,一直强调学生先有所学、学后有所践、践后有所评。近年来,涌现出"全国青年岗位能手"江博、"中国优秀导游""浙江金牌导游"吴娜佳、"中国最年轻的烹饪高级技师"阎晗、"中国红十字会总会十大最美救护员""最美浙江人"夏振辉、"参加国庆70周年阅兵军乐团的国奖特别奖获得者"郑丽萍、《舌尖上的中国(第三季)》因高超的瓜子酥技艺爆红网络"的蒋露露、"五一劳动奖章"茶艺师朱晓芸等最美文旅人闪耀在自己的岗位。劳育先进典型的涌现,引领着同学们树立积极的劳动价值观,从而激励同学不断去增强正确的劳动认知,锻炼过硬的劳动素质,形成了"劳动光荣、技能宝贵、创造伟大"的校园文化氛围。

第21届"全国青年岗位能手"江博、"最美浙江人"夏振辉

（三）青春力量接续担当，志愿服务助力乡村振兴

作为劳动教育实践菜单的必修项目，学校持续开展"百个师生团队助力万村景区化建设""暑期乡村旅游免费送教下乡"活动，5年来，学校共组建250多个师生团队，走遍省内11个地市67个县（市、区），对286个村庄进行了实地调研和乡村旅游发展指导，其中94个村庄成功创建省3A级景区村庄，安吉余村创建成为国家4A级旅游景区。2021年，作为全省旅游业"微改造、精提升"专家指导团队，学校派出50余支师生服务全省旅游行业发展。学生们在劳动实践中，服务美丽乡村，助力乡村振兴，提高专业能力，增强社会责任，树立家国情怀，为高质量建设共同富裕示范区贡献青春力量。

（四）劳动实践基地日趋完善，辐射效应显著增强

学校作为全国首个校园4A级景区，成功获批浙江省中小学劳动实践基地、浙江省中小学生研学实践教育基地，形成了包括浙江旅游博物馆、浙江智慧旅游体验中心、遂园古建展览馆、高尔夫实训基地等核心项目在内的"一馆、两心、五基地"空间格局，年接待游客超过40万人次，其中95%以上为研学旅游者，近2年共支持5家中小学开展劳动教育，辐射中小学生800人，取得了良好的社会效益。

（五）主流媒体持续关注，劳育效果广受好评

学校开展立足办学特色和人才培养定位的"中国服务"劳动教育，受到了学生家长、其他高校、社会各界的高度关注和肯定。多年来，劳动育人工作成效被人民网、光明网及《中国教育报》《中国旅游报》《浙江日报》等主流媒体报道，浏览量超200

万人次。

学习强国App、中国旅游报、浙江教育报关注报道学校劳育工作

四、经验启示

（一）顶层设计，提升劳动教育的战略地位

学校党委发布《劳动教育实施方案》，创建以校党委书记为组长的劳动教育工作专班，形成劳动教育"三全育人"工作机制，将劳动育人作为育人体系及"双高"建设的重要环节，放在学校育人工作的核心战略高度。

（二）多方协同，拓宽劳动教育的育人载体

突出以"开放、联动、共享"为原则，学校充分整合校企（地）及文旅行业资源，不断拓宽劳动育人载体，全面搭建三大类劳动育人载体，即以劳动意识锤炼为核心的校内劳育载体、以劳动精神践行为核心的校外劳育载体、以劳动素养养成为核心

的网络劳育载体。

（三）多措并举，确保劳动教育的育人效果

学校通过打造高规格劳育品牌、建设高标准劳育载体、攻关高水平劳育教学、开展高质量劳育实践、集聚高层次劳育师资、创新高效能智慧劳育落实九项劳动育人工作举措，从而形成丰富的劳动教育形式，增加劳动育人效果，达到深入人心的劳育效果；同时，九项工作举措贯穿学生的整个大学生涯，适合不同学情下学生的劳动教育需求，拓宽了劳动教育场域。

（四）数字赋能，开辟劳育实施新路径

依托大数据、云计算、人工智能等计算机信息技术，学校通过在大学生综合素质提升平台设置"劳动素质"模块、建设"劳动最美"小程序，创新了劳动教育实施路径，做到了劳动教育的"目标可导入""项目可发布""过程可追溯""效果可评价""流程可改进""学生可成长"，解决了劳动教育实施过程中"理论和实践环节难结合""实践过程难控制""劳育效果难评价"的三个"老大难"问题，既可以用于学生劳动行为纠偏，也可以用于学生劳动素养养成、劳动榜样选树等培优工作，具有普适性，有着很强的推广和应用价值。

【本案例入选浙江省高校"三全育人"综合改革理论与实践丛书】

用脚步丈量责任　用行动践行初心
——浙江旅游职业学院实践育人案例

◎ 团委

> 社会实践是高校人才培养的重要环节，也是加强大学生思想政治教育、提高大学生综合素质的重要举措。我校把社会实践作为实践育人的主要形式和有效载体，通过社会实践让大学生践行社会主义核心价值观，培养社会主义合格建设者和接班人。

一、目标思路

社会实践契合职业教育的实践性、职业性强的特点，有助于学生职业能力的培养和发展，提高人才培养质量。我校在社会实践中，注重以职业能力发展为导向，创新社会实践途径，通过从实践中来到实践中去的方式，培养具有较高职业技能、职业道德和职业修养的高素质应用型人才。近几年，学校开展大学生"三下乡"实践活动，既促进学生了解国情、认识社会、培养品格，又引导学生了解自己的专业和将来就业的行业。同时通过专业实践、岗位见习、创业实践等活动，把所学知识运用到实践工作中去，为就业做准备。

二、实施举措

学校紧跟《2021年浙江省大中学生"双百双进"暑期社会实践活动的通知》文件精神，围绕"永远跟党走 奋进新时代"主题，重点组建"党史学习""乡村振兴""共同富裕""美丽浙江""数字浙江"等50余支志愿服务团队，参与师生超过4800余人，助力青年学子在学习中汲取前行力量，在实践中践行青春担当，在服务中助力社会发展，努力成为担当民族复兴大任的时代新人。

（一）"党史+旅游"赓续红色血脉，青年争做"继承者"

将社会实践与党史学习教育相结合，以寻史问路的"红色之旅"为载体，通过挖掘"红色资源"引领大学生正确学史用史，坚定理想信念。其中，"红岩振兴 文旅融创"岩头五尺寸红军小镇创意策划实践团队走进红色老区、历史遗迹，先后寻访红十三军军部旧址、芙蓉古村、苍坡村等革命历史纪念场所，在党的艰辛历程、优良传统和辉煌成就中厚植爱国情怀，树立伟大志向和奋斗决心。同时，团队成员结合当前文旅行业发展需求，挖掘该地红色旅游发展潜力，设计多条红色旅游线路和特色红军主题系列文创产品，为当地乡村振兴创新发展之路。

（二）"乡村+旅游"赋能乡村振兴，青年争做"实干家"

学校积极响应国家乡村振兴战略，带领青年深入乡村、服务乡村。旅游规划与设计学院助力旅游业"微改造、精提升"工作，组建红雁实践团队前往平湖、桐乡、南浔、柯桥等地30余个乡村景区开展社会实践服务。"微改造、精提升"实践团队聚焦景观优化与环境美化、公共服务与标准建设、活动策划与文创设计、讲解接待与线路设计四个方面进行深入调研，共开展30余次现场考察，总结40余份考察手记，编写景观小品设计方案、VI设计和文创设计方案、景区暗访报告、景点讲解导游词和线路设计30余份，在乡间地头留下了青春脚印；"野望，初心不忘"乡望团队坚持以"唤醒沉睡乡村资源，活化乡村理想方式"实践路径，深入开展临安乡村文旅IP运营项目调研，精准分析当地文旅产业发展现状，为农村建设、农业发展、农民增收挖掘沉睡资源，为乡村振兴献计献策。

（三）"共富+旅游"致力共同富裕，青年争做"排头兵"

学校师生响应"全面汇聚高质量发展，建设共同富裕示范区磅礴青春力量"总目标要求，组建共同富裕调查小分队前往杭州萧山区所前镇杜家村开展实地调研，重点寻访了村中领导干部、农村创业青年、企业员工、自由职业者、乡村医生、教师、在校大学生等多个具代表性群体。通过深入了解现有居民结构和村情村貌，寻找和挖掘"金竹河兜""山栖崇教寺遗址""千年神树""龙泉古寺""将军树"等杜家村最美的明信片。并从生活满意度、理想中的共同富裕状态、迫切需要解决的民生问题等角度出发，对青年共同富裕认知现状和建设措施等进行了问卷调研，提炼出以党建引领、乡村自然优势以及村民奋斗等为核心的杜家村共同富裕密码，充分发挥青年在共同富裕建设之路上的助推作用。

三、育人成效

让学生用青春的热情和力量担当起时代重任，用专业的智慧和技能赋能乡村振兴，全面开拓"三全育人"新格局，落实"立德树人"根本任务，引领学生成长成才。

（一）实践内容紧密结合专业，体现了高职特点

各实践团队结合专业特色，在实践活动筹备阶段积极制定专业特色鲜明的实践方案和计划，学生社会实践的目的性更强，积极性显著提升，既锻炼了动手能力，也提升了专业素养。

（二）促进学生学思感悟，强化了专业知识

在实地调研过程中，学生抓重点、敢思考、勤记录，并积极主动与当地村民、村委、文旅部交流，在实践中不断寻求突破，深度挖掘乡村的特色旅游资源、生活肌理、民风民俗，致力共同富裕。实地调研结束后，整理调研报告，与老师、团队成员进行深度探讨，提出详细的问题清单以及较为全面的整改提升方案，积极为全域旅游发展建言献策，强化了学生的专业知识，也获得实践地村民、村委、游客、文旅部等一致好评。此外，大批学生通过比赛，充分提升了专业能力，其中，江博同学荣获了团中央、人力资源社会保障部表彰的"全国青年岗位能手"称号。

（三）实践成果丰硕，进一步提升了学校影响力

学校社会实践成果丰硕，共形成20余份调研报告，被采纳行动建议十余条，"微改造、精提升"团队、乡望团队脱颖而出进入省级决赛，3支团队荣获了浙江省社会实践"百强团队"荣誉称号，1支团队荣获"优秀团队"荣誉称号。同时，实践活动得到了新华网、杭州网、学校公众号等多家媒体报道、宣传，在当地引起热烈的反

响，得到当地政府的大力支持。

四、经验启示

暑期"三下乡"社会实践活动和暑期"返家乡"活动是大学生学习知识、锻炼才干的有效途径，更是大学生回报社会的一种良好形式。

（一）提早谋划，探索新思路

社会实践是一项需要长期开展的工作，我校在不断总结以往工作经验基础上，提早谋划，深入探索大学生开展社会实践的新途径、新方法、新思路，不断发挥文化旅游类院校的专业优势，抓好重点特色团队，与时俱进，让学生参与更多体现新时代特色的活动。

（二）总结提高，争创新品牌

在总结以往经验的基础上，我校将继续举办社会实践风采展示会、评审会、省赛演练会、总结表彰大会等，力争继续扩大社会实践在学生中的影响力，积极动员全校学生参与各项社会实践活动，为以后进入社会提前积累经验，为培育实践型、专业型、创新型人才而努力，积极创建品牌，将实践育人落到实处。

深度服务乡村振兴的乡村旅游运营人才培养实践

◎合作发展处

一、目标思路

浙江旅游职业学院对标深入实施乡村振兴战略的阶段性目标，对接乡村旅游产业需求，开展了乡村旅游运营人才培养。学校积极发挥"政校行企协村"六方联动优势，形成了"乡村出卷—政府设问—高校答卷—企业提意—协会助力—乡村检验"的人才培养闭环，探索确立了"懂旅游、懂运营、懂数字""热爱乡村聚合力、美丽乡村创新力和数字乡村领导力"的乡村旅游运营人才培养目标，构建了"强基·创

师生服务团队赴嘉兴市平湖市开展助力旅游业"微改造、精提升"行动

新·数智"实践课程体系。以中国旅游研究院旅游标准化研究基地落户学校为契机，将标准的制定、落地和转化全方位融入实践教学。学校依托浙江省乡村振兴与乡村旅游应用技术协同创新中心等十大产学研平台，构建师生社会服务共同体，建成了"乡村出卷·高校答卷·六方联动"的乡村旅游运营人才培养实践教学模式。

二、实施举措

（一）厘定"三懂三力"目标，六方联动推进人才培养

厘定乡村旅游人才培养目标，通过持续实施"六个一"校企（地）合作工程，即百个生源基地、百个学生实习实训基地、百个大学生社会实践基地、百个就业基地、百个专业教师培养基地和百个行业名师基地，构建六方联动机制，顺应数字化时代发展，保证人才培养目标与乡村旅游需求同向同行。

（二）构建"学·研·服"共同体，根植乡村搭建实战平台

依托设在学校的浙江省乡村振兴与乡村旅游应用技术协同创新中心、浙江旅游职业教育集团、浙江省旅游产业产教融合联盟等十大省级以上产学研平台，构建"师生学习共同体""师生研究共同体""师生服务共同体"。利用高质量的产学研平台，每年组建上百支"助力万村景区化建设""助力旅游业'微改造、精提升'"等师生服务团队，连续15年开展免费"送教下乡""文旅大讲堂"等活动，深入乡村一线，把课堂搬到村子里，把论文写在田野中，把服务送到百姓家，从美丽乡村规划设计到实践项目孵化再到参与乡村旅游实际运营，创设沉浸式的教学环境，开展多种形式的实战实训，不断丰富教学载体，创新教学模式，切实提升乡村旅游运营人才培养质量。

"助力全省万村景区化建设"——服务绍兴师生团队

（三）突显"强基·创新·数智"进阶，标准融入优化课程体系

深研产业变革，发挥中国旅游研究院旅游标准化研究基地、浙江省文化和旅游标准化技术委员会秘书处驻校优势，牵头编制《乡村酒店基本要求与评价标准》《导游等级划分与评定标准》《旅游教育标准化体系》等旅游标准。在实践教学课程设置中，融入学校牵头制定的旅游相关标准。以培养乡村旅游运营"三懂三力"人才为目标，开设"强基、创新、数智"三大模块课程，支撑热爱乡村聚合力、美丽乡村创新力和数字乡村领导力的能力达成，强化基础标准融入、创新标准融入、数智标准融入，在标准的制定、落地和转化中，推进人文素养、岗课赛证等建设，不断完善实践课程体系。

三、育人成效

历经多年探索和实践，学校连续四年入选全国高职院校"服务贡献50强"，制定各类旅游标准17项，《优化乡村旅游运营管理推进乡村产业现代化》等5项成果得到了省委书记等省领导批示。相关成果得到了中央电视台、《人民日报》、新华网、浙江卫视、《中国旅游报》等主流媒体的广泛关注与报道1000余次。

（一）人才培养质量显著提升

每年近5000名学生从乡村实践课程中受益，每年超3000名学生到乡村采风踩线、实习实训，累计超4000人次助力全省万村景区化、全省旅游业"微改造、精提升"五年行动等工程。学生获得全国职业技能大赛一等奖、大学生乡村振兴创意大赛等省部级及以上竞赛奖项300余项。《"青牵万"——浙江省文旅院校大学生助力万村景区化解决方案》入选文化和旅游部学生团队创业项目资助。学生就业率持续十年保

《"青牵万"——浙江省文旅院校大学生助力万村景区化解决方案》入选文化和旅游部学生团队创业项目资助

持 98% 以上，每年应届毕业生中乡村旅游领域就业占比 16% 以上。累计超过 10 000 名毕业生活跃在乡村旅游各工作岗位，用人单位满意度持续保持全省前列。

（二）内涵建设全面加强

学校成为首批"双高计划"建设单位和首批全国高职院校"育人成效 50 强"。景区开发与管理专业教学资源库入选国家级教学资源库。11 个骨干专业率先通过世界旅游组织旅游教育质量认证，取得"智能财税"等 18 个"1+X 证书"试点。制定各类旅游标准 17 项。2008 年以来累计横向科研到账经费超过 1.5 亿元。近五年获得国家社科基金 4 项。教师获得省部级及以上教学能力大赛 11 项。

（三）推广应用成效显著

全国旅游职业教育教学指导委员会秘书处、中国职业技术教育学会旅游职业教育专业委员会秘书处落户学校。作为组长单位牵头修订国家职业教育文化艺术旅游类专业目录。向全国 200 多所职业院校推广办学经验。连续 15 年开展"暑期乡村旅游免费送教下乡"活动，培训乡村旅游管理干部、经营者和从业人员超 10 万人次。应邀制定 100 余个省市地方文旅发展规划。

（四）社会影响广泛深远

自 2017 年开展"助力全省万村景区化"建设以来，对 286 个村庄进行指导，协助成功创建 94 个 3A 级景区村庄，指导安吉余村创建为国家 4A 级旅游景区。带动新型职业农民就业超 6000 人次，脱贫攻坚间接社会经济价值超 1.8 亿元。

四、经验启示

（一）提出了以"三懂三力"为目标的乡村旅游运营人才培养新思路

锚定未来乡村旅游运营需求，总结出"懂旅游、懂运营、懂数字""热爱乡村聚合力、美丽乡村创新力和数字乡村领导力"的人才培养目标。围绕实践教育这个育人核心环节，搭建有效实践平台，构建实践课程体系，形成学校培养到乡村检验的人才培养闭环，乡村旅游领域的学生就业竞争力、用人单位满意度位列全省前列。

（二）构建了"校政行企协村"六方联动共赢发展的实践育人新载体

依托"六个一"校企（地）合作工程，构建学校、政府、乡村等多方会商机制，建立学校、企业双向互动机制，打造教学、科研互促发展机制，健全学生学习、标准应用有效衔接的协同育人机制。通过师生共同体实现平台联动、培养联动和发展联动，彰显了学校服务乡村旅游的价值，获得了学界、业界、用人单位的高度认可，促进了旅游人才培养质量的大幅度提升。

（三）创建了"基础·创新·数智"标准融入课程的实践教学新体系

以乡村旅游运营人才能力进阶为方向，将《乡村酒店基本要求与评价标准》《旅游教育标准化体系》等涉及旅游教育和乡村旅游相关标准融入实践教学课程设置，融合创新创业教育课程，强化基础标准融入、创新标准融入、数智标准融入，优化强基运营、创新运营和数智运营三大课程模块，支撑"三懂三力"素质能力培养，为产业增值，为学生赋能。该课程体系相关专业群荣获"中国特色高水平专业群建设单位""浙江省高水平院校双高专业群建设单位"。

以赛促学　以赛赋能
——浙江旅游职业学院体育育人实践案例

◎公共教学部

一、目标思路

"完全人格，首在体育"，体育既是身体的教育，也是人格的教育，思想道德教育贯穿于体育的全过程。在体育教育中竞赛是核心环节，更是育人的重要手段。为贯彻"三全育人"综合改革工作思想，推动学校课程思政建设，提升人才培养质量，公共教学部不断发掘和弘扬体育的育人功能，坚持普及和提高并重，积极举办校内比赛，踊跃参与各级各类校外竞赛。通过比赛，让学生在掌握各类运动项目基本技战术以及科学练习方法的同时，培养其规则意识、团队意识、协作能力，增强敢于拼搏、勇于担当、乐于奉献等思想道德品质。

二、实施举措

（一）校内竞赛组织

1. "羽"我同行，"羽"你共享

为响应 2022 年杭州亚运会全民体育的号召，浙江旅游职业学院举办了第一届羽毛球锦标赛，并邀请世界冠军叶炳宏与原创文化体育的教练来校与师生们进行羽毛球的学习与交流。本次比赛由校羽毛球队承办，打破以往以二级学院为单位的参赛方式，共吸引了 638 名师生参赛，仅次于校田径运动会的规模。

自 6 月 2 日起，羽毛球男单、男双、混双的比赛陆续拉开帷幕。在各二级学院同学们的积极参与下，校羽毛球馆热闹非凡。虽说这只是一场非专业比赛，但也涌现出了一批技术性选手。比赛中，参赛选手们使出浑身解数，严抓细抠各个环节，巧施战术技巧，或腾挪跳跃大力扣杀，或挥舞球拍虚晃吊球，比赛气氛热烈和谐，精彩纷呈。观众们也是全情投入，不时为双方选手的精妙之球鼓掌喝彩，"好球"声不绝于耳，共同畅享运动带来的健康和快乐。

本次比赛还举办了第一届"仁和杯"师生对抗赛。比赛以双打的形式展开交流，老师和学生都赛出了自己的风格和水平，默契配合，沉着应对，各展所长，扣杀、轻调、上网、跟进扑扣，后场紧密防守，一招一式，展现了不凡的球技，赢得了在场师生们的满堂喝彩，比赛间隙，老师们还与同学们一起相互磋砺球技，交流打球心得。

通过比赛，不仅充分展现了师生们健康的体魄、精湛的球艺及昂扬的精神风貌，也进一步拉近了师生之间的距离。

2. "旅院路人王"篮球赛

6 月 2 日，由公共教学部主办，学校 S.D 篮球社承办的"旅院路人王"篮球赛在北校区风雨篮球场如火如荼地拉开帷幕。"路人王"比赛即一对一篮球比赛，又称"斗牛"，共吸引了五十多名选手参赛，分普通组、体育组、混合组三个组别。经过近五个小时的激烈角逐，最终诞生了普通组路人王、体育组路人王以及混合组路人王，现场气氛火爆，比赛过程精彩。

本次旅院路人王篮球赛亮点颇多：首先，一对一篮球赛为我校首次组织，受到了同学们的热烈欢迎，校内大部分篮球爱好者都参与了此次赛事，3 个组别共组织了 40 多场比赛。长达 5 小时比赛的观赏性颇高。其次，一对一篮球赛不同于三人制和五人制篮球赛需要强调集体协作，一对一赛制更加自由、灵活，对选手个人的综合篮球技能也更具考验，充分展现了我校学生的篮球竞技水平和拼搏向上的精神风貌。另外，篮球作为一项高校普及性很强的体育运动，是高校校园文化和高校体育文化融合的重要媒介，在促进学生身体素质教育和心理素质教育方面发挥着重要作用。通过篮球运动，丰富学生的课余生活，让学生更能离开网络、走出寝室、走进校园，从而提高社会交往能力。

本次"旅院路人王"篮球赛的成功举办，旨在激发旅院篮球爱好者的运动热情，营造更好的校园运动氛围，培养学生健康向上、顽强拼搏的品质。

3. 体能挑战赛

浙江旅游职业学院第十三届体育节暨第三届体能挑战赛经过了一周的激烈角逐圆满结束。本次比赛采取现场报名、比赛的方式进行，共有来自全校各二级学院学生286人次踊跃参加。比赛共产生男、女总分前八名和男、女单日体能之星各五名，共二十六个奖项。

通过比赛，促进同学们自我锻炼能力，养成自觉锻炼习惯，增强学生体质和提高健康水平；提高发现问题、分析问题、解决问题的思考能力；培养学生优秀的思想作风和道德品质，以及顽强刻苦、团结协作的精神。

4. 校园足球赛

公共教学部举办第十三届体育节暨第六届校园足球赛，本次比赛以二级学院为单位报名。各二级学院经过层层选拔，挑选出精干队伍组成代表队，参加学校的比赛，最后有6支队伍参赛，参赛学生达到90余人。本次比赛对于培养学生的集体荣誉感、团队意识具有良好的作用。

此外，公共教学部还举办2021届足球校队毕业生系列告别赛，在校的男、女校队队员与即将毕业的校队队员分别组队进行对抗赛。为毕业生留下一个美好的大学生活回忆，感受更多的同学情、师生情、母校情。

（二）校外竞赛参与

公共教学部教师积极承担校运动队训练任务，组织了校男子、女子篮球队、足球队、啦啦操队、羽毛球队、乒乓球队、武术队等，让具有相应特长的学生能够得到进一步发展。各训练队队员放弃自己休息时间，努力备赛，艰苦拼搏，为个人、为学校争取了荣誉。

三、育人成效

各类校内比赛学生都全程参与组织，这种深层次的参与能够让学生懂得协作，懂得付出，学会承担责任。

学生在竞赛的参与中思想道德品质得到提升，各项比赛都在贯彻诚实守信、遵守规则的社会意识；团队性项目，培养学生集体作战、团结合作的精神；个人项目，培养学生顽强勇敢、坚持拼搏的精神。

在校外的比赛中成绩显著：

2021年浙江省大学生健美操比赛暨第六届大学生操舞锦标赛中获得两项第四名；

2020—2021年全国啦啦操联赛（杭州站）中获得第一名；

2021年省大学生羽毛球（丙组）比赛中，规划系学生王青繁获得男子单打第四名，并获优秀运动员称号；

2021年6月举行的省大学生游泳比赛中，共获得第二名4项，第三名4项，团体总分第三名；

2021年省大学生乒乓球比赛中，获得女子团体第六名、女子单打第四名；

2021年省大学生女子足球比赛中，获得第七名；

2021年ZUBA第二十三届浙江省大学生篮球联赛，获得第六名。

四、经验启示

"以赛促学，以赛育人"是公共教学部深入贯彻"三全育人"的重要举措，对于培养学生奋发向上、顽强拼搏的意志品质具有独特功能，潜移默化地培养学生良好精神品质。在比赛中学生能够自主地、全身心地投入备赛，充分体现了"全员育人、全程育人、全方位育人"的人才培养理念。同时通过比赛，也积累了很多经验：

一是提高学生的参与度。赛事的举办要因地制宜，因时制宜，勇于转变固有的模式，扩大受众面，尽可能让每个学生都有机会参与、有能力参与，例如让学生当裁判、当志愿者等，学生以各种形式参与到比赛中。

二是增强学生的获得感。赛事分层组织、参与人员自由组合，让学生能够与水平相近的对手竞争，享受比赛的乐趣，在比赛中有所收获。

敢想敢创　筑梦启航
——浙江旅游职业学院"双创"教育实践育人模式的探索

◎徐霞客创新创业学院

一、目标思路

纵深推进大众创业万众创新是深入实施创新驱动发展战略的重要支撑，大学生是大众创业万众创新的生力军，支持大学生创新创业具有重要意义。高职院校的"双创"教育具有广泛的价值属性，高职教育在日趋受到国家重视的新时代，对人才培养的质量和水平都提出更全面的要求，而"双创"教育是高职院校教学模式改革、人才素质提升、教学质量精进的重要举措和方式，也是全面建设"双高"学校的重要指标。

在新时代大众创业万众创新的背景下，在创新驱动发展战略的时代要求中，学校积极贯彻《国务院办公厅关于进一步支持大学生创新创业的指导意见》等文件精神，把"双创"教育的生态体系列为学校"双高"建设的重点项目，作为深化"三全育人"综合改革工作的主要任务，将创新创业教育与专业建设相融合，以创新人才培养为核心、创业大赛为载体、创业园区为孵化平台，整合校内外专家资源，拓展"双创"教育的形式和方法，推进"双创"教育创新发展。

二、主要举措

"双创"教育是学校育人工作的"排头兵"，学校出台了《浙江旅游职业学院学生自主创业资助资金》文件，成立了独立建制的徐霞客创新创业学院（以下简称创业学院），把创新创业工作作为"中国品牌""中国服务"旅游职业人才培养的重要载体，列入"双高"建设的重要内容，按照"创新创业教育生态体系"进行系统规划和建设，为"双创"教育工作做好顶层设计，真正实现"高起点建设、高标准设计、高质量推进"。

（一）强化赛教融合，创新创业大赛取得历史性突破

自 2016 年以来，创业学院组织、指导的学生团队项目在"互联网+"大赛、浙江省大学生乡村振兴大赛、全国财经院校创新创业大赛中连续斩获 20 多项荣誉，并于 2021 年首次在"互联网"大赛国赛舞台上获得铜奖，完成学校"双高"建设任务，取得标志性成果。

2021 年联合教务处共同承办首届全国大学生乡村振兴创意大赛和第四届浙江省大学生乡村振兴创意大赛，取得良好的社会影响。大赛共有来自全国各地约 500 所高校 4000 多个项目参赛，累计参赛人次达 3 万余人。其中主体赛进入省赛有团队 859 支，参赛学生 4295 人，指导教师 1728 人。

（二）立足师资培训，积极推进"双创"教学改革

"双创"教育的核心力量是师资，我校不断强化师资力量的培育和储备，出台《浙江旅游职业学院创新创业导师培育管理办法》（浙旅院学〔2018〕15 号），深化创新创业教学改革。2020 年创业学院开始打造"创新创业教学工作坊"品牌师资培训活动，截至目前共组织培训 36 期，参训教师及学生助教千余人次；开办"互联网+"大学生创新创业大赛指导教师培训班 5 期，培训师资 100 余人次；组织"金课金法"教学指导培训活动 2 期，培养专创融合课程建设师资 50 余人次。

（三）丰富"双创"课程体系，探索人才培养新模式

我校不断深化创新创业人才培养模式改革，建立健全专创融合的创新创业课程体系，全校 8 个学院的部分专业均围绕创新创业教育目标要求，全面优化专业人才培养方案，将创新创业教育人才培养理念、创新创业精神、创业意识和能力等重要指标纳入人才培养方案之中，并鼓励以创业代替实习，以创业方案代替毕业设计。

改革人才培养方案改革，增设"创新创业类模块"公选课，涵盖 4 门线下和 14 门线上课程；开设创业孵化班，通过对毕业生的指导和扶持提升毕业生的创业成功率；开办乡村运营方向徐霞客创客班，政校企村深度合作，探索乡村运营人才培养；开办竞赛方向徐霞客创客班，提升人才培养质量，探索"双创"教育体系下人才培养的新

模式。

（四）凝塑活动品牌，提升创新创业实践活动成效

为持续做好校园"双创"实践活动，创业学院以学生"双创"实践活动品牌——"创旅沙龙"为载体，陆续开展一系列教育实践活动。自 2016 年以来，创业学院通过开展创客嘉年华、创客集市、创业标兵评选、创客相亲会等创新创业实践活动 100 多场，在全校营造创新创业文化氛围，激发学生们创新创业浓厚的兴趣。

创业学院还凝聚校友的力量，成立创业校友俱乐部，举办校友创业大赛；积极承办中关村人才创业大赛浙江赛区决赛，邀请兄弟院校学生共同参与。创业学院还定期开展交流活动，组织开展校内外创新创业专家讲座、大型赛事、社会创新创业基地实地考察等活动 20 余次，累计受益师生超过 1000 人次。

（五）整合校内资源，建设多维度创业实践孵化平台

创业学院聚焦学生创新创业实践能力的培养，依托各学院不同的专业背景和特点，立项建设专创融合工作室 8 个，逐步实现"一院一创"的品牌化创建工作，使工作室成为课程建设、课题研究、项目孵化、师生校企校友共创的平台。

创业学院建成浙江省内首个聚焦乡村运营人才培养、以乡村振兴为主题的大学生创业园区——浙旅·乡创空间。通过产创融合，探索"企业（乡村）出题、学校答卷"模式孵化学生团队项目，真题真做、助推落地，使学生创新创业项目真正符合产业需求，解决社会痛点。

三、育人成效

2021 年在第七届中国国际"互联网 +"大学生创新创业大赛省赛决赛中，学校参赛项目获得 2 金 3 银 3 铜的历史最佳，金奖数列全省职业院校第 3 位。学校项目首次进入国赛舞台，并斩获国赛铜奖 1 项，取得历史性突破，同时学校还获得"优秀组织奖"的荣誉称号。

2021 年在第四届浙江省大学生乡村振兴创意大赛中荣获 3 金 4 银 2 铜的历史佳绩，成绩位列全省高校（含本科院校）第 5 位；在全国财经院校创新创业大赛中获国赛银奖 2 项；在文化和旅游部提质培优行动计划中立项大学生团队实践扶持项目 2 项。

在近五年的"双创"教育教学过程中，学校共孵化和培育自主创业学生团队近百支，扶持和资助的资金超过百万，更是在校友中不断涌现出一批批敢于创新、勇于创

业的优秀人才，为"双创"教育的育人成果不断丰富案例。

四、经验启示

（一）聚焦"以赛促创、以赛促学"，多维度提升学生项目实战能力

创业学院一直都以各类高水平赛事平台作为提升学生项目实战能力的重要渠道，仅 2021 年学校就参加了第七届"互联网+"、第四届大学生乡村振兴创意大赛、全国财经大学创新创业大赛、第四届中关村人才创业大赛等高水平赛事，很多比赛都需要学生与本科高校同台竞技，在比赛的过程中需要同学们不断打磨和锻炼自己各方面的能力，真正实现"以赛促创、以赛促学"的实践育人成效。

（二）聚焦"创业课程开发"，搭建"双创"教育平台

创业学院通过公共必修课、公共选修课和徐霞客创客班人才培养计划等各类课程中搭建起一个面向全校学生开设的"双创"教育平台，并开发了近 20 门新开课程供学生选择性学习。同时，召集所有授课老师进行课程的教学实践改革，颠覆以往传统教学模式，创新式地以学生为主体进行引导性学习，来帮助学生建立主动学习、自主学习的意识和能力，通过系统的、全面的"双创"课程体系建设真正实现以"双创"教育进行实践育人的总体要求。

（三）聚焦"专创融合"建设，在服务行业、企业中提升实践能力

创业学院在开展创新创业教育过程中注重发挥行业和专业的"双重"优势，挖掘旅游特色，深入推动"专业+教育+创新创业"模式的全新升级。一是依托各二级学院开展"专创融合工作室"的建设，通过专任老师的指导带领学生项目团队进行课程开发、项目孵化和师生、校企共创来达到实践育人的目的；二是搭建浙旅·乡创空间的实践平台，引入企业真实需求，让学生团队真题真做来提高人才培养的质量，帮助学生创造真正的创业实战环境，从而达到实践育人的目标。

传承红色基因　成就青春梦想
——红色文化视阈下的创新创业育人模式构建

◎旅行服务与管理学院

> 旅行服务与管理学院是国家首批"双高计划"导游专业群建设的核心力量，学院始终坚持立德树人，紧扣"双高计划"中心工作，将文化素质教育贯穿于人才培养全过程，充分发挥"实践育人"作用，通过打造学院独特深厚的"e导华夏，聚力先锋"红色文化品牌，探索出了一套符合自身实际的实践育人新模式，近年来创造了优异的成绩，为打造国内一流的导游专业群提供坚强保障。

一、育人目标

党的二十大报告中指出，教育、科技、人才是全面建设社会主义现代化国家的基础性、战略性支撑。必须坚持科技是第一生产力、人才是第一资源、创新是第一动力，深入实施科教兴国战略、人才强国战略、创新驱动发展战略，开辟发展新领域新赛道，不断塑造发展新动能新优势。《中共中央、国务院关于进一步加强和改进大学生思想政治教育的意见》指出，"加强和改进大学生思想政治教育，要积极探索新形势下大学生思想政治教育的新途径、新方法，努力体现时代性。"在这样一个充满历史机遇的新时代，红色文化有着丰富的育人资源，能传承红色基因，赓续红色血脉，落实立德树人，对高校思想政治教育具有较为丰富的时代价值与精神内涵。高校的创新创业教育培养的是立足于解决社会民生问题的创业者，具有较强的社会责任感和经世济民意识，这与中国共产党在革命、建设、发展中所积累的红色文化内涵一脉相承。因此，立足创新创业教育，依托红色文化探索实践育人路径是高校思想政治教育工作的题中之义。

二、实施举措

高校创业教育要依托红色文化环境，立足学校创业创新型人才培养规格的基本要求，从创业价值体系、创业制度文化平台、创业行为文化平台的构建，整体优化创业文化环境。

（一）根植红色文化，构筑正确的创业价值体系

精神文化是高校创业文化的精髓与核心，是高校创业教育的灵魂。培育创业文化自信，本质上是对社会主义先进文化的肯定。只有文化自信，才能对道路、理论、制度发自内心的自信和清醒理智地践行。旅行服务与管理学院深度挖掘与弘扬中华优秀传统文化，如："开天辟地、敢为人先的首创精神，坚定理想、百折不挠的奋斗精神，立党为公、忠诚为民的奉献精神"的红船精神；"艰苦创业、奋发图强、无私奉献、开拓创新"的大陈岛垦荒精神；"解放思想、实事求是、自力更生、艰苦创业"的延安精神；等等。同时，还融入商道文化，如浙商文化"走遍千山万水的格局、想尽千方百计的智慧、说尽千言万语的情商、吃尽千辛万苦的毅力"的"四千"精神。这些社会主义先进文化是中国共产党的价值追求与中华民族精神内涵的生动体现。依托红色文化拓展高校创业教育中的价值引导，是高校立德树人的核心要义，促使大学生自立自强、勇于担当、团结协作等精神特质能够内化于心、外化于行。旅行服务与管理学院还挖掘学院和学院的办学历史，融合学校精神等文化元素，课内通过各专业课程思政案例教学，课外通过"传承红色血脉"党史专题教育活动、"三味诗屋"红色诗歌朗诵活动、"传承红色基因，诵读红色经典"等活动，实现第二课堂与第一课堂的融合与统一，促使学生在积极参与专业学习、创业实践过程中，在思想上、感情上认同红色文化的内涵与价值引领。

（二）加强顶层设计，创建规范的创业管理体制

创业制度文化是高校创业文化的保障。高校创业制度文化具体包括创业教育人才培养目标及人才培养具体实施方案、组织领导机制、创业师资队伍建设、创业保障机制、创业激励机制等。旅行服务与管理学院创业教育顶层设计，纵向主要是通过科学设

计与实施创业教育人才培养方案，包括各专业人才培养目标、创业课程体系、创业师资队伍以及创业外部支撑体系等方面建设；横向主要是结合产学研创一体化建设而展开，深入开展产业与专业融合发展，助力学生创业。具体包括：一是机制保障，把开展创新创业与产教融合作为学院的重要任务，优化创业扶持政策，全面提升科研成果产业化水平，树立产学研创一体化发展观，促进创新创业工作。二是人员保障，改革人事制度与学生管理制度，重视培养和选拔科研创新型和创业创新型干部，支持和鼓励广大师生积极创新创业。三是资金保障，整合社会资源，建立相关制度，在经费上支持师生的创业行为。四是设施保障，制定有利于师生创业创新的设备、场馆等的管理制度，加大创新创业实验室、实训基地、创新创业基地等的基础设施的投入。五是激励措施，把教师的创业创新业绩与岗位管理、薪酬激励、职称评定有机衔接，把学生的创业创新成果与学分管理、推优入党、评奖评优结合在一起；多渠道整合政府、行业、企业、校友会、社团组织等社会资源，主动为师生创业做好服务工作。六是课程体系，将创新创业思维融入课程体系重建中，结合学生职业生涯规划科学设计课程，在学习目标、基础课程、专业课程、教育评估等环节中加入创新创业内容。同时以课程思政为导向，在课程内容中结合红色文化，增加商道文化、浙商精神案例，在创业培育体系中围绕教学目标，让学生对呈现的典型案例讨论分析、总结提炼；在培育学生创新创业知识、提升创新创业能力、激发创新创业思维的同时，还能激发学生爱国爱校的家国情怀。

（三）创设活动载体，搭建"四个一"创业实践平台

旅行服务与管理学院依托各专业，通过汇聚政、校、行、企各方力量，共同构建红色的、可持续发展的创业实践平台，即红色文化育人初阶平台、中阶协同扶持平台、高阶协同孵化平台。三个平台分别具有服务大学生创业实践功能、大学生顶岗实习功能、创新创业成果孵化功能等，给予学生个性化的创业创新实践指导，促使学生更加准确、自信地参与创业竞争。依托红色文化创设丰富多彩的创业活动载体，开展形式不一的创业创新活动，促进校园创业文化积淀、营造浓厚的创业文化氛围。通过上好"一课"，即创新创业理论知识课，使学生较为全面了解关于创办企业的基础创新创业理论知识，启发学生的创新创业意识。通过办好"一营"，即创客营，对有创新创业意向或创新创业兴趣浓厚的学生，进行创新创业理论知识与创业实践的强化与培育。通过办好"一坛"，即红色文化创新论坛，用中华精神文化故事、创业成功人士创业体验等案例，动员学生积极参与创新创业活动。通过办好"一赛"，即以"互联网+"创新创业大赛为主，其他创新创业大赛为辅，进一步发动师生参与创新创业

行动，提炼、选拔有发展前景的优秀创新创业项目，培育有发展潜质的优秀创新创业团队，挖掘有良好素质的优秀创新创业人才；促使学生能在竞争激烈的竞赛活动中体验创业创新的乐趣，提升创新创业能力。

校长杜兰晓为参赛团队加油鼓劲

三、育人成效

在上述的创业教育体系下，一年来，旅行服务与管理学院已培育1个校级创新创业工作坊，创新创业导师17名，孵化10个大学生创新创业项目。仅2021年，旅行服务与管理学院共有8个创新创业项目获得省级及以上荣誉，其中，有1个项目获得第七届中国国际"互联网+"创新创业大赛铜奖，被《中国旅游报》《钱江晚报》《浙江教育报》等媒体报道30余次；有1个项目获得浙江省第七届"互联网+"大学生创新创业大赛铜奖，有2个项目获得浙江省第十七届"挑战杯"大学生课外学术科技作品竞赛三等奖，有2个项目获得浙江省第十三届大学生职业生涯规划大赛二等奖、三等奖，有2个项目获得浙江省首届大学生乡村振兴大赛研学专项赛一等奖、二等奖。

四、经验启示

2017年8月，习近平总书记回信勉励参加第三届中国"互联网+"大学生创新创业大赛"青年红色筑梦之旅"的大学生，高度肯定了当代中国青年创业者或创业组织把激昂的青春梦融入伟大的中国梦。依托红色文化，推动创新创业教育与思想政治教育相融合，创新创业实践与乡村振兴战略相结合；这是红色文化融入创新创业实践教育、助力我国产业发展的典型案例。

旅行服务与管理学院创业教育以红色文化为引领，以服务旅游行业发展为方向，逐步实现了创新创业实践与旅游行业发展相结合。然而，大学生创业时，社会活动能力、资源调配能力比较弱，存在人才缺乏、技术缺乏、资金缺乏、核心竞争力缺乏、经验缺乏等问题。大部分创业学生反映，资金缺乏是创业过程中最困难的要素，主要原因在于大学生创业融资渠道过于单一，学校扶持力度不强，社会活动能力弱。其次，部分学生反映缺乏创业实践环节的体验式指导，创业学生在创业实践过程中缺乏控制应变能力、风险规避能力、战略决策能力等，创业过程受约束。

在新的育人模式下，遇到问题是常态。红色文化与创新创业具有相似的精神内涵，二者都致力于推进国家与民族的发展，同样传承着不畏困难、艰苦奋斗的优良作风。将红色文化融入高校创新创业教育，能拓展红色文化的政治教育价值，增强学生的文化自信，引导其积极开展创新创业实践，投身于建设中国特色社会主义的伟大实践。但是，在实际实施过程中，还需要进一步完善创新创业教育体制机制，完善创新创业人才培养方案，有效提升大学生的创业能力。

青春与志愿同行　服务共技能提升
——旅行服务与管理学院志愿服务文化品牌实践

◎旅行服务与管理学院

> 旅行服务与管理学院志愿者服务队成立于2003年7月，是服务型学生自治组织，与当地各级团委合作紧密。服务队以"扶助弱者 文化宣讲 和美社会"为宗旨，采用志愿者互帮共促模式，下设少年儿童服务部、研学服务部、助老助残部、业务培训部，服务涵盖关爱农民工子女、环境保护、文博场馆讲解、专业讲解培训及社会调查研究等。旅行服务与管理学院志愿者服务队以专任教师、优秀学生为志愿服务团队主体，持续为社区居民、文化和旅游行业及全社会提供志愿服务，至今已坚持了19年。

一、目标思路

"实践育人"是新时代《高校思想政治工作质量提升工程实施纲要》规划的十大育人体系之一，是新形势下教育方式的创新和发展，通过理论教育与实践养成相结合，整合各类实践活动资源，强化项目管理，丰富实践内容，创新实践形式，拓展实践平台，完善支持机制，教育大学生在亲身参与志愿服务等社会实践活动中增强专业能力、树立家国情怀。

作为国家首批"双高计划"导游专业群建设的核心力量，旅行服务与管理学院聚焦立德树人根本任务，依托强大的师资团队与社会服务能力；围绕"博爱情怀　精彩人生"的"三全育人"综合试点体系，充分发挥基层组织的战斗堡垒作用和优秀志愿者的先锋模范作用，加强基层学生自治组织建设，发挥专业核心技能，以校外社区、文博场馆、研学基地、人文自然景观等载体，创建具有鲜明专业特色的服务团队，发挥大学生服务社会的实践育人功能。

二、实施举措

旅行服务和管理学院志愿者服务文化品牌依托生态文明服务队、励睿旅游策划工作室、团总支志愿者部、导游工学服务部四大服务平台打造主体阵地，通过积极引导、有效组织，不断创新志愿活动模式，建立由点及面的志愿服务网络。

（一）依托生态文明服务队，培育生态理念·绿色实践平台

生态文明志愿服务队自 2014 年起开始志愿服务活动，已有 300 余名注册志愿者，其中 80% 成员持有全国导游资格证书，旨在设计体验式环境教育活动，引导公众在导赏中感知杭州本土文化，建立生态价值观。在阿里公益基金会、桃花源生态保护基金会、杭州西湖风景名胜区管委会、浙江自然博物院等单位支持下，先后开展了"大学生旅游志愿者携手小候鸟游走杭州宣传文明旅游活动""西湖上新了苏堤公益导赏活动""听人文赏自然"等常规生态志愿服务项目。截至 2021 年 4 月，共开展各类活动 200 余场，直接服务公众达 5000 余人次。团队成功入选万名旅游英才计划实践服务型英才培养项目，荣获大学生暑假社会实践优秀团队、浙江省青春志愿服务大赛铜奖等各类荣誉。

（二）依托励睿旅游策划工作室，搭建校企联盟·爱心公益平台

学院成立了励睿旅游策划工作室，专注为残障人士提供无障碍旅游服务。工作室在全国高等院校中首创"无障碍旅游策划全过程实训"培养模式，将公益服务与学生党员的培养紧密结合，通过开展各类无障碍旅游公益活动，有效提升学生党员的服务意识、社会责任感和感恩之心。自成立以来，工作室策划并组织了"给盲人朋友说电影"系列活动、"冬日暖阳"助残义卖活动、"我带盲童走运河"活动等残疾人旅游活动和公益活动 83 场，服务各类残疾人 2069 人次，有力彰显了旅管服务魅力，有效扩大了志愿服务辐射半径。

（三）依托团总支志愿者部，打造志愿服务·文化传播平台

学院以志愿者部为平台全方位推进党团员志愿服务活动，成为党团员服务师生、服务行业、服务社会的一面旗帜。每逢重要节假日，学生党员、学生干部均带头走进

敬老院、孤儿院、残疾人学校等福利机构开展慰问演出，用校园"微笑"文化温暖弱势群体。与杭州西溪湿地博物馆、南宋官窑博物馆、京杭大运河博物馆、西湖博物馆等多家知名博物馆合作组建党员志愿讲解团，将博物馆文化传播给大学生、孤儿、留守儿童等。志愿者运用专业能力服务社会公益成为常态，定期参与杭州志愿者协会组织的旅游公益活动，担任讲解、接待、服务等志愿工作。

服务队受邀杭州工艺美术博物馆 2018 年度志愿者表彰大会留影

（四）依托导游工学服务部，完善校内勤工俭学·教辅实践平台

导游工学服务部是由学生自发成立、自主管理，教师提供指导的学生联合组织。目前，成员中有师生党员 84 人，入党积极分子 530 余人，党员、入党积极分子人数占服务部全体成员的 50%。导游工学服务部充分发挥了师生党员的先锋模范作用，在校内积极弘扬"传帮带"和"微笑服务"。以学生党员为主的校园导游团队免费为全校新生提供校园导游服务，平均每年带领 3500 名新生游览校园。积极贯彻"以老带新"理念，成立"西湖之家"导考加油站，选派经验丰富的党员教师为有导考需求的同学免费开设培训课程，选派高年级优秀学生党员和学生干部定期整理考试要点免费发放，每年有百余名学生受益。志愿者团队连续多年承担全国、省级高职高专导游大赛志愿服务任务，以"零投诉"验证了他们专业的服务水准。

三、育人成效

（一）培养效果显著

"志愿者服务"文化品牌自建设以来，已筹措各类帮扶资金 50 余万元，扶助家庭经济困难学生 3000 余名；为浙江省文化和旅游厅、浙江省导游协会等 6 家权威政府机构、行业协会提供导游、接待服务 90 余场；开展志愿服务活动百余次，惠及人群多达上万人。同时，参加志愿服务项目相关活动的学生专业课理论知识更广泛和深入，专业课实践操作更娴熟和灵活，在专业技能比赛中更出色，在行业就业中更受欢迎，在实践服务中真正实现了"专业与志愿同行，服务共技能提升"。其中，自 2010 年起旅行服务与管理学院共有 28 名参赛选手获得全国旅游院校导游服务技能大赛中、英文组一等奖；2 名学生分别获得 2014 年、2018 年世界旅游合作组织全球案例研究大赛一等奖；连续五年选拔多名学生作为援藏导游，受到行业主管部门的表彰。

（二）项目成果丰硕

志愿服务文化品牌建设，紧贴学校"双高"建设人才培养特色，适应国家当下文化和旅游政策驱动导向，融汇思政，促进思想引领；融合育人，促进专业发展；融入教学，促进管理提升；融通服务，促进成长成才。品牌建设以来项目成果丰硕，获文化和旅游部公共服务司 2019 年"春雨工程"志愿服务项目立项 1 项，2015 年"万名旅游英才计划"实践服务型英才培养项目 1 项；获 2021 年浙江省青年志愿者服务大赛铜奖，浙江省大学生科技创新活动计划（新苗计划）立项 3 项，学校先锋工程立项 9 项，多次获得各服务单位优秀志愿服务团队（集体）等。

（三）媒体高度关注

志愿服务文化品牌事迹曾被《中国旅游报》《浙江教育报》《钱江晚报》等多家媒体宣传报道，有效扩大了文化品牌的社会影响力，有力促进了基层党团组织战斗堡垒作用和共产党员先锋模范作用的发挥，起到了良好教育引领。

部分志愿服务活动媒体报道

四、经验启示

（一）抓好队伍稳定

一是做好志愿服务宣传，线上线下双管齐下；二是稳定人数，多形式多途径扩充吸收志愿者；三是稳定师资，依靠"以老带新"和专业教师形成师资力量。

（二）促进项目建设和服务创新

继续发挥"春雨工程""先锋工程""暑期社会实践"等项目的示范作用，进一步深化政、校、行、企合作，结合双创、文旅融合、国家政策重点部署等方向，尝试探索和推动培育新服务。

（三）坚守志愿服务育人阵地

继承创新志愿服务融汇思政促进思想引领，融合育人促进专业发展，融入教学促进管理提升，融通服务促进成长成才，充分发挥其文化育人、实践育人等多体系功能。

校园金钥匙引领"服务之美"
——浙江旅游职业学院千岛湖校区校园金钥匙育人实践

◎千岛湖国际酒店管理学院

> 金钥匙（国际金钥匙组织）起源于法国巴黎，是全球唯一拥有80年历史的网络化、个性化、专业化、国际化的品牌服务组织。自1995年被正式引入中国以来，金钥匙服务已被列入国家星级饭店标准。金钥匙是一个国际的服务品牌，拥有先进的服务理念和标准；金钥匙是一位服务的专家，服务的榜样；金钥匙也是一个服务的网络。校园金钥匙是千岛湖国际酒店管理学院的学生服务组织，通过选拔热爱专业、有较强综合能力的学生加入校园金钥匙组织，传承金钥匙的服务理念，通过全方位培养、行业导师指导、搭建服务平台等举措，充分发挥实践育人的优势和模范带头作用，引领"服务之美"。

一、目标思路

校园金钥匙以习近平新时代中国特色社会主义思想为指导，紧紧围绕立德树人根本任务，以理想信念教育为核心，以社会主义核心价值观为引领，以全面提高人才培养能力为关键，切实提高工作亲和力和针对性。学院高度重视组织建设，由院长担任校园金钥匙名誉主席，酒店管理教研室主任担任指导老师，每年从全院学生中选拔校园金钥匙，通过专业培养和实践锻炼，一体化构建内容完善、标准健全、运行科学、保障有力、成效显著的育人模式，通过校园金钥匙引领带动全校区师生打造服务品牌。

二、实施举措

（一）制定全方位培养体系，营造乐学氛围

校园金钥匙按照非成建制班级设置培养体系，根据行业和社会对人才的需求，个性化制定两年课程计划，包括金钥匙服务理念与应用、服务礼仪与服务补救、沟通技巧与投诉处理技巧、优质服务与待客之道、旅游企业文化、大学生职业发展规划等。根据行业和社会对业务的需求，校园金钥匙每人每年需要承接学院、当地政府或旅游企业的委派服务时长不少于100个小时，实现与行业和社会的互联互通，共同培育人才，打造个性化和专业化的校园金钥匙。

（二）开展全行业导师结对，实现专业培养

每年聘任行业中一批具有中高级职称的行业专家或中高级职业经理人与校园金钥匙结成师徒，导师包括来自万豪、洲际、凯悦、希尔顿、香格里拉、悦榕庄、安曼、亚特兰蒂斯等国际酒店集团品牌，以及国宾馆、中国金钥匙等国内酒店和服务品牌的行业精英。每位导师结对两名学生，真正实现行业导师制，让徒弟跟着师父学习，强化学生专业实践能力和创新能力，实现职业精神传承，提升学生对专业的认同感和归属感。

（三）搭建清晰化组织架构，培育协作精神

通过报名和面试，在校园金钥匙内选拔六位拥有领导力的 Team Leader（团队领导者），以自由组合的方式在校园金钥匙内组建六支团队。团队有幕前和幕后的任务

校园金钥匙组织架构

分工,包括礼仪、接待、摄影、文案、制作等,承接校内外各项委派活动,锻炼学生的团队协作精神。

(四)厚植浸润式大爱情怀,传递暖心力量

立足杭州,辐射长三角地区,以世界互联网大会、全国旅游院校服务技能(饭店服务)大赛、杭州亚运会千岛湖赛区等志愿服务为载体,以卓越的服务意识、优质的服务水准传递"和礼勤进"的旅院精神和"你的感动,我的成就;你的温暖,我的期待"的服务理念,激励着每一位校园金钥匙。每学期从校园金钥匙中评选出最优秀的服务案例,将其拍摄成微视频,分享给全校师生,传递感动与温暖。

三、育人成效

(一)实现价值引领

以"先利人,后利己"的服务理念贯穿始终,无论是在校内校外,还是学习生活中,都以实际行动展现校园金钥匙科学的世界观、人生观和价值观。同时,校园金钥匙将专业的礼仪知识运用到校园生活中,端庄的仪容仪表和优雅的言行举止成为所有学生的表率。此外,每年举办"校园礼仪风采大赛",由校园金钥匙带领其他同学组织礼仪盛典,让全体学生感悟礼仪的魅力。金钥匙组织的愿景是无论在世界的哪个角落,金钥匙们都将倾尽全力,延续我们肩负的使命:以真诚服务于我们的岗位、酒店,乃至整个服务业。校园金钥匙秉承了金钥匙组织的愿景,参与志愿服务,增强了学生的社会责任感,营造了良好的校园氛围,起到了价值引领作用。

(二)强化榜样示范

校园金钥匙名誉主席、指导老师和专任教师每学期专门开设定制培训课程,同时还邀请艺术学院教师以及中国金钥匙的专家开展礼仪、服务意识、沟通技巧等方面培训。在校内外老师的联合培养下,校园金钥匙的专业能力得到明显提升,多数同学成为优秀的校园金钥匙,成为校园里就业、比赛、服务等一张张鲜活的先锋模范名片。如 2018 年校园金钥匙杨周竺、陈汝汝在韩国世界厨艺大赛中获得三金一银的好成绩,2019 年校园金钥匙陆坤娇在全国职业院校技能大赛高职组养老服务技能赛项中获全国三等奖,2021 年校园金钥匙团队成员在 AFA 韩国世界厨艺大赛上斩获 4 金,2022 年校园金钥匙团队荣获校长奖学金。

（三）深化志愿服务

校园金钥匙始终秉持"先利人，后利己""你的感动，我的成就；你的温暖，我的期待"服务理念，不仅热忱服务校园内的师生，同时还积极投身社会服务，接待校内外各类活动。2017年至今，校园金钥匙共承接校内外委派434余项，累计接待约124832人次，接待时长约133044分钟，包括第五届世界互联网大会、全国青少年电子信息智能创新大赛浙江赛暨浙江省青少年创客大赛、浙江省饭店服务技能大赛、KFWP法国巴黎时装周全国少儿模特总决赛、IKA世界奥林匹克烹饪大赛国家青年厨师队作品品鉴会、淳安县"两会"、淳安县"迎高铁、提品质、优服务"高铁誓师大会、千岛湖论坛等。

（四）提升专业自信

校园金钥匙将专业辐射社会，让校园金钥匙能从事更多的社会服务工作，这不但能让学生更快融入社会，还能使行业企业感受到校园金钥匙的魅力。同时，打造专业特色的学生队伍，形成学生文化品牌，营造浓厚的校园文化，提升校区和学生整体形象，潜移默化提升学生对专业的认知。校园金钥匙可以直接对接行业，让一批优秀的校园金钥匙进入管培生岗位，缩小职场新人的劣势，更快进入职业角色。行业里真实的榜样力量极大地激励学生对于专业的肯定，对于行业的向往，为学生们前行的道路树立专业自信，使优秀的学生深耕专业，扎根行业。

四、经验启示

（一）发挥党建引领作用，坚定学生理想信念

国务院办公厅《关于深化产教融合的若干意见》中把深化产教融合的主要目标表述为逐步提高行业企业参与办学程度，健全多元化办学体制，全面推行校企协同育人。学院积极发挥党建引领作用，以校园金钥匙为重要育人载体，探索学校与企业双主体协同育人模式，形成了学院党总支领导、行政负责、部门推进、专人落实的校企共同培养模式。

（二）发挥目标引航作用，提升学生服务精神

立德树人，使学生全面发展是校园金钥匙的终极目标，指引校园金钥匙前进的方向。在目标的引航之下，校园金钥匙组织时刻践行"你的感动，我的成就；你的温暖，我的期待"的服务理念，将志愿服务从学校走向企业、走向社会。在志愿服务

中,校园金钥匙不断优化自己的服务质量,转变服务态度,提升服务精神。

(三)发挥榜样引正作用,提高学生综合素养

一方面,校园金钥匙组织因其条件较高,能入选的都是较为优秀的学生,是千岛湖国际酒店管理学院学生中的榜样力量。校园金钥匙在校园的各个角落服务,学生和教师能随时感受到校园金钥匙的温暖,这种朋辈群体力量潜移默化到大学生群体中,激励学生向校园金钥匙学习。另一方面,校园金钥匙设立严格的淘汰机制,这让金钥匙组织成员比学赶超,良性竞争,从而全面提升全体学生的综合素养。

(四)发挥课程引导作用,培育学生专业情怀

通过组建校园金钥匙,能提升学生对专业的认同,使得更多的学生能内化于心、外化于行、固化于神,将专业转化为事业,成为终生奋斗的职业理想。千岛湖国际酒店管理学院的专任教师每学期为金钥匙专门开设定制培训课程,通过课堂教学,使校园金钥匙同学走进行业,夯实专业基础;通过志愿服务课程,接触行业,树立专业自信;通过邀请行业导师开展讲座讲坛,深入行业,了解专业前沿;通过志愿服务社会大课堂,服务行业,彰显专业情怀。

浙江旅游职业学院
Since 1983
Tourism College of Zhejiang

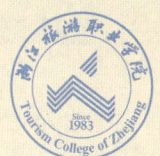

人文铸旅

RENWENZHULV

文化育人

WENHUAYUREN

秀水含章筑美境　厚植沃土育英才
—— 环境育人体系的建设与实践

◎ 宣传统战部

> 作为全国唯一一所以整体校园作为国家 4A 级景区入选的高校，浙江旅游职业学院曾获评国际旅游教育体验区、教育部首批教育信息化试点优秀单位、浙江省"最美校园"荣誉称号等荣誉，被原国家旅游局评为全国首批"全国旅游价格信得过景区"，其独特的环境建设理念和环境育人成果在全国职业类院校中独树一帜。同时，它依托全国第一家以旅游为主题的省级博物馆——浙江旅游博物馆等校园景点，将人文环境和自然环境有机结合，以独特的环境布局建构文旅融合之美。

一、基本思路

校园环境建造特色对提升师生人文素养、提高教学质量、彰显特色专业和扩大社会效益都具有重要意义。环境文化建设体现了学校"最美旅院"文化建设体系"最美旅院景"篇章中"以绿妆园、以景化人"的建设理念，将学校的人文环境和自然环境有机结合，从"诗画校园""智慧校园"和"洁净校园"三个维度出发，打造环境育人体系。通过多年精心建设和改造，环境文化建设在传播学校文化价值理念、展示学校文化内涵、塑造师生精神家园、传播行业前沿科技、营造校园文化氛围、服务行业区域经济等方面都起到了重要作用。

二、主要举措

（一）诗画校园，构建文旅融合之景

1. 环境布局体现诗画江南风情

杭州校区为国家 4A 级旅游景区，依偎浙江"母亲河"钱塘江，以"一河、两湖、七线、十景"的文化地标作布局。一河：是指以先锋河为轴，打造南北校区特色江南景致。两湖：是指以"镜泊湖"和"华夏湖"为核心区域打造湖畔风景。七线：是指形成南北校区七条具有文化气息的游览线路。十景：是指博爱春暖、彩虹夕霞、古樟晚秋等十大景点。千岛湖校区位于国家 5A 级风景区千岛湖，依山傍湖，一湖碧水近在咫尺，以"一湖、三线"的风物景观布局打造江南水乡意境。一湖：是指校区位于千岛湖中心位置，纵览一泓湖水波光潋滟。三线：是指形成图书行政区、实训教学区和多彩生活区为主的三条独具特色的游览线路。

杭州校区内还建有首批浙江省文化旅游示范基地——浙江旅游博物馆，下设两个副馆——明清徽派古建筑"遂园"和非物质文化遗产传承实训中心"和园"。明清徽派建筑"遂园"组织了各类专题文化展览，提升了师生的人文素养。非物质文化遗产传承基地"和园"于 2017 年成立了"大师工作室"，聘任中国工艺美术界的泰斗，中国青瓷、黄杨木雕技艺的领军人物徐朝兴、高公博两位大师为客座教授。每年，他们都会专门来学校手把手教学生进行青瓷和木雕的创作，传承木雕手法与"跳刀"技术。"大师工作室"的成立，丰富了师生的人文内涵，使人文旅游的强大"磁场效应"更加凸显。

杭州校区

2. 景区建设注重教育旅游体验

学校抢抓文旅融合和旅游产业转型升级的机遇，依托全国高水平专业群——导游专业群，通过校园景区建设和升级改造，致力于为师生打造一流的校内实训平台，为文化校园建设及专业教育质量提升丰富内涵，为探索高校教育旅游资源服务社会提供新思路。充分利用校园内的烹饪实训室、品酒实训室开展西点DIY制作、美酒鉴赏活动；利用茶文化实训室开展茶艺研习活动；利用"四位一体"模拟导游实训室开发全国重点景区虚拟旅游产品；利用浙江旅游博物馆、遂园地方文化展示馆、智慧旅游体验中心等展示演示场馆开发旅游博览产品；依托学校景点自编自导《诗画山水》《烟雨华夏湖》等旅游演艺产品等。校内实训平台是培养学生能力和技能的摇篮，为学校培养了一批又一批技能型及实践型人才，全面提高了学生的综合素质。

千岛湖校区

3. 文化景观彰显深厚人文气韵

学校的特色校园风物志对弘扬"旅院精神"、传承历史文脉起到潜移默化、润物无声的作用。学校的文化景观设计依据点、线、面相结合的校园空间结构展开，点——雕塑、刻石、景石以及其他标志性景点形成的"点"状空间；线——河流、以著名风景名胜地命名的道路等线形元素，作为区块的分界线相互起到侧面参照的作用；面——园、草坪、作物种植地等"面"状空间。在点、线、面相结合的空间布局基础上，学校致力于打造人文景观"溯校史""扬精神""塑匠心""品文化"四大理念，将社会主义核心价值观融入学校人文氛围的营造中。以文化人，以文育人，陶冶情操，温润心灵，进一步增强师生文化自信，为培养高素质人才提供文化支撑。

（二）智慧校园，打造数字校园之境

1. 构筑智慧服务体系

学校投入 3000 余万元，先后建成了浙江省智慧旅游体验中心、浙江省旅游大数据中心、智慧图书馆、旅游职业教育公共服务平台、师生网上办事大厅、校园微服务平台等系统，开发了具有国家软件著作权的"智慧校园"管理系统，实现了"5G+ 智慧教育"战略项目落地，形成了智慧化教学支撑、网络化办事流程、智能化校园管理和自助化公共服务四大应用体系。学生通过智慧管理系统，实现一卡通全覆盖，包括进校、饮食、借阅、医疗、报销、离校等生活闭环，为学生生活提供了极大的便利。学校获评教育部教育信息化试点优秀单位、浙江省数字化校园优秀示范校。智慧校园建设工程得到了教育部、省教育厅的充分肯定和兄弟院校的广泛关注，先后有 200 余所国内高校前来学习交流教育信息化建设经验，《光明日报》等主流媒体也进行了多次专题报道，较好发挥了智慧校园建设的示范引领作用。

2. 实施新媒体建设工程

深入实施校园网络新媒体建设工程，构建以学校官方网站、官方微信、微博、抖音等新媒体平台为主，行政部门、二级学院各网络平台共同参与的新媒体矩阵，打造网上思想政治教育工作新高地。通过搭建校内官网与媒体平台相辅相成的完整体系，实现学校信息全方位覆盖，不断引导师生思想的进步与发展。其中，学校将官方微信作为新媒体工程建设的突破口，不断加强网络文化品牌建设。《中国青年报》从 2016 年开始公布全国高校微信公众号影响力排行年榜，学校官微已连续四次荣获"全国职业院校新媒体百强优秀院校奖"。2021 年，在中国青年报社、中国青少年新媒体协会、中青校媒联合举办的"高校新闻扶持计划"中，学校新闻中心荣获"2020 年度优秀职院媒体"。2022 年，由中国青年报社、中国青少年新媒体协会、中青校媒共同举办"2021-2022 高校可视化新闻激励计划·寻找高校可视化融媒团队"活动，学校新闻中心荣获"2021-2022 年度全国影响力高校可视化融媒团队"。

（三）洁净校园，深化筑境塑心之行

1. "最洁净校园行动"之力

围绕立德树人根本任务，本着"环境建设与精神塑造共构，劳动教育与思想教育结合"的理念，学校出台《打造"最洁净校园"工作方案》，构建"最洁净校园"行

动体系，共筑校园美境，充分发挥环境育人塑心的功能。2020年，打造突显"中国服务"元素的劳动教育体系被写进学校"双高"建设方案，学校还专门成立了"劳动育人辅导员工作室"，落实"双高"建设中关于劳动教育的工作任务，实现劳动教育工作有抓手、有载体、有团队。"最洁净校园行动"作为劳动教育的重要一环，通过理论与实践相结合，形成思想政治理论实践课程，并将其纳入学生综合素质学分必修项考核。

近三年，先后有上万名学生参加"最洁净校园行动"，学生爱校意识、感恩意识、诚信意识、团队意识得到极大提升，相关事迹被《浙江教育报》等媒体专题报道。

2."厕所革命"之变

为积极响应国家旅游局号召，倡导"文明厕所、文明旅行、文明做人"的理念，学校编制《浙江旅游职业学院公共厕所环境改造和文明提升行动计划》，启动"厕所革命在旅院"行动，同时制订响应教学计划，将"厕所革命"作为一门"必修课"融入学生培养工作中。学校每年投入专项资金，全面用于厕所的硬件改建工作，对近200间公共厕所增添厕纸、洗手液、烘手机、垃圾篓、挂钩、芳香器等系列硬件配套设施，学校的公共厕所区域实行专人清扫登记制度。通过对学校公厕的"洗心革面"，逐步养成学生的文明观念，培养主人翁意识。

3."垃圾分类"之风

学校积极响应国家生活垃圾分类号召，充分发挥高校科教、创新、人才优势，开展"垃圾分类，旅院人在行动"计划，打造可复制、可推广的"旅院"垃圾分类新模式。在校区所有垃圾投放点实行可回收垃圾分类工作；率先引入"互联网＋垃圾分类"，在校区设计4个垃圾分类智能回收自助机，建立垃圾分类数字平台；引导学生源头分类，通过暑期社会实践、师生志愿引导服务、"最美垃圾桶"设计大赛、"垃圾分类"专项检查等活动，不断养成师生良好的卫生习惯和环保意识，提高师生垃圾分类意识。得益于师生良好的卫生意识与文明素养，如今学校处处绿意，一尘不染，成为"绅士与淑女"的成长摇篮。

通过"最洁净校园行动""厕所革命在旅院""垃圾分类，旅院在行动"等校园环境整改举措，学校于2017年被授予浙江省"最美校园"荣誉称号。

三、经验启示

通过塑景养心，布局融合，充分挖掘校园环境的熏陶"潜能"，践行"以绿妆园、以景化人"的建设理念，学校的环境育人体系实现了将自然与人文、环境与专业的互融，加强了师生的文明意识。把一草一木、一景一品都作为专业素养培养的载体，注重文化与自然的和谐与共，依托校园实景，打造学生的实践基地、实景课堂、演绎舞台，用环境塑造专业课堂。结合点、线、面状校园景观，应用校园智慧服务，开启校园洁净之风，打造景、人、技之间的交融。

做好美景的建设和规划，厚植师生人文底蕴，对校园文化的塑造与师生专业素养的提升有着举足轻重的作用。浙江旅游职业学院将正确树立"立德树人、环境育人"的教育理念，进一步加强校园环境建设，展现学校精神价值，促进学校内涵发展，在诗画环境的塑造、智慧环境的创新及洁净环境的发展方面持续深入探究，充分挖掘环境育人润物无声的作用。

【本案例入选浙江省高校"三全育人"综合改革理论与实践丛书】

以旅彰文谱新篇　以文化人润无声
——旅游育人体系的建设与实践

◎ 宣传统战部

> 浙江旅游职业学院始终围绕"励志、惟实、博爱、精致"的校训与"和、礼、勤、进"的"旅院精神"，努力打造新时代立德树人的示范校、服务文旅融合发展的智囊团和中国旅游职业教育的引领者，塑造旅游教育的"中国品牌"和"中国服务"人才培养的摇篮，为建设世界旅游强国贡献智慧和力量，为世界旅游教育创新发展提供"中国样板"。

一、基本思路

学校围绕旅游开展文化校园建设，从"人文铸旅""服务兴旅"和"开放活旅"三个维度出发，致力于培养具有社会责任、敬业精神、博爱胸怀、国际视野的行业英才。人文铸旅是指紧跟文旅融合发展的脚步，秉承教育的人文主义传统，顺应旅游行业发展的新趋势、新变化、新要求，不断提升学生人文素养。服务兴旅是指充分发挥学校在服务行业企业"智囊团"和"人才库"作用，主动服务乡村振兴、全域旅游等国家战略，着力培养学生的担当精神、服务意识和社会责任。开放活旅是指以国际化的视野培养旅游人才，奏响"引进来""走出去""再提升"的三部曲，不断开阔学生国际视野，努力打造"一带一路"沿线国家旅游职业教育的领跑者。

◎ 人文铸旅　文化育人

二、主要举措

（一）人文铸旅，打造人文素养教育工程

学校通过人文素养教育工程，全力为全校师生员工打造一个优质的人文环境——物化环境、知识环境、精神环境，致力于培养一批又一批既具有服务浙江文旅发展，助力民族文化振兴，造福人类事业的崇高理想，又具有德才兼备、品技兼优、浙江中坚、国内骨干、国际称誉的"双高"人才。

1. 上下联动的管理文化系统

聘请国内外知名专家组成"人文素养教育专家委员会"，具体负责学校人文素养教育工程的高端设计和宏观指导、业务咨询；完善人文素养教育的实施、评估、督导机制，建立和完善"学校主导、院部主体、教师参与"的人文素养教育实施机制；加强教师资源整合与队伍建设，按照"内培为主，适当外引；专职为主，适当兼职"的总体思路，有针对性地聘请省内外在相关领域有较大影响且具有教学经验的专业人士，担任相关课程主讲教师和兼职教师，培育和建设教学团队。

2. 专业个性的知识文化系统

积极推进课程体系建设，修订学校专业人才培养方案，将现有公共基础课、专业基础课、院级公共课程中有关人文素养课程调整或整合，在校级公共课程系统中设立人文素养教育学分；在各部门有关安全教育、环保教育、社会责任教育、创新创业教育以及学生工作部门的综合素质教育中融入"人文"内涵并以人文知识为基础展开，纳入学生人文素养拓展学分体系之中。

3. 人文品质的校园文化系统

通过"校园文化人文化""社团活动人文化""社会实践人文化""学校形象人文化"，打造一批省内颇有影响、国内具有特色、师生喜闻乐见的校园文化品牌，有计划地开展高雅艺术进校园活动，组织主题文化节；打造学校特色的人文素养类社团；加强校园公共空间人文知识宣贯，打造校园基础设施体现人文气质；提升教师人文素质修养，打造"亲和博雅旅院人"的新形象。

4. 聚焦人文的学术文化系统

构建人文素养教育宣讲平台，依托省文化和旅游厅组织、省社科联主办、学校承办"浙江省文旅大讲坛"等平台，不断提升师生人文素养，推动文旅融合相关教科研

成果宣讲、推介；推动人文素养教育教材、课程建设，重点建好《高职人文知识与修养》校本教材，建立两门课程线上线下教学资源库，资助一批具专业特色的人文素养教育教材和课程，推动人文素养"金课"建设。

（二）服务兴旅，助力乡村旅游振兴

多年来，学校充分发挥在服务地方乡村旅游产业发展的专业、人才、科研、服务等方面的综合优势，开展"造血式"扶贫，助力省内相对贫困地区乡村旅游发展，为相对贫困群众脱贫致富提供产业支撑，为稳固脱贫攻坚成果提供持久动力。

1. "送教下乡"，助力乡村旅游人才队伍建设

学校已连续14年开展"暑期乡村旅游免费送教下乡"活动，累计选派教师100余名，深入浙江省内11个设区市86个县（市、区），免费提供乡村旅游培训650余场次，免费培训乡村旅游管理干部、经营者和从业人员超11万人次，得到了省分管领导的批示。通过培训，提升了乡村旅游从业人员的整体素质，提高了当地乡村旅游开发队伍的规划、经营、创新能力，培养了当地乡村旅游从业人员的文化、技术、经营等职业能力，有效助推了当地乡村旅游人才队伍建设。

2. 开展"万村景区化建设"，助力乡村旅游发展升级

自2017年以来，学校已连续4年组建师生团队深入省内相对贫困地区开展了"师生助力全省万村景区化建设"活动，对全省11个地市67个县（市、区）的286个村庄进行乡村旅游发展指导，协助94个村庄成功创建省3A级景区村庄，其中全程指导"两山思想"发源地——安吉余村创建成为国家4A级旅游景区。2018年、2019年学校共有应届毕业生8100余人，其中共有千余人投身到了乡村旅游事业中去。

3. 深化校政企地合作，推动乡村旅游协同创新

2005年以来，作为浙江旅游职业教育集团的成员之一，学校主动推动集团内成员单位帮扶省内相对贫困地区围绕乡村旅游办专业、育人才、搞科研、强服务，推动集团内乡村旅游资源、市场、信息、成果向省内相对贫困地区共享。2018年，学校牵头联合浙江省创意农业工程技术研究中心等协同单位成立全省首家集乡村旅游研究、规划、设计、建设及人才培养于一体的协同机构——乡村旅游应用技术协同创新中心，发挥综合优势，为省内相对贫困地区乡村旅游发展提供高质量的智力支撑。2019年，学校牵头发起成立长三角旅游职业教育联盟，推进长三角乡村旅游合作交流、产教融合、资源共建共享、创新人才培养，助力长三角相对贫困地区乡村旅游高质量发展。

（三）开放活旅，开展国际化办学实践

为响应推进共建"一带一路"教育行动，浙江旅游职业学院敢为人先，主动响应国家战略，于2017年11月在莫斯科与俄罗斯国立旅游与服务大学合作成立了以"汉语＋导游"为教学特色的中俄旅游学院；2019年7月在贝尔格莱德与塞尔维亚贝尔格莱德应用技术学院合作成立了以"汉语＋烹饪"为教学特色的中塞旅游学院。中俄、中塞旅游学院是俄、塞两国在旅游职业教育领域和中国院校合作的首个办学机构，院长与教师均由浙江旅游职业学院名师担任，其中中俄旅游学院三年累计招收学生82名，中塞旅游学院首期招收学生40名，打响了中国旅游教育职教品牌。

1."引进来"，吸引境外学生来华留学

为吸引境外办学机构的学生来华留学，学校采取了"双重激励法"：第一重激励是把在境外办学机构学习期间的综合考评分为五个档次，享受不同程度的学费和住宿费用减免，第二重激励是在来华期间，依据学习成绩分档享受政府奖学金以及学校来华留学生"一带一路"奖学金等政策。政策实施以来，已经有17名俄罗斯学生来华留学，塞方计划也将选派首批10名学生来华留学。此外，学校依托"华夏文明，薪火相传"台湾青年学生赴大陆游学活动平台，与海峡两岸旅游交流协会、原浙江省旅游局共同接待台湾学生，三年共计342名台湾学生来我校开展烹饪、茶艺等游学交流活动。

2."走出去"，深化中国文化输出新内涵

2017年以来，中俄旅游学院连续三年举办"一带一路"中国文化节活动，通过中国书法、古代诗词诵读、厨艺交流、茶文化体验、武术表演等，吸引了来自俄罗斯、乌克兰、格鲁吉亚、印度、斯里兰卡等国家的数千名学生，让外国学生在更加直观地了解中国文化、爱上中国文化。2019年12月，中塞旅游学院在塞尔维亚首都贝尔格莱德举办了"美丽浙江·知味杭州"学生学习成果汇报展，由中塞两方学生共同合作完成，并邀请到塞尔维亚教育部、塞尔维亚高等教育委员会以及中国驻塞尔维亚大使馆等中塞贵宾共同品鉴中国传统美食，活动得到新华社、人民网、中国一带一路网等媒体的关注与报道。近三年，学校参加境外实习及研修项目学生人数达1500余人，传播中国礼仪、美食文化及勤奋好学、吃苦耐劳的精神文化。

3."再提升"，培养国际化师生队伍

2017年以来，学校先后组织200多人次专业教师和行政管理人员，赴新加坡、日本、澳大利亚、美国、英国、法国、瑞士等职业教育发达的国家和地区培训、进修和

访学。每年学校派遣教师参加国家留学基金委与浙江省教育厅合作举办的高等教育教学法出国研修项目，通过各种途径在美国、瑞士、荷兰、意大利、澳大利亚、新西兰等地建立教师长期国际培训基地。三年来，共派遣17名教师赴海外参加三个月以上的专业培训。通过大量经费投入，支持优秀、贫困学生参加各类境外交流项目，激励学生拓宽国际视野。近三年，结合省教育厅下拨，学校共资助学生200余万，以培养具有国际化视野及跨文化交流能力的国际化创新型人才。先后加入了亚太旅游协会（PATA）、世界旅行及旅游业合作组织（GTTP）、世界职教院校联盟（WFCP）、国际大会及会议协会（ICCA）、中国教育国际交流协会等多家国内外交流机构，与世界文化旅游协会紧密合作，每年在全球各地共同主办世界文化旅游大会。2018年，经浙江省教育厅发布，学校在全省高职高专院校国际化总体水平排名第一。

三、经验启示

以旅彰文谱新篇，以文化人润无声。通过实施人文素养工程，"人才库"支持乡村旅游振兴，国际化办学实践与探索，浙江旅游职业学院围绕"旅游文化"的构筑与建设，培养了一批又一批具有社会责任、敬业精神、博爱胸怀及国际视野的行业英才，将学校打造成为文旅融合的"先行者"、人才培养的"引路者"、国际交流的"领跑者"。

从2016年起，学校入选"浙江省国际化特色高校"首批建设单位，连续四年被评为全国"高等职业院校服务贡献50强"，连续三年被评为全国"高等职业院校国际影响力50强"。2018年经浙江省教育厅发布，学校在全省高职高专院校国际化总体水平排名第一，2019年入选首批"高等职业院校育人成效50强"榜单。作为一所立志于培育英才、服务社会的高等院校，学校重视"人文环境打造"，结合"校内校外实践"，依托"国内国际平台"，把知识理念与社会服务高品质地结合在一起。这是学校旅游育人体系的探索与成果，也是学校一如既往的追求。

◎人文铸旅　文化育人

"微改造、精提升"行动 2022 师生服务团队

【本案例入选浙江省高校"三全育人"综合改革理论与实践丛书】

以美育人　以文化人
——"人文铸旅"工程助力"中国服务之美"

◎ 宣传统战部

> 浙江旅游职业学院一直致力于打造"中国品牌""中国服务"旅游职业人才培养的摇篮。践行文旅融合，厚植人文情怀，提升人文素养，培养服务文旅发展、德才兼备的优质人才，这既是高校立德树人的责任所在、使命所系，也是旅院高质量发展的必然要求。学校以"人文铸旅"工程作为学校立德树人的特色品牌来打造，纳入学校"双高"建设发展整体规划进行实施。"人文铸旅"工程以提高学生综合素质为目标，以人文素养教育课程创新、设置"2+4+X"课程体系为核心，秉承"和礼勤进"的旅院精神，以立德树人为根本，以美育人、以文化人，打造优质人才教育生态，拉高标杆、提升内涵、强化特色，加快推进中国特色高水平院校和专业群建设，全面提高办学水平和人才培养质量，为世界旅游教育创新发展提供"中国样板"。

一、目标思路

（一）平台搭建，聚焦人文学术文化系统

建立省文旅融合研究基地，与省社科规划办合作建立省文旅融合研究基地，面向全省每年资助一批人文文化、文旅融合主题的科研项目、专著。依托省文化和旅游

厅、省社科联构建人文素养教育宣讲平台——浙江省文旅大讲坛，邀请名家名师作人文知识与修养的专题报告。另外，积极打造校级人文素养教育宣讲平台，推动文旅融合相关教科研成果宣讲与推介。

（二）专家领衔，建好人文素养教育智库

成立人文素养教育中心，邀请北京大学、浙江大学等全国知名院校的专家学者组成人文素养教育专家委员会，为"人文铸旅"工程把方向、谋思路、出点子。聘任国学、哲学、艺术、美学四大模块领衔专家，设计人才培养方案，规划课程建设，制定课程大纲，编著系列教材，培育师资队伍，夯实教法、教材、教师的"三教"基础。智库专家全面负责人文素养教育的实施、评估、督导工作，形成了专家领衔的上下联动模式。

（三）多方合作，擦亮文旅融合教育品牌

强化跨校合作，与浙江音乐学院、浙江艺术职业学院签约成立三校联盟，共商建立跨校选修课课程库，出台学分互认管理办法，开展教学研讨活动、培训活动、教改实践，在资源共享、优势互补、创新多元化培养途径等领域深度合作，探索形成文化和旅游融合的课程共享体系和人才培养机制。强化系统合作，邀请浙江美术馆、浙江交响乐团、浙江京昆艺术中心、浙江演艺集团有限责任公司、杭州良渚遗址管理区管委会5家单位成为合作共建单位，形成资源互享、优势互补、共建共享的格局，切实培育跨领域、跨专业的复合型、创新型旅游职业人才。

二、实施措施

创新设置"2+4+X"课程体系，"2"即《人文素养概论》《旅游职业礼仪》两门通识必修课，"4"即国学、哲学、艺术、美学四大模块课程，"X"即涵盖第一课堂的公共选修课、第二课堂的人文素养大讲堂、第三课堂的校园文化活动实践的延展课堂，全方位多层面搭建课程体系。创新推行"线上＋线下"教学模式，线上由领衔专家做理论阐述，线下由专任教师做专题讨论，形成搭档式教学模式，帮助学生迅速掌握人文素养核心知识。通过实行课程创新，打造人才共育生态。

（一）建成2门全校公共基础课程

《人文素养概论》课程以系统介绍东西方人文文化知识为主，采用线上理论授课和线下主题研讨的混合教学方式授课，统一笔试考核。《旅游职业礼仪》以社交礼仪、

职场礼仪、旅游礼仪为主要内容，采用以理论讲授和实践操作结合的教学方式授课，考核形式为课内知识和礼仪展示结合。同时，还领衔制定了《旅游职业教育人文素养课程体系设置指南》，该标准已经浙江省标准化协会正式发布。

浙江省第十届大学生中华经典诵读竞赛综合组竞赛一等奖作品《囚徒与白鸽》

礼仪操展示

（二）建好一批与专业融合、构筑知识基底的人文素养课程

结合酒店管理专业重点培养学生"家感亲情"的人文知识与情怀，旅行社管理专业重点培养学生旅游职业伦理的人文教养，旅游规划专业重点对学生进行"诗化美

化"的历史、文化美学教育，艺术和厨艺专业侧重于学生"自由创造"的人文灵性养育，工商管理专业偏重培养学生"尊重人性"的人文管理意识与技能，外语专业偏向于学生"华夏神韵"的国学修养、人文礼仪素质等，启动建设4门与专业群融合专业基础课程。以"国学、哲学、艺术、美学"四个模块为基础，在酒店管理、旅行社管理、旅游规划、厨艺专业群设置相匹配的人文教育课程。通过人文素养教育中心和二级学院课程建设，建立人文素养课程库。

（三）建立开放式的人文素养教育平台

（1）建立一个人文素养公选课程库，供全校学生跨专业、跨年级选修。

（2）搭建两个人文素养平台：一是"讲座教学"，结合学校专业教学、科研工作，组织开展各类高品质人文大讲堂，延展第一课堂教学；二是"学科竞赛"，通过组织参与中华经典诵读大赛、大学生艺术节、全国职业院校技能大赛等，"以赛带练"提升人文素养教育的专业性。

（四）强化人文素养教育教材、课程建设

重点建好《人文素养概论》校本教材。建立两门课程线上线下教学资源库。资助一批具专业特色的人文素养教育教材和课程。推动人文素养"金课"建设。对于"跨学科""前沿性"等涉及领域广泛的课程，由相关教师团队以综合课程（模块课程）形式授课，有计划培育校级、省级乃至国家级人文素养精品课程或教学资源库。

（五）打造人文品质的校园文化体系

一是校园文化人文化，结合中国传统节日的人文主题和国家重大节日的主题组织大型礼仪庆典活动，打造一批省内颇有影响、国内具有特色、师生喜闻乐见的校园文化品牌。同时有计划地开展高雅艺术进校园活动，加强活动宣传与组织，积极引进高级别演出团体，提升师生艺术鉴赏力。二是社团活动人文化，建设一批有学校特色的人文素养类社团，充分发挥学校专业艺术教育优势，将实践对象从艺术类专业学生扩大到全校在校生。三是社会实践人文化，制订学校课外文化艺术活动计划，以高水平文艺社团为依托，通过社会实践、志愿服务等途径，组织学生深入社会开展人文文化传播、交流活动。四是学校形象人文化，人文素养教育还要在学校形象识别体系中体现出来，打造"亲和博雅旅院人"的新形象。

三、育人成效

通过"人文铸旅"工程建设，为全校师生员工打造一个优质的人文环境——物化环境、知识环境、精神环境，尤其通过对学生精神、意识的引导，对美和善的根本认知，可以培养出既具有服务浙江文旅发展，助力民族文化振兴，造福人类事业的崇高理想，又德才兼备的"双高"人才。

（一）打造优质人文环境——知识环境

深化实施"人文铸旅"工程的"2+4+X"课程体系，并在此基础上领衔制定了《旅游职业教育人文素养课程体系设置指南》，并经浙江省标准化协会正式发布实施，进一步规范了旅游职业院校人文素养教育课程体系的建设工作，保障旅游职业院校人文素养教育的顺利推进，对提高职业教育教学效益和学生人文知识水平提供了依据和指导。此外，我校第一个大学生知识研习与学术研究的组织——浙江旅游职业学院"大学生文旅融创研习空间"正式启动，在学校的大力扶持和指导教师、专家团队的引领下，举办知识沙龙、问题研究、学术讲座、社会调研、成果讨论等活动，配合我校"人文铸旅"工程，以人文精神锻造学生求知、思考、探索、研究的信仰和能力，从而不仅实现其自我价值，而且为我国文旅业发展提供优秀人才，为中国高职院校学生学术研究提供了典范。

此外，实施"特长+"计划，组建人文类学科竞赛团队，先后获得了浙江省第九届大学生中华经典诵读竞赛一等奖、二等奖，参加全国第三届中华经典诵写讲大赛获优秀奖。同时还完成3期"特长+"计划训练工坊，以及学科竞赛作品校园公演。

（二）打造优质人文环境——精神环境

学校以提高学生综合素质为目标，以美育人、以文化人，着力培养服务文旅发展的优秀人才，与多家省级文化单位合作共建，引进浙江美术馆"伟业铭史，丹青铸魂"庆祝中国共产党成立100周年主题教育美术展2场，带来一堂全方位、立体式的党史学习教育课，丰富了旅院师生的精神文化生活。

（三）打造优质人文环境——物化环境

创建物化校园环境，打造学生欣赏平台。先后引进浙江省话剧团话剧专场演出《心灵游戏》1场；与校团委合作引进杭州歌舞剧院"西子国乐"专场演出1场，越剧现代戏《片儿川与热干面》1场。另外，还成功举办"喜迎亚运 礼绽芳华"礼仪展示活动，给学生提供展示自我和提高审美的一个平台，活动分别进行了个人职业形象展示、团队职业形象展示和团队情景模拟展示，进一步检验学生的知识及能力，外化我校学生作为旅游人特有的风貌与气质，提升人文素养，弘扬和传播中华传统文化，并再次激发学校师生关注亚运会礼仪服务的热情，为杭州亚运会的成功举办贡献力量。

四、经验启示

"人文铸旅"工程培养既德才兼备，具有助力民族文化振兴的崇高理想之美，又品技兼优，具有服务浙江文旅发展之美的"双高"人才；打造"行业站得高，国内叫得响，国际有影响"的人文教育精品特色工程，构建专业个性体系，将"人文"更好地注入"人心"。一是实施教师培育计划，继续建设通识必修课程、公共选修课，启动4门专业群通识课程启动授课，推进教材、在线课程资源建设；二是继续实施"特长+"计划，组建人文类学科竞赛团队参加省级及以上学科竞赛，争取获奖；三是继续深化校园文化建设工作，引进高层次艺术演出或展览，举办"礼绽芳华"礼仪展示活动并重点培育成为校园文化精品项目，在省级文化单位启动建设人文素养培训基地建设。通过"人文铸旅"工程，继续为实现浙江旅游职业学院"中国旅游职业教育的排头兵""国际旅游职业教育的'中国品牌'""中国高职教育系统人文素养教育的标兵与典范"的历史目标而奋斗。

书香润物细无声　文化育人强铸魂
——浙江旅游职业学院图书馆全域阅读育人模式的实践与推广

◎ 图书馆

一、目标思路

立足浙江作为"中国革命红船起航地、改革开放先行地、习近平新时代中国特色社会主义思想重要萌发地"的独特优势，浙江旅游职业学院图书馆秉持"全员、全过程、全方位"的"三全育人"理念，以在阅读中感知文化魅力、在阅读中弘扬主流价值、在阅读中推动文化育人为主要目标，开展校园全域阅读育人。校园全域阅读育人是指在全校各场所和教育各环节，以思政阅读、人文科技阅读、职业阅读为背景，以线上线下阅读资源为依托，以校园各类多元阅读活动为桥梁，涵盖中华优秀传统文化、红色文化、革命文化、社会主义先进文化教育，促进校园内各项教育和教学活动发展并达到提高学生终身学习能力、综合素养及社会主义核心价值观塑造的目的的一种教育理念和模式。

由图书馆牵头，各职能部门、二级学院分工协作，形成较为完善的全域阅读育人工作体系。并通过实施"阅读五进入"路径，即阅读进课堂、阅读进课程、阅读进社团、阅读进寝室食堂、阅读进社区，覆盖校内校外、线上线下，贯穿育人全过程、教学各环节、课程各模块，实现校园全域阅读育人。将"三全育人"思想贯穿校园全域阅读育人，打破传统的教学、思政、教辅等高校工作条线限制，充分将思想政治教育与课堂教学、课外自学、学生团学社活动、实习实训、综合素质提升等融为一体，通过多院校、多部门协同开展多样性的阅读活动，打造高职院校图书馆文化育人的新路径，进一步丰富高职院校文化育人手段，提高文化育人的整体能力与水平，培养德智体美劳全面发展的高素质旅游人才。

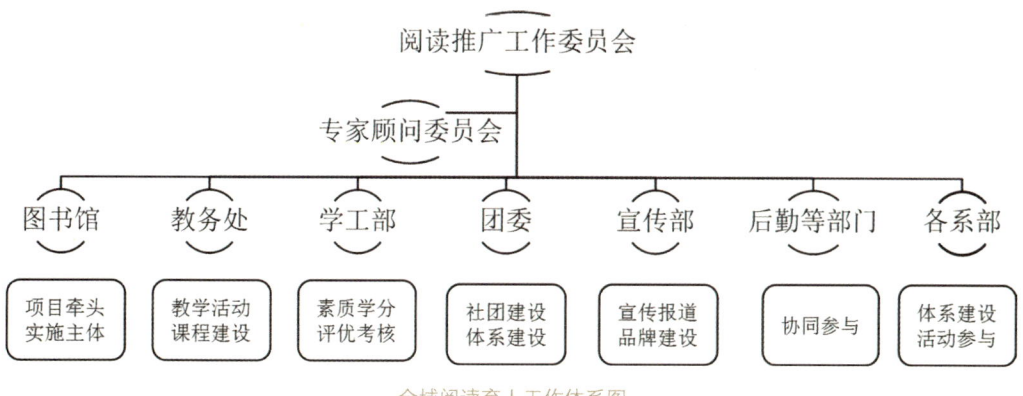

全域阅读育人工作体系图

二、实施举措

（一）阅读进课堂

充分利用图书馆大厅布置临时展览，打造"在红船边上"红色阅读空间，作为思政教学的课堂，发挥图书馆宣传红船精神和浙江红色文化阵地的作用。空间主要由展览区、书展区、宣誓区、体验区、阅读区五个区块构成，通过浙江省红色经典线路介绍、主要红色景点打卡、重温入党宣誓、手抄入党誓词、经典情景体验和红色图书借阅、诵读红色经典作品等方式，让广大师生重温革命经典、感受革命激情，增强党员的责任感和使命感。

（二）阅读进课程

1. 设置阅读学分

由教务处牵头，设置全校公共必修课《大学生综合素质提升》，通过项目模块实施和学分量化确认，激励学生积极主动参与各项综合素质提升活动。由学生工作部负责考核大学生素质学分活动，在《大学生综合素质提升》课程中设置阅读模块，根据学校图书馆推荐经典书籍阅览（提供书单），完成1000字读书报告，或者参加图书馆举办的"读书节"各项活动，或者在活动中获奖，等等，均可获得阅读学分。该课程已经纳入各专业人才培养方案，获得阅读学分及修满《大学生综合素质养成》模块各项规定指标，成绩合格方能毕业，成为学生取得毕业资格的硬性要求。

2. 推荐阅读书目

围绕时事热点，精选阅读书目，定期分主题开展经典好书推荐、阅读书展活动，《徐霞客游记》《神舟飞船系统工程管理》入选浙江省高职高专院校书记校长阅读推荐书目。由开元图书馆官微每日推送"寻百年党史日历"，介绍"党史上的今天"，并推荐相关好书。

3. 评选经典书籍

图书馆在权威机构和媒体推荐基础上，结合本校读者阅读现状和专业设置，开展"中华人民共和国成立70周年：浙旅院百本经典书籍"投票活动。经学校阅读推广专家审核推荐以及各班学委和广大师生的投票，从240种经典图书中投票选出浙江旅游职业学院100本经典书籍，作为课程参考用书，供师生选读。

（三）阅读进社团

积极扶持阅读类学生社团，在活动经费、考核评价、发展提升等方面给予支持；社团机构下设阅读书会、二级分会、二级小组，并制定相应职责；以二级学院团支部为核心，在全校各班建立阅读小组，制订阅读活动计划，吸收班级学生加入阅读社团，积极组织本班社员开展各类阅读活动。

1. 指导社团参与图书馆管理

在学生社团中挑选优秀学生，组建学生馆员队伍，参与图书馆管理和阅读推广活动。自2016年10月组建第一批，至今已有近500名学生馆员。他们参与校园阅读推广活动，积极宣传图书馆藏资料和服务，积极反馈学生意见和建议，提高图书馆的知名度和利用率，同时调动学生阅读的积极性。

2. 举办社团读书思考沙龙

围绕时政热点、经典名著，图书馆组织二级学院学生会、悦读悦美READING社团举办系列读书思考沙龙，提高人文素养，增加人文底蕴。

3. 举办真人图书馆活动

"读有故事的人，阅会行走的书。"图书馆邀请优秀毕业生、优秀行业专家等进入旅院真人图书库，为各二级学院学生会、社团开展真人图书馆活动，为师生搭建多维阅读分享平台，培养学生树立正确的世界观、人生观和价值观。

（四）阅读进食堂、寝室

1. 红色佳句欣赏

为营造浓厚的红色阅读氛围，将红色文化渗透到校园各角落，图书馆精选红色佳句100条，制作风格统一的小海报千余块，在食堂、宿舍醒目处张贴，方便师生阅读，传播红色文化。

2. 打造诚信书吧

图书馆与二级学院、后勤服务处合作建设诚信书吧，将相关图书推荐与借阅、电子书阅读等推进教学楼、学生宿舍，充分调动党支部、团支部的作用，实现学生自助借阅、自主管理。

3. 评选"书香寝室"

学生工作部将阅读达标率和参加各类阅读活动获奖等作为加分项目，纳入"星级班级""星级寝室"评比等评奖评优考核体系。新增"书香寝室"评选，将寝室成员一学期图书借阅总量、平时学习生活中阅读表现，以及该寝室文明及优秀阅读氛围纳入评选标准。

（五）阅读进社区

为倡导全民阅读，构建书香社会，在"不忘初心、牢记使命"主题教育期间，图书馆积极开展阅读进社区活动，发挥场地、资源等优势，向邻近社区开展学习活动，开放数字化资源及服务，整合校内外的资源和力量，共同推进"三全育人"。

1. 共建红色阅读空间

图书馆联合宁围街道水博社区党支部、水博社区居民委员会共同签署《党建共建活动协议书》，共建博旅红色阅读空间。

2. 送书进社区

图书馆向水博社区赠送1500本书籍，其中大部分为红色书籍，与社区居民们共享红色书籍，传承红色记忆。

3. 开放校园

赠送50张专有借书卡给社区，社区居民可以凭借书卡来学校图书馆免费借阅书籍，订阅书籍、期刊。

三、成效与影响

开元图书馆荣获省高校图书馆2015—2016年度先进集体称号；

2018级休闲班黄燚同学获2020年全国高职院校信息素养大赛二等奖；

《践行"三全育人"思想　打造校园全域阅读育人》获得2020年中国图书馆学会

学术论文和业务案例征集二等奖；

《"在红船边上"多维阅读体验——浙旅院图书馆庆新中国成立70周年特别策划》获得中国图书馆学会高职院校图书馆分会主办的"中国高职图书馆发展论坛（2019）"案例征集一等奖；

《阅读疗愈：后疫情时期图书馆阅读推广的新向度》获2020年中国图书馆学会学术论文和业务案例征集二等奖；

《光明日报》：浙旅职打造红色阅读体验空间（2019-11-05）；

"小时新闻"：1500本书共享，50张借书卡赠送！这所高校与社区共建红色阅读空间（2019-11-13）；

"杭+新闻"：共享新书，赠借书卡，这所高校与社区共建红色阅读空间（2019-11-13）。

四、经验启示

（一）全域阅读育人实现校园全覆盖，全方位推进"三全育人"

通过阅读进课堂、阅读进课程、阅读进社团、阅读进寝室食堂、阅读进社区，整合协同学校各项教育工作与育人元素，发掘一切校内外资源，将阅读融入学校教学、学生学习中去，深入第一、第二课堂，打造全方位、立体式的阅读育人时空，形成素质修炼的"大熔炉"。通过全域阅读育人，有效提升学生综合素质，在各级各类比赛中斩获奖项，充分展示了旅院学子的综合素质和精神面貌。

（二）全域阅读育人渗透教学各环节，全过程推进"三全育人"

全域阅读育人坚持立德树人为根本、理想信念教育为核心、社会主义核心价值观为引领，以红色阅读资源为依托，以多元阅读活动为桥梁，提供"可沉浸"的红色阅读空间和浓厚的阅读氛围，培养学生的思考能力和求知精神，促进大学生社会主义核心价值观的塑造。通过全校联动，将阅读推广到学生的学习、生活、实习等多维度场景中，实现第一、第二、第三课堂之间不断转换、无缝衔接，有效提升学生的综合能力与人文素养的同时，完成社会主义核心价值的传播。

（三）全域阅读育人涵盖校内校外，全员推进"三全育人"

全域阅读育人不仅局限于校内，还通过与社区的合作，带动社区、协会等社会力量共同参与，真正形成社区、学校、社会育人合力，建构文化育人的坚实"城墙"。

引导学生积极服务社区，参与社区活动，为居民讲解经典名著，带领小朋友开展绘本阅读，从而带动市民阅读，增强阅读兴趣，培养青少年革命历史观、公共道德观，养成良好学习与生活习惯，在"润物细无声"中引导学生树立社会主义核心价值观，增强文化自信。

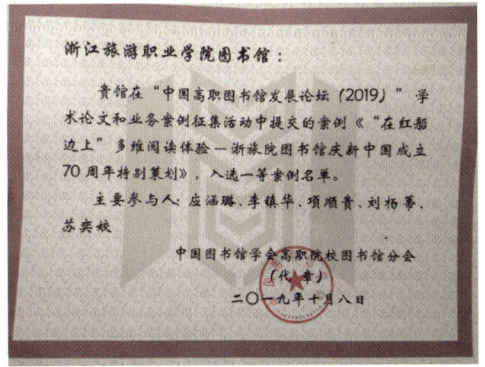

《"在红船边上"多维阅读体验——浙旅院图书馆庆新中国成立70周年特别策划》获得中国图书馆学会高职院校图书馆分会主办的"中国高职图书馆发展论坛（2019）"案例征集一等奖

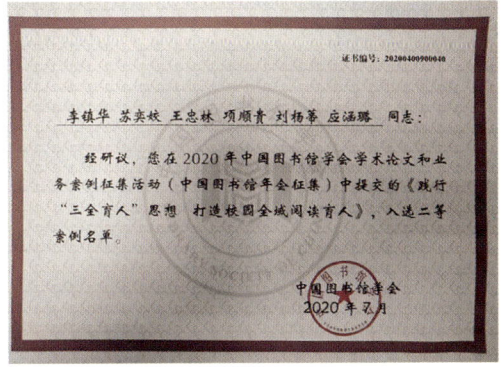

《践行"三全育人"思想 打造校园全域阅读育人》获得2020年中国图书馆学会学术论文和业务案例征集二等奖

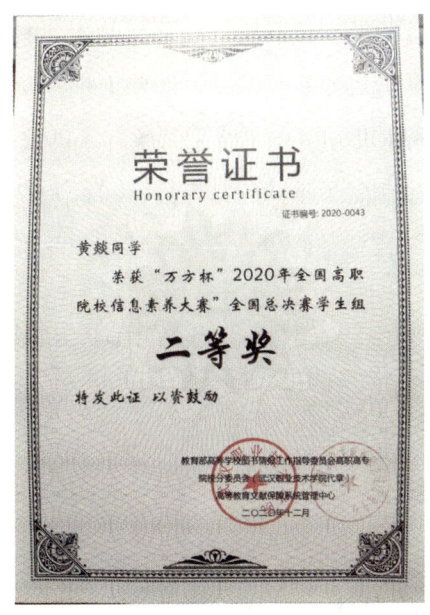

2018级休闲班黄燚同学获2020年全国高职院校信息素养大赛二等奖

挖掘"朋辈力量" 助力学风建设

◎ 旅游外语学院

一、目标思路

为深入贯彻习近平总书记关于加强高校思想政治工作的重要论述,进一步推进旅游外语学院"三全育人"的工作成效,旅游外语学院构建了1+X"朋辈力量"学生工作品牌。1+X"朋辈力量"学生工作品牌旨在通过挖掘学生群体中的优秀"朋辈力量",开展一系列朋辈品牌活动,让学生"和身边的人一起进步和成长",不断提升旅游外语学院学生工作的成效和水平。基于"朋辈力量"学生工作品牌,学院制定了"四位一体"朋辈先锋学风建设方案和"朋辈书院"一站式学生社区建设方案,针对大一至大三不同阶段的学生制定了不同的育人目标和育人内容,通过实施三张清单和一张表(技能竞赛清单、评比活动清单、考级考证清单+职业生涯规划表),分类分级推进人才培养工作。

二、实施举措

(一)构建一个品牌

"朋辈力量"是大学生在成长成才过程中的重要影响因素,是高校开展思想政治教育工作的隐性资源。"朋辈"是指具有相同背景、共同语言能够相互间分享信息、观念或者行为技能的群体。旅游外语学院充分挖掘"朋辈力量",构建1+X"朋辈力量"学生工作品牌。其中,1+X中的"1"代表"朋辈力量"服务中心,中心下设七个部门：党团部、学习部、奖助部、就业部、心理部、安全部、新媒体部，负责相应模块的辅导员牵头开展与朋辈相关的系列品牌活动。"X"代表"X"项引领学生成长的朋辈品牌活动载体，旅游外语学院将"朋辈力量"融入学生管理中，搭建"朋辈引领""朋辈帮扶""朋辈互助"等朋辈品牌活动载体，引导学生向身边的朋辈榜样看齐，激发学生学习的积极性和主动性，帮助学生实现自我管理、自我教育和自我成长，不断提升旅游外语学院学生工作的育人成效。

旅游外语学院"朋辈力量"学生工作品牌标识

（二）落实两个方案

1. "四位一体"朋辈先锋学风建设方案

基于"朋辈力量"学生工作品牌，学院制定了"四位一体"朋辈先锋学风建设方案，从"以党建带动学风""以思想引领学风""以班风促进学风""以活动加强学风"四个方面，通过创建"1+1"朋辈互助班级、最美寝室评选、悦读好书、Peer Learning等活动，不断提升学风建设的水平和成效。

旅游外语学院"四位一体"朋辈先锋学风建设体系

（1）以党建带动学风

依托"先锋辉映党旗红"党建文化品牌建设工作，以党建带动学风，充分发挥旅游外语学院党员的先锋模范带头作用，不断推进旅游外语学院的学风建设。

具体任务：

①青年说：每月定期开展"青年说"宣讲活动，"青年说"宣讲团以习近平新时代中国特色社会主义思想为引领，为学生宣讲党和国家的理论知识和方针政策，"青年说"宣讲团充分发挥学生群体中的"朋辈力量"，帮助学生将理论知识内化于心、外化于行。

②"新闻新知"学习交流会：每月组织旅游外语学院学生党员和入党积极分子开展"新闻新知"学习交流会，交流会主要围绕"时政热点""党史党章""书影推荐"等方面，引导学生深入学习时政热点，不断提升旅游外语学院学生的党性修养。

（2）以思想引领学风

以习近平新时代中国特色社会主义思想为指导，引导旅游外语学院学生深入学习党和国家各项方针、制度、政策，引导学生树立远大的理想，明确学习的目标，不断提升旅游外语学院学生的政治意识和思想觉悟。

具体任务：

①学风建设主题班会：每月定期组织学生开展"学风建设主题班会"，引导学生深入学习习近平新时代中国特色社会主义思想，坚定远大的理想和目标，自觉养成良好的个人行为规范。

②团员青年大学习：每周定期组织团员学生开展"团员青年大学习"活动，引导团员学生主动学习理论知识，不断提升学生的思想觉悟和理论水平。

（3）以班风促进学风

通过创建"优良学风班级""朋辈互助班级"等载体，进一步推进旅游外语学院班级在班级文化、班级管理、班风学风等方面的班级建设工作，以班风促进学风，不断引导旅游外语学院的班级普遍形成良好的班风和学风。

具体任务：

①优良学风班级

每年五月开展"旅游外语优良学风班级评选"，选拔一批在班级文化、班级管理、班级学风建设、班干部管理等方面表现卓越的班级进行表彰，在全院营造浓厚的优良的班级学风。

②"1+1"朋辈互助班级

充分挖掘学生群体中的"朋辈力量"，开展"1+1"朋辈互助班级活动。挑选获得过学校"白金五星级班级"或"五星级班级"荣誉的班级，与旅游外语学院优良学风班级进行"1+1"结对,结对的班级分别为"朋辈榜样班级"和"朋辈成长班级"。"朋辈榜样班级"在班级管理、学风建设、学生干部培养、学习考试等方面为"朋辈成长班级"提供的一对一的指导和帮助,"1+1"朋辈互助班级为旅游外语学院班级的学风建设树立了榜样力量。

(4)以活动加强学风

通过开展"朋辈书享会"、"Peer Learning"四六级辅导、"一寝芳华"最美寝室评选、"朋辈榜样·励志研学"家庭经济困难生实践活动、"朋辈引领·self菁英"校友讲座、"学风建设"主题班会以及专题讲座等活动,不断加强学生日常行为规范的管理,进一步提升学生的专业素质和人文素养,深入推进旅游外语学院学风建设取得更大成效。

具体任务:

①朋辈引领·"最美学生寝室"

发挥学生群体中的"朋辈力量",建立"网格长—楼长助理—层长—寝室长"四级寝室管理体系,通过开展"一寝芳华"最美寝室评选活动、党员"1+1"联系寝室等活动,定期开展寝室卫生、寝室学风检查,在全院营造和谐的寝室关系和生活氛围。

②朋辈引领·"self菁英"讲坛

依托"朋辈self菁英校友会",深入挖掘旅游外语学院校友中的"菁英"力量,通过开展"朋辈菁英说"讲坛活动,引导旅游外语学院的学生向优秀的校友学习和看齐,增强学生对专业和学校的认同感和归属感。

③朋辈互助·Peer Learning

选拔一批思想觉悟高、学习成绩好的朋辈榜样学生作为"朋辈学长",通过定期开展CET4考试、CET6考试、计算机证、导游资格证等朋辈互助学习项目,帮助旅游外语学院的学生更好地完成学习任务、端正学习态度,不断激发学生学习的主动性和积极性,营造良好的学习风气。

④朋辈互助·悦读好书

开展"朋辈书享会"活动,引导学生自觉阅读好书。通过定期开展"朋辈书享会",邀请热爱读书的同学分享读书感悟、交流读书心得、撰写读书笔记。此外,通过开展"朋辈早读""朋辈多语种课堂",帮助学生养成自觉阅读的好习惯,不断提升学生的人文素养。

⑤朋辈帮扶·资助育人

深入了解学院"五类生"在学习、生活、社交等方面遇到的困难和问题,充分发挥"朋辈学长"的力量,对"五类生"进行"1+1"精准帮扶,提供"1+1"学业辅导和生活帮助,更好地帮助"五类生"成长成才。此外,通过开展"对话奖(助)学金获得者"活动、"朋辈榜样·励志研学"活动、组建"朋辈义工"队伍,建立劳动教育基地,开展劳动教育主题活动,不断推动旅游外语学院资助育人工作的创新发展。

⑥朋辈帮扶·"石榴籽心舍"

发挥学生群体中石榴籽般团结的"朋辈力量",通过"石榴籽心舍工作室",开展"石榴籽心能量""石榴籽心际语""石榴籽心印记"等线上和线下相结合的心理活动,充分发动辅导员、班主任、心理部和心理委员的力量,帮助学生解决学习和生活中遇到的各类困难和问题,更好更快地适应大学的学习和生活。

2. "朋辈书院"一站式学生社区建设方案

旅游外语学院"朋辈书院"一站式学生社区在学院党建文化品牌"先锋辉映党旗红"的指导下,依托学院1+X"朋辈力量"学生工作品牌中"朋辈引领""朋辈帮扶""朋辈互助"重要载体,通过实施"党建引领""管理协同""队伍进驻""服务下沉""文化浸润""自我治理"等六项主要育人举措,建立"特聘导师""常驻导师""朋辈学长"三支重要育人队伍,不断推进旅游外语学院学生社区管理与服务取得新的进展和成效。

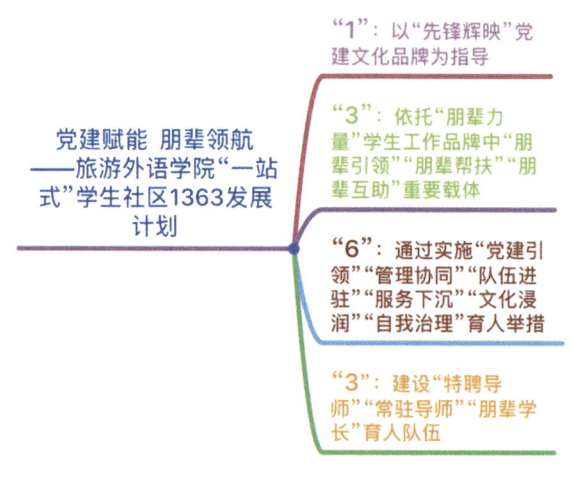

旅游外语学院"一站式"学生社区 1363 发展计划

"1":以旅游外语学院"先锋辉映"党建文化品牌为指导

"3"：依托旅游外语学院"朋辈力量"学生工作品牌中"朋辈引领""朋辈帮扶""朋辈互助"重要载体

"6"：通过实施"党建引领""管理协同""队伍进驻""服务下沉""文化浸润""自我治理"等六项育人举措

"3"：建设"特聘导师""常驻导师""朋辈学长"育人队伍

（三）建立三级规划

学院针对大一至大三不同阶段的学生制定了不同的育人目标和育人内容，推出了"朋辈成长手册"，列举了"三张清单和一张表"（包括活动技能竞赛清单、评比活动清单、考级考证清单和学业生涯规划表）。大一阶段以"朋辈·坐标"为目标，主要从党建引领、职业规划、职业素质、职业心理等维度，不断提升学生的思想道德和综合素养；大二阶段以"朋辈·明德"为目标，主要从文化活动、技能竞赛、证书考级、实践历练等维度，不断提升学生的专业素质和实践能力；大三阶段以"朋辈·起航"为目标，分别从"升学"和"就业"两个方向，为学生提供升学帮扶和就业指导。

表1　旅游外语学院"朋辈力量"三阶段育人规划

规划阶段	规划目标	规划内容	任务清单
大一	朋辈·坐标	1.先锋党建引领 2.职业生涯规划 3.职业素养训练 4.职业心理构建	三张清单 活动技能竞赛 评比活动 考级考试 一张表 学业生涯规划
大二	朋辈·明德	1.文化活动浸润 2.技能竞赛锤炼 3.证书考级护航 4.实习实践历练	
大三	朋辈·起航	1.升学——全力以赴促上线 2.就业——千方百计拓岗位	

三、育人成效

（一）深化内涵建设，打造学生工作品牌

学院构建了1+X"朋辈力量"学生工作品牌，通过成立"朋辈力量"服务中心，搭建"朋辈引领""朋辈帮扶""朋辈互助"活动载体，引导学生向身边的朋辈榜样学习，帮助学生实现自我管理、自我教育和自我成长。"朋辈力量"相关活动获得学习

强国、省市级媒体报道 15 次，立项课题 5 项，发表论文 3 篇。"朋辈力量"品牌为学院学生工作发展明确了育人目标和内容，学风建设的阶段性成效显现。

（二）强化方案落实，提升学风建设水平

基于"朋辈力量"学生工作品牌，学院制定了"四位一体"朋辈先锋学风建设方案，从"以党建带动学风""以思想引领学风""以班风促进学风""以活动加强学风"四个方面，通过创建"1+1"朋辈互助班级、最美寝室评选、悦读好书、Peer Learning 等活动，不断提升学风建设的水平和成效。学院累计开展"朋辈先锋"学风建设活动 300 余次，累计参加学生 4000 余人次，切实帮助学生明确学习目标、建立学习规划，提升学习的主动性和自觉性。

（三）建立分级规划，明确学风建设育人目标

通过实施三张清单和一张表（技能竞赛清单、评比活动清单、考级考证清单＋职业生涯规划表），分类分级推进人才培养工作。三种不同阶段的育人规划使学生在不同阶段获得了不一样的成绩和收获。据统计，2022 年，398 名学生报名参加专升本考试，上线率为 64.32%（超出了排名第二的学院 10 个点），即 2022 届毕业生中，共 249 人成功升本（含 6 人海外升学），占毕业生总数的 45%。近两年，学生参加各类技能比赛，获国家荣誉 1 项，省级及以上荣誉 30 余项。

◎ 人文铸旅　文化育人

传·非遗　舞·梦想
——以艺育人　与美同行

◎ 艺术学院

一、目标思路

浙江旅游职业学院艺术学院深入贯彻落实全国教育大会和全国高校思想政治工作会议精神，把以文化人、以文育人作为加强高校思想政治工作的重要举措，着力发挥非遗文化、红色文化和特色文化的引领作用，增强师生文化自信，为落实立德树人根本任务、培养高素质人才提供文化支撑。

浙江旅游职业学院于2015年发布旅院精神"和、礼、勤、进"，表演艺术专业和工艺美术品设计专业以旅院精神为教育目标，牢牢把握文化育人方向，突出专业特色，构建文化载体、设计文化项目、树立文化品牌，将其贯穿在专业发展、课程设置、教学过程、校外实践、社会服务等环节，实施浸润式育人模式，打造"传·非遗　舞·梦想——以艺育人　与美同行"的文化育人工程。

二、实施举措

（一）注重非遗文化熏陶，夯实人文精神

工艺美术品设计专业先后被浙江省文化厅、浙江省教育厅，教育部职业院校文化素质教育指导委员会授予"浙江省非物质文化传承教育基地"和"传统技艺传承示范基地"等称号。

2017 年至今，艺术学院共计开设 5 期"非遗大师进校园"系列活动，面向工艺美术品设计专业师生开展讲座、实践教学、艺术创作等主题活动。同时，我院设立国家级非遗龙泉青瓷传承人徐朝兴大师工作室和国家级非遗黄杨木雕传承人高公博大师工作室，并与杭州王星记扇业有限公司成立现代学徒制班，建立多元化授课方式，形成以国家级非遗大师领衔的导师团队面传手教的现代学徒制模式，切实提高工艺专业人才培养质量，共同培育、传承、创新、发展中国传统工艺的新时代技能人才。

艺术学院不仅让非遗大师、传统文化"走进来"，同时还鼓励同学们通过实践活动"走出去"感受非遗文化。我院多次组织学生前往课程思政教学实践基地，如杭州王星记扇业有限公司、义乌市义亭镇缸窑村等，开展非遗传承创新实践活动，传播非遗文化。

（二）注重红色文化引领，传承红色基因

表演艺术专业一直以来立足文化产业，深耕文旅融合，秉承"强基础、抓内涵、育特色、创品牌"的办学理念，大力推行"课堂＋舞台"人才培养模式改革，以旅游演艺为办学特色，培养具有良好政治思想素养和职业道德，掌握表演艺术基本理论知识和专业核心技能，具有较高艺术修养、舞台表演能力和群众文化活动组织能力的高素质艺术人才。该专业于 2017 年获批浙江省"十三五"特色专业。

表演艺术专业多次开展"思政＋艺术"主题活动，让红色文化走进课堂，走进舞台。2020 年 11 月，举办艺术学院成立 15 周年庆祝大会暨"思政＋艺术"专场演出；2021 年 6 月，表演专业教师陈建华带领《舞蹈创编与排练》课的同学们创作一台献礼建党 100 周年的舞蹈作品汇报演出；同月，开展以弘扬时代主旋律、献礼百年华诞、传承红色基因为使命的"永远跟党走，唱响中国梦"第十届声乐比赛；2021 年 11 月，举办黑白键上的红色传承——"思政＋艺术"吴倩芸老师钢琴专场师生音乐会……这些活动采用专业的表演形式将知识教学与舞台实践相结合，将课程思政与育人理念相融合，让学生重温红色历史记忆、传递红色正能量、了解百年党史、感悟文化精髓。红色音乐作品的那头联系着光荣的过去，而这头通向的是辉煌的未来，音乐有魂、红色传承、初心如一！

与此同时，工艺美术品专业也开展各类党史学习教育活动，传播红色文化。2021年 4 月，组织学生赴万事利集团有限公司、杭州西湖景区、丽水大港头镇等地开展红色文化主题采风行，在缅怀先烈中追寻红色足迹、传承红色基因、弘扬革命精神，用手中的纸笔绘制书写红色作品。2021 年 6 月，举办"青春心向党 百年正辉煌"献礼

建党 100 周年师生作品展，用中国书法、国画、扇艺、漆版画等创作出党的红色道路之美，用三维模型、3D 打印等创作出彰显浙江数字化改革发展的时代之美，师生们通过形式多样的作品表达了对革命历史的深情追思、对革命先辈的无限缅怀、对百年华诞的鼓舞欢庆。

（三）注重特色文化浸润，发扬旅院精神

艺术学院坚持"旅游文化"引领，立足旅游产业，根植文旅融合。工艺美术品设计专业以"夯实技艺、创新设计、推进特色、提升品牌"为专业建设理念，实施行业引领，名师指导大师领衔的"项目制模块化"教学模式。培养以设计为核心，非遗为特色，具备劳动意识、工匠精神的技艺精湛、思维创新的旅游产品设计制作人才。

2017 年开始，工艺美术品设计专业师生积极贯彻"乡村振兴""万村景区建设""共同富裕示范区"等政策，赴浙江省内各大乡村、景区，对旅游资源进行摸底与考察，全面了解当地的资源特色，进行村落、景区整体 VI 设计，以及诱导指示系统和指南指示系统的整体导视设计，让同学们在教学实践中提升专业技能和职业素养。

2021 年 11 月，艺术学院和杭州云鼎文化创意有限公司一起组建"浙旅院文创设计产业学院"，有利于学校和企业共建、共享、共赢，立足旅游、围绕产业、依托市场开发旅游工艺美术品，夯实数字化设计，实现作品→产品→商品的转化，形成设计为核心、非遗为特色、技艺为主导的专业培养，为文化和旅游行业提供复合型设计制作人才。

同时，表演艺术专业也扎根"旅游文化"，通过课程、舞台演出助力文化和旅游发展。2018 年开始成立第一届宋城订单班，校企双方开展合作育人，其间学员们赴杭州宋城集团参与多项演出工作任务。同年，部分专业学生参与湘湖独木舟竞技暨拔河大赛表演活动，整个节目根据湘湖民俗文化吸取元素，以赤足、嬉戏、击鼓、舞蹈等融入古祭典礼，传承湘湖民俗文化。同时，表演艺术专业依托校园文化建设，在校内先后开展中国首部旅游教育舞台剧《诗画山水》，校园山水实景演出《烟雨华夏湖》，充分体现"以文促旅、以旅彰文"的理念。

三、育人成效及经验启示

（一）形成非遗文化品牌项目，丰富立德树人内涵

艺术学院连续五年开展"非遗大师进校园"系列活动，活动形式多样，从理论到实践，从课堂到讲座，从教学到探讨，从艺术到人生，让同学们通过思考与创造，了解非遗文化，掌握非遗技能。形成"院馆协同、项目驱动、三师共育、学做一体"的非遗传创人才培养模式，秉承传承与创新互融，技艺与匠心互通，数字与传统互渗的育人理念，优化非遗工艺新形态制作方法，实现了兼具数字技术和传统工艺"双技能"人才培养质量的提升。

在此基础上，我院教师积极开展非遗文化的教学改革研究，共计立项教育部、省级、厅级教学改革项目8项，发表论文10余篇。作品《精忠刻魂——Q版岳飞黄杨木雕刻》获2019年浙江省高职院校教学能力比赛二等奖；作品《春归·再起航——青瓷香薰制作》获2020年浙江省高职院校教学能力比赛二等奖。《2021港澳青少年内地游学专题培训暨青少年非遗传习活动》项目荣获文化和旅游部2021年度内地与港澳文化和旅游交流重点项目。

未来，工艺美术品专业将依托国家级非遗传承人大师工作室的建设，积极培育具有工匠精神和创新思维的青年传承人，将非遗技艺应用于产品设计，使之既能具有实用性又渗透文化精神。并夯实推进数字化植入非遗技艺教学，使数字技术优化传统工艺流程，借助新媒体运营，让世界深度感知中国非遗。

（二）收获红色文化研究成果，提升文化育人水平

艺术学院充分利用大学生的特点和优势，积极开展各种红色教育活动，如宣讲红色精神、演绎红色经典、参观红色基地、调研红色资源、体验红色生活、重温红色历史等。学院创新文化育人的实践载体，积极开展"劳模先锋故事会""在灿烂的阳光下""我和我的同学们"等系列活动，以建党百年为契机，组织学生积极参加浙江省庆祝中国共产党成立100周年大型交响诗画文艺演出、"迎建党百年 享美好生活"浙江省民间音舞大型广场展演等多项大型省内红色专题演出，用红色故事、红色文化作品呈现了一堂生动的思政教育课。《浙江日报》、学习强国、新浪网、新蓝网等媒体都进行了专题报道。

自2020年以来，艺术学院红色文化品牌建设持续推进。在新冠疫情期间，围绕

"抗疫"主题，学院师生创作原创书画作品、歌曲、舞蹈等文化作品 100 余件，其中表演专业教师陈轶群创作的公益歌曲《生命相托》在学习强国平台上播放 30 余万次，充分展示了文化在特殊时期发挥出的成风化人、引领价值的育人作用。同时，陈轶群教师创作的合唱作品《浙江颂歌》还荣获 2022 年度浙江省高校思想政治工作原创文化推广行动作品项目立项。

（三）开展特色文化实践活动，优化长效育人机制

艺术学院师生自 2015 年至今，每年奔赴省内各地区开展"师生助力全省万村景区化建设"活动、"送教下乡"活动、"微改造、精提升"等活动，进行 A 级景区村庄调查，助力全省 A 级景区村庄质量提升。2021 年开展上述活动服务人数累计达 3051 人次。工艺美术品设计专任教师参与项目技术服务到款额 69.8 万元，其中 2021 港澳青少年内地游学专题培训暨示范性游学项目推广 50 万元，千岛湖环湖公路美化布点项目 19.8 万元，授权专利数 14 项。表演艺术专业"旅游演艺创新团队"获 2019 年度"浙江省文化和旅游创新团队"称号。

艺术学院将持续深入推进文化育人工程，深入围绕旅院精神，实现美"互融为和，克己于礼"，实现艺"业精于勤，功成于进"，让文化育人成果"内化于心，外化于行"，培养高质量旅游专门人才。

"文化铸院"构建校园文化体系
——浙江旅游职业学院千岛湖国际酒店管理学院文化育人实践

◎千岛湖国际酒店管理学院

> 千岛湖国际酒店管理学院围绕立德树人的根本任务,大力实施"文化铸院"工程,将文化的种子播进育人沃土,精心培育,构建了独具特色的校园文化体系,通过文化育人,为实现中国梦提供坚强的思想保证和强大的精神力量。

一、目标思路

千岛湖国际酒店管理学院高度重视文化育人的重要功能,以树理念、建体系、创特色为基本思路,用党建文化、廉政文化、旅院文化、专业文化、金钥匙文化、中澳文化和多彩的校园活动不断丰富学院特色文化,进一步培养学生的民族自豪感,坚定社会主义核心价值观,真正做到以文化人、以文育人,切实增强文化自信,让广大青年学生从校园文化中得到滋养,增强底气,坚定文化自觉和文化自信。

二、实施举措

（一）树理念,描绘"文化铸院"画卷

2015年9月,教育部全面实施《职业院校管理水平提升行动计划（2015—2018

年)》,其中"学校文化育人创新行动"作为该行动计划的主要内容和重要举措。时值千岛湖国际酒店管理学院建成投入使用,学员从无到有,从零开始。在此背景下,学院党政领导班子高度重视,科学谋划,抢抓机遇,提出用5年的时间,大力实施"文化铸院"工程,以文化建设凝聚发展合力,通过文化建设引领学院发展。年轻的千岛湖国际酒店管理学院从此结合自身的特色,开始描绘一幅"文化铸院"的美好画卷。

(二)建体系,搭建"文化铸院"框架

学院"文化铸院"工程由党政主要领导总负责,全体师生共同参与,围绕学院发展和学校特色,搭建框架,丰富内涵,逐步形成了千岛湖国际酒店管理学院文化体系。一是党建文化。学院党总支培育和建设以"信念铸美""专业育美""服务增美""规范固美"和"形象彰美"为内涵,以全体党员引领全体师生共同参与的"五美先锋,心心向党"党建文化品牌,得到了全体师生的一致认同。二是廉政文化。围绕"一旅清风,一路阳光",提炼形成学院"诚、正、洁、俭"清廉家园文化品牌,切实加强廉政的思想、信仰、知识、行为规范、职业道德和社会公德的宣传教育,弘扬清风正气、清正廉洁的良好氛围。三是旅院文化。学院秉承"和礼勤进"的旅院精神,学院建筑、道路、湖泊和观景点的命名融合了旅院精神和千岛湖的山水特色,如:行政楼为"和礼楼"、教学楼为"勤进楼"、进校主干道为"乐山路"、沿湖景观道为"乐水路"、运动场为"山水体育场"等,通过一个个名字产生"润物细无声"的微妙效应。针对学院发展历程,精心总结提炼,按照学院发展、领导关怀、教学科研、社会服务等四个板块的重点事件,图文并茂设计上墙,让每一位师生了解校园的变化和成果。四是专业文化。持续推进"一院一品"文化建设,在和礼楼创设不同主题的"文化长廊"——包括专业介绍、教学成果、学生活动、优秀校友等模块。将大堂吧实训室、调酒实训室、前厅实训室、智慧养老健康养老实训室、西餐技能实训室、芳疗实训室等14个承担培养学生动手能力和创新能力的实训基地命名为"研磨食光""饮月""展颜""乐活""原未""此间"等,为培养学生在职场的理念、思想、工匠精神等发挥着重要作用。完善的校园设施为师生的教育活动提供了重要阵地,让师生教有其所、学有其所、乐有其所,在求知、求美、求乐中受到潜移默化的启迪和教育,更加彰显了办学特色。五是金钥匙文化。根据酒店管理与数字化运营专业建设需要,借鉴酒店行业国际金钥匙组织组建非成建制的校园金钥匙,秉承国际金钥匙的文化和服务理念,打造服务标杆,充分发挥模范带头作用,引领"服务之美"。六是中澳文化。学校与澳大利亚威廉·安格力斯学院合作在千岛湖校区挂牌成立中澳国际酒店管理学院,开展国际化办学,澳方多次来访考察交流,并派遣外教常驻校区授课,三个中外合作办学专业学生将获得中方和澳方的毕业证书。作为千岛湖国际酒店管理学院的一大特色,国际化元素以蓬勃的力量融入校园文化中。

(三)创特色,开展"文化铸院"活动

千岛湖国际酒店管理学院以社会主义核心价值观为引领,紧跟时代特征,围绕"建党百年""志愿服务""素质提升""劳动教育"等主题开展特色活动,引导学生弘扬民族精神,增进爱国情感,提高道德素养。组建学生党史宣讲团;组织校外劳动教育基地王家源村留守儿童俱乐部小朋友来学院开展四史竞答活动;参加"为亚运添彩·为创文助力"学雷锋主题月活动,成立淳安首支亚运志愿服务队;举办社区文化节、技能节、体育节、中澳文化节、高雅艺术进校园、礼仪展示大赛、心理活动月辩论赛等系列活动,有效促进了学生人文素质的提升。此外,积极引导企业文化进校园,通过邀请行业导师、优秀校友走进校园开展讲座和报告会,弘扬"劳动光荣、技能宝贵、创造伟大"的时代风尚,校企文化的深度交融,加强了学生的专业学习,拓宽了学生的专业视野,提升了学生的专业素质,为今后就业打下坚实的基础。

三、育人成效

(一)校园文化氛围浓厚

千岛湖国际酒店管理学院实施"文化铸院"工程以来,各项规章制度逐步完善,各项文化提炼固化上墙,六个方面的文化交融在一起形成了特有的校园文化体系。结合教学课程开发,以校园文化的视角设计,给校园文化活动赋予了灵魂,让校园文化"活"了起来,有效激活了健康向上的校园精神文化。通过不断地净化、绿化、美化、优化校园环境,让学生在健康、和谐的环境文化中感受美的氛围,接受美的熏陶,引导美的行为,得到美的升华,强化了校园文化在素质教育中的育人功能。

(二)学生活动丰富多彩

学生活动是承载校园文化的独特载体,对校园文化繁荣、学生综合素质提升发挥着重要作用。千岛湖国际酒店管理学院举办社区文化节、技能节、体育节、中澳文化节、高雅艺术进校园、礼仪展示大赛、辩论赛、专题讲座等各类活动,让学生在活动中收获满满、健康成长。丰富多彩的学生活动构成了充实丰富的第二课堂,让校园焕发出青春的色彩,学生散发出青春的朝气。《杭州日报》以《淳安首支亚运志愿服务

队成立》为题对我校区志愿服务工作进行了专题报道；学院组织的优秀志愿者交流会活动先后被中国公益网、中国发展报道网、人民新闻网、杭州网等媒体报道；学生讲党史活动被淳安县融媒体中心报道。

（三）竞赛获奖明显增多

千岛湖国际酒店管理学院始终坚持"三个结合"，即校园文化建设与德育工作相结合、与素质教育相结合、与创建绿色学校相结合，真正实现了"人人皆育人之人、处处皆育人之地、时时皆育人课堂"的文化育人体系，实现了以文化人的建设目标。通过文化育人，学生专业技能快速提升，在各类大赛中取得佳绩：2018年在亚洲餐饮协会举办的韩国世界厨艺大赛中取得3金1银；2019年在宁波国际青年厨师挑战赛中取得1金1银3铜；2019年在全省高职高专院校技能大赛"艺术插花"竞赛中获得三等奖；2019年至2021年在上海FHC国际性比赛中获得8金3银11铜；2020年在城市暨院校咖啡冲煮大赛上分获一等奖和三等奖；2020年在浙江省第十七届"挑战杯"大学生课外学术科技作品竞赛获三等奖；2020年校园金钥匙团队在"中国服务之美——人文铸旅"工程系列活动"喜迎亚运 礼绽芳华"礼仪展示大赛荣获最佳才艺奖及个人职业形象礼仪三等奖；2021年在全国职业院校技能大赛养老服务技能赛项中获得三等奖；2021年在全国行业职业技能竞赛上获西式烹饪项目特金奖1枚、金奖1枚；2021年在全省教学技能大赛中获三等奖；2021年校园金钥匙在AFA韩国世界厨艺大赛上荣获4金；2022年校园金钥匙获得校长奖学金；2021年有5支师生队伍入围全国乡村振兴创业大赛省赛，获省赛银奖1项、铜奖1项。

四、经验启示

（一）校园文化体系脉络清晰

校园文化建设不是孤立的一个文化，是根据学校实际建立起来的一整套校园文化体系。为充分发挥校园文化育人的功能，各项文化育人的作用明确。千岛湖国际酒店管理学院的校园文化体系中，党建文化是精髓，用信仰的力量引领学生在成长成才的过程中执着奋进；廉政文化起到警示作用，要时刻牢记于心，做到心中有戒；旅院文化是传承，将"旅院人"深耕在每一个学生心中；专业文化是核心，引导学生学好专业知识和技能；金钥匙文化是标杆，通过校园金钥匙的模范带头，引领服务品牌；中澳文化是特色，将国际化的元素融入中外合作办学专业中。六个方面的文化，以活动为载体植入学生心中，实现文化育人的成效。

（二）建立全面的文化育人观

文化育人体系的构建是漫长而艰巨的，必须注重知识、能力、素质的有机结合，同时要理论联系实际。依托自身平台和特色，积极探索育人模式。坚持以人为本的育人模式，结合时代背景的发展需要，鼓励创新创造，促进各类育人活动培养高尚品德的人，在学生获得知识的基础上，加强对学生各方面能力的培养和锻炼，为学生提升综合素质给予更多的机会，全面完善育人体系。

（三）充分发挥学生活动作用

学生活动承担着弘扬校园文化的重要任务，对广大青年学生知识探究、能力培养、能力塑造和思想道德素质的培养起着重要的作用。一方面，要坚持学生组织对于思想政治教育方面的引入，塑造、引导文化活动向着思想政治教育所需要的方向发展。另一方面，文化育人活动的隐性课程效应在大学思想政治工作的教育环境、教育情景、教育途径与方法、教育对象和教育者身上都得到了很好的展现。大学生参与学生活动，可以使思想和政治素质得到充分培养。很多学生活动本身就与专业直接关联，这能够促使学生彼此间的交流，拓宽他们的视野和思维，拓宽与他们自身专业相关的知识面，完善自身的知识构架，从而提升其专业素质。在参加学生多姿多彩的活动中，学生的文化素养得到提高，学生的创新能力得到增强，与同龄人的交流也越来越多，学生也因此能够更加协调发展。举办独具特色的活动，可以体现出人文关怀，关注了学生精神层面的需求。

新时代，新征程，千岛湖国际酒店管理学院将继续实施"文化铸院"工程，进一步增强师生文化自信，为落实立德树人根本任务，培养高素质技术技能人才提供文化支撑。

融媒智引
RONGMEIZHIYIN

网络育人
WANGLUOYUREN

以数字化为基石，激活育人新动能

◎ 宣传统战部

一、目标思路

以习近平新时代中国特色社会主义思想为指导，以理想信念教育为核心，以社会主义核心价值观为引领，加强校园网络文化建设与管理，拓展平台、丰富内容、建强队伍、净化空间，形成风清气正的网络育人环境，实现社会主义核心价值观的有效传承和网络行为的有效塑造。

（一）完善体制机制

统筹谋划网络建设、网络管理、网络传播、网络引导、网络评论、网络研究等方面工作，强化网络意识，提高建网用网管网能力。

（二）加强阵地建设

构建校园新媒体矩阵，培育优秀网络育人平台、网络文化工作室和研究团队。发挥校院两级新媒矩阵的作用，做大做强全媒体育人阵地。

（三）创作育人精品

积极组织创作一批网络精品，丰富正面网络产品供给，加强网络文明素养教育，提升师生网络素养。

二、实施举措

（一）革新管理方式，数字化让管理更高效

一是推进数据有效交互。通过一体化采集交互工具软件，定制"业务系统、在线

填报、报表导入、智能终端"等四种不同类型的数据采集方式，形成数据中枢，实现数据质量清洗、有序加工、授权共享和定制服务，全面达到业务数据有效交互，为校内数据应用、上级信息填报提供数据支撑服务。二是实现"一张表"管理。"一张表"管理，构建了教师教学、科研、社会实践等基础信息"一张表"，通过基础信息表数据交互和定制，实现了45张校内表单"最多填一次"或"不用填"，切实解决了教师重复填表、多头填报的难题。三是实现"一张图"决策。"一张图"决策聚焦教学、科研、管理、生活等校园业务管理场景，挖掘隐藏的数据价值，开发"一项工作一看板"，完成了教务教学、招生就业、平安校园、图书馆等25项专题数据看板，让数据充分赋能学校科学决策。四是推动校园智能管控建设。上线人工智能安防系统，实现进出人员身份识别、实时测温、追踪预警等功能，实施用水用电能耗管控工程，建立校园能源大脑，为生态节能、用能安全、用能发展、用能经费安排提供决策支持。

（二）依托信息平台，数字化让服务更细致

一是建立"客流检测"模型。依托省文化和旅游发展研究院、省文化和旅游统计数据中心等十大科研平台的海量数据基础，基于手机信令轨迹数据，建立全域旅游客流监测模型，服务全省旅游。二是打造"智慧思政"项目。2021年5月，学校入选为省教育厅第一批高校智慧思政特色应用试点单位名单。智慧思政运用数字化技术、数字化思维、数字化认知，建成大数据共享"安全舱"、三维安全教育网络"防火墙"、分析判断"预警台"、AI辅助系统"智慧脑"、反馈分析平台"稳定器"五个功能模块，统筹大数据资源，创新学生工作模式，提升思政工作决策力和精准度，解决学生思政工作中存在的盲区、断点，提升教育智治能力，实现育人平台一体化。三是优化"浙旅院钉"平台。依托钉钉平台，迭代优化"浙旅院钉"平台功能，联结办事大厅、智慧后勤、平安校园、幸福旅院、采购管理等应用场景，实现校内服务掌上办全覆盖，为师生们"流动性"处理校内事务提供智能载体。

（三）重塑教学体系，数字化让课程更智慧

一是调整专业与课程。学校牵头教育部旅游大类中高本一体化教育专业目录修订工作，牵头申请了"智慧旅游技术应用""定制旅行服务与管理"等新专业并被批准，按2021年《职业教育专业目录》要求，调整"酒店管理与数字化运营""智慧景区开发与管理""餐饮智能管理"等8个数字化专业，研发和改造核心数字化课程30门，其中与旅游相关18门。二是建设智慧实训基地。建设国家级虚拟仿真示范基地"现

代旅游虚拟仿真实训基地",系统打造虚拟景区、虚拟酒店、虚拟厨房等七个"云旅游"模块,全面覆盖5G信号,引入VR、AR等设施,为学生的学习提供智慧化实践场地。比如在虚拟景区模块中,可利用VR技术模拟中外著名景点、景区,模拟旅游目的地地震、火灾、泥石流、旅游大巴故障等突发状况,学生通过沉浸式体验全面提升实训质量。三是打造智慧教学基地。建成首个"智慧教学示范楼",包括45间智慧教室,可以实现一卡签到、一键上下课,可以依托智慧双屏实现半屏操作、双屏切换、智能调节、白板书写、登录教学平台等功能。

三、育人成效

2021年5月28日,我校成为入选浙江省教育厅公布了第一批十所高校智慧思政特色应用试点单位;我校申报的《校园教育数据治理业务清单与技术规范》项目顺利入围浙江省教育厅公布的全省教育领域数字化改革第一批创新试点项目(共65个项目,有9所本科院校,7所高职院校入选)。

本次获批的特色应用项目为浙江旅游职业学院"智慧思政"建设项目,由学生工作部牵头,以打造集大数据共享"安全舱"、三维安全教育网络"防火墙"、分析判断"预警台"、AI辅助系统"智慧脑"、反馈分析平台"稳定器"五个功能模块为有机整体的学生安全态势感知平台建设为目标,提升思政工作质量与效能,不断赋能高校学生工作。该项目也是继入选浙江省首批"三全育人"综合改革重点支持高校、获得世界职教院校联盟(WFCP)"学生支持服务"卓越奖后,我校学生工作的又一重大突破。

学校获批的《校园教育数据治理业务清单与技术规范》创新项目是基于"教育魔方"工程整体架构,化繁为简地提出了"治理一中台、服务一张表、决策一张图"的"三个一"高职院校数据治理模式和"采集、治理、服务"三层技术架构,为当前高职院校数据治理提供了良好的解决方案,具有可复制、可推广的试点示范意义,可以极大地提高高职院校数据治理绩效,为"教育魔方"整体推动奠定良好的高职数字化改革基础。本次数字化改革创新试点项目的获批是继我校获评教育部第一批教育信息化试点优秀单位、浙江省第一批数字校园建设示范校、浙江省区域和学校整体推进智慧教育综合试点学校之后的又一教育信息化成果。

四、经验启示——激活数字化思维，培育智创人才

我校历经 13 年探索和实践，制定各类旅游标准 17 项，共培养了 1 万余名乡村旅游人才。一是厘定乡村旅游人才培养目标。二是全面推进专业数字化升级改造。深入分析文旅产业数字化人才需求和人才缺口，明确文旅产业各类数字化人才规格，调整各专业人才培养定位，研发和改造一批专业核心课程。目前我校设有数字化相关专业 8 个，设有数字化课程 30 门，其中与旅游相关 18 门。三是构建六方联动的实践育人新载体。

智慧教室

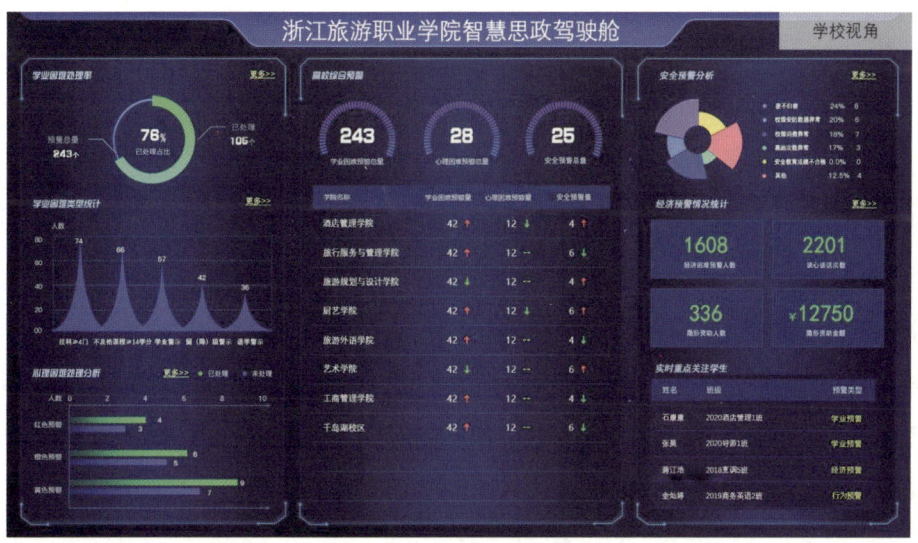

浙江旅游职业学院智慧思政驾驶舱

学生安全态势无感智能预警系统的探索与实践

◎ 学生工作部

> 近年来，学校高度重视智慧思政工作，成立了以校长为组长的数字化改革工作专班，以学校党委副书记为组长的智慧党建思政平台领导小组。依托学校信息技术优势，扎实开展浙江旅游职业学院"智慧思政"建设项目，统筹大数据资源，将大数据规律和思政工作规律有机结合，创新学生安全工作模式，提升安全工作"决策力"和"精准度"，实现育人平台一体化。

一、目标思路

为贯彻落实习近平总书记关于全面深化改革和数字中国建设的重大部署，紧扣立德树人根本任务，引创新动能，聚发展合力，学校全面推进数字化改革，运用数字化思维、数字化技术，以无感智能预警撬动学生管理的系统性重塑，打造学生成才智治系统，解决学生安全思政工作中存在的盲区、断点，全力提升安全教育智治能力，打造中国职业教育的"最美窗口"。

二、实施举措

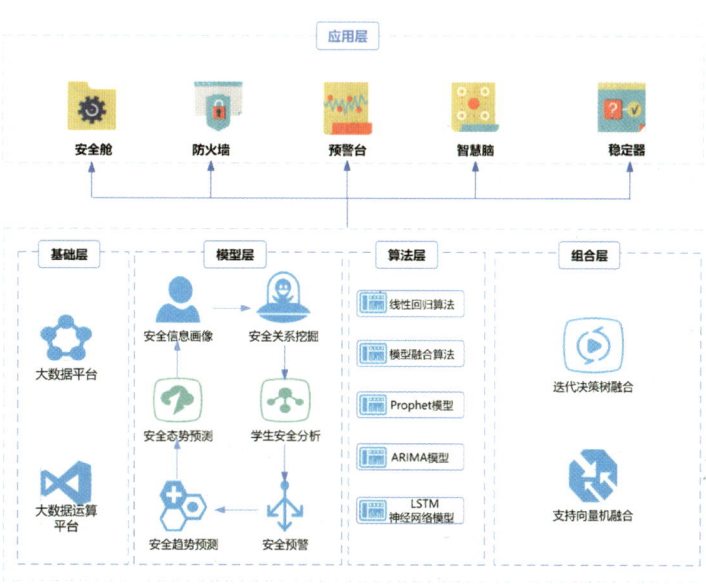

学生安全态势无感智能预警系统建设构架图

学校着力建设的智慧思政特色应用为学生安全态势无感智能预警系统，主要面向的场景是学生工作的生命线和底线——校园学生安全，重点是依托校园"安全舱""防火墙""预警台""智慧脑""稳定器"的建设，提升对校园的重点学生及突发事件的前端感知和预判预防能力，实现无感智能预警，达成学生安全态势从"被动应对"向"主动防控"转变。

（一）聚焦安全部署，建成全领域的数据中心

各系统数据联通（以行为预警为例）

构建无感智能预警阈值模型，梳理已建成的教务教学、学工、社区管理、校园消费、AI校园安防、图书流通等系统数据字典，抽取夜不归宿、旷课、请假、晨跑锻炼、校园消费、校园出入门禁、图书借阅等安全关联数据，打破各系统之间的数据交互壁垒，实现数据有效融通。

（二）聚焦安全意识，构筑全覆盖的教育网络

以提升学生安全防范、心理健康等行为意识为重点，从课堂、平台、活动三个维度编织立体教育网络，形成"1+N+X"的安全教育体系，即安全、心理、人文素养等必修课组成的"第一课堂"，微信平台、慕课平台、一站式报送系统、学习考试平台、安全危机评估平台等"N个平台"，讲座类、演讲类、实践类"X个活动"，实现学生安全教育的全覆盖，将安全意识根植于学生的内心。

（三）聚焦安全预防，健全可视化的预警看板

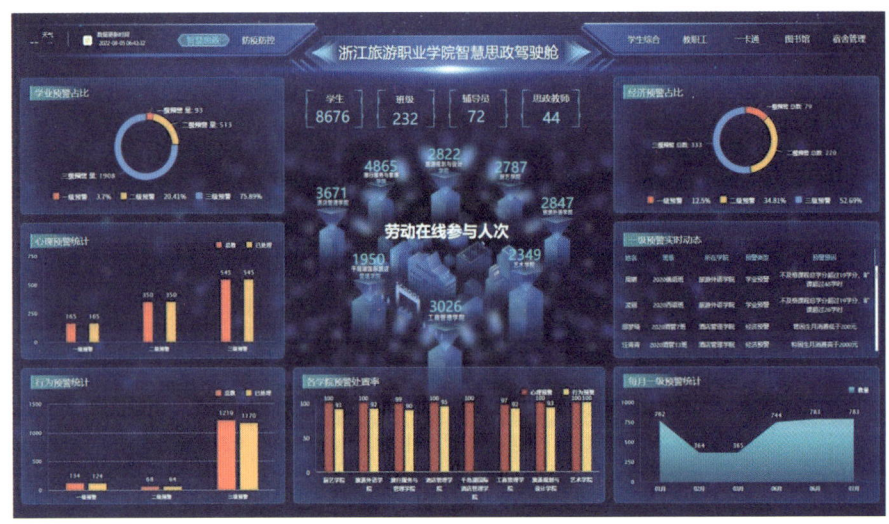

智慧思政驾驶舱

通过数据治理、算法优化、报表画像、警示发布等举措，实现安全态势可视化、可定义数据看板，赋能全局化精准管理和个性化预警帮扶。目前学校已基于安全舱采集的学生安全数据对学生进行学业预警、心理预警、经济预警和行为预警。其中，学业预警通过学生学业成绩及旷课等数据的分析，对学生的学业进行预警；通过实时对比资助对象数据、e卡通"聚合支付"项目消费数据（寒暑假所在月份除外），及时对消费行为异常的学生进行预警；心理预警则通过学生心理健康管理系统，实时将心理困难重度、中度、一般关注学生分为一级至三级预警推送至大数据中心，并出于保

护学生隐私考虑，对数据进行脱敏处理；行为预警通过整合宿管考勤系统、校园出入门禁、智慧空间、晨跑系统、校园支付终端的数据，综合判断该生是否存在在校行为异常。

（四）聚焦安全响应，完善高效率的处置系统

通过设置阈值模型单体和综合临界标准，制定分层分级响应处置机制，智能辨析"预警台"看板大数据，形成学生学业预警、心理预警、经济预警、行为预警的动态分析机制，按需智能推送预警信息给相应权限的老师，强化"第一时间推送，第一时间响应，第一时间处理，第一时间反馈"的预警处置流程，实现校园安全闭环管理。

（五）聚焦安全稳定，开发成体系的防控平台

通过大数据、物联网、人工智能等技术手段，综合融通"安全舱""防火墙""预警台""智慧脑"建设成果，汇集分析学业预警、心理预警、经济预警、行为预警四种类型的预警信息，形成学生个人和校园整体的"安全画像"，作为校园安全稳定分析研判的重要参考依据，打造成体系的校园安全防控平台。通过大数据、人工智能等技术手段，学校可以及时对学生安全态势进行全面溯源与响应处置，实现智能诊断安全问题、智能推荐合理化建议、及时推送家长实现家校共育等功能。

三、育人成效

（一）学生数据治理"一枢统管"

2021 年以来，学校完成入学、党建、团建、教务、竞赛、上课、智慧空间、图书、学工、请假、成长画像、缴费、后勤服务、出入校门、劳动教育、疫情防控、阳光晨跑、心理咨询、就业创业服务、离校等 20 个数字化小场景应用，完成 10 幢宿舍楼智慧考勤系统、12 台触屏服务终端、92 间智慧教室、50 套人脸识别支付终端、100 台套刷卡终端、1500 台套门禁终端的硬件设施建设。全面推进 AI 安防系统、宿舍智慧考勤系统、教室考勤终端、教务系统、学工系统、一卡通、学生心理预警系统、人脸识别晨跑管理系统、图书馆管理系统数据共享及治理工作，建立数据中枢，打破各系统之间的数据交互壁垒，实现了数据的有效融通。

（二）学生安全教育"一网共享"

学校加强安全教育精品在线开放课程的建设，目前已经拍摄制作安全微课视频 28 个，涵盖国家安全、消防安全、校园安全、实习安全、交通安全、防灾防诈防贷防传

销等多个方面。课程已经在浙江省高等学校精品在线开放课程共享平台完成两轮授课，在智慧职教 MOOC 学校完成四轮授课，本校学生覆盖率 100%，同时辐射其他高校，两个平台累计选课学生 16323 人，累计共享院校 235 所。

（三）学生预警信息"一触即发"

构建并多次优化无感智能预警阈值模型，学校已基于安全舱采集的学生安全数据对学生做出学业预警、心理预警、经济预警和行为预警。截至 2022 年底，预警总量达到 2000 余条，预警有效率高达 98%，预警信息即时推送学生的钉钉消息平台，实现学生预警信息一触即发。

（四）学生安全态势"一屏通览"

通过数据中枢平台，智能辨析"预警台"看板大数据，目前已形成学生学业预警、心理预警、经济预警、行为预警的动态分析机制，形成校、院、辅导员三级工作驾驶舱，一屏通览学生安全态势，实现安全态势可视化、可定义数据看板，赋能全局化精准管理和个性化预警帮扶。

（五）学生安全处置"一键互联"

以大数据分析为基础，以智能化分析为手段，以实时追踪为抓手，制定分层分级响应处置机制，按需将各类型三级预警智能推送预警信息给相应权限的老师，规范预警处置流程，极大地提升了预警处理效率，增强了预警学生问题的管理实效，实现各类型预警信息互联，全方位研判学生安全状态；处置结果互联，各环节角色在确认学生状态安全后，即可一键点击"任务已处理"，避免传统学生安全事件处置因层层响应而产生的时间滞后性。

四、经验启示

（一）以学生成长成才为出发点，持续优化预警模型

预警模型是智慧思政发挥育人功效的基础。首先，学校需设立预警诉求反馈机制，通过邮箱、学生网上办事大厅、二级学院等多个途径接收师生对于预警应用的诉求，第一时间通过电话、网络留言的形式进行反馈与沟通，发现目前预警因子模型存在的不足。其次，学校需重点把握两个关键点，积极开展预警因子模型迭代工作。一是根据师生的需求对学业预警、心理预警、经济预警、行为预警的单因子内容、多因子的预警逻辑进行不断地优化，满足学生工作者对学生管理的需求，让各类预警应用

切实起到学生学习、生活警示器的作用。二是从学生行为数据、结果数据、预警应用满意度测评三个维度进行数据分析，评估各类预警因子模型的效果，并以此为起点对预警模型进行持续优化。

（二）以师生使用体验为着力点，持续投入技术资源

预警的及时性和准确率是预警系统使用体验的关键指标。学校需要依托现有技术资源，不断加强与第三方技术服务公司的合作，将预警应用所涉及的所有子系统的数据交换优化为"T+0"的即时交换，最大限度地确保预警的准确率。另外，需要拓宽大数据、人工智能技术的应用场景，将更多数据应用于学生管理，统筹分析预警应用及网上办事大厅学生事项所形成的数据，形成学生的成长画像。同时，拓展思路，开发诸如"劳动最美"等人才培养相关的特色应用，增加学生成长画像的维度，使智慧思政不仅用于学生的行为纠偏，同时应用于学生综合素质提升、评价、榜样选树，贯穿育人全过程。

（三）以师生信息素养为落脚点，持续加强宣传引导

师生的信息素养是智慧思政建设推进效果的关键保障。学校需要通过自上而下和自下而上相结合的双向工作沟通机制，采用宣传推广、微视频、专家讲座、有奖征集合理化建议等形式，加强信息数字素养的宣传引导，减少部分师生对智慧思政的误区，统一数字思维，让大家在学生基础性数据污染治理问题上达成共识，形成工作合力。

智慧劳育赋能劳动教育高质量发展
——智慧思政特色应用场景"实践啦·劳动在线"实践与探索

◎学生工作部

> 劳动教育是中国特色社会主义教育制度的重要组成部分，担负着培育时代新人的历史使命。《中共浙江省委浙江省人民政府关于全面加强新时代大中小学劳动教育的实施意见》指出，要以习近平新时代中国特色社会主义思想为指导，全面贯彻党的教育方针，创新体制机制，积极探索具有先行示范作用和浙江辨识度的大中小学劳动教育模式，全面构建以学校为主、家庭为基础、社会为依托的开放协同的新时代浙江劳动教育体系，全面提高学生劳动素养，促进学生全面发展、健康成长。数字化改革不断融入渗透劳动教育，成为新时代高校劳动教育变革的重要驱动力量。如何让数字赋能劳动教育，创新深度融合场景，解决传统劳动教育普遍存在的劳动教育理论教学环节与实践教学环节时间、空间、形式上难以结合，学生劳动过程缺乏有效控制，劳育评价难量化等难点问题，是高校劳动教育工作的迫切需求。

一、目标思路

（一）建设目标

旨在推动劳动教育数字化改革，聚焦高校劳动教育的难点、痛点问题，创新劳动教育实施路径，拓展第二、第三课堂育人途径，提升学生劳动素养，提供实效性强且可复制推广的劳育特色应用场景。

（二）建设思路

以弘扬劳动精神为主旨，提升学生劳动素养为核心，按照劳动教育"目标可导入""项目可发布""过程可追溯""效果可评价""学生可成长""流程可改进"的底层逻辑建设劳动在线特色应用，实现高校劳动教育的数字化和智能化，整合劳育资源，全面提升劳育效果。在后续成熟阶段，可以进一步推进劳动教育一体化，将更多的实践育人项目纳入在线平台，丰富劳动育人的内涵。

二、实施举措

学校开发了劳动项目设置、劳动任务发布、劳动过程管理、劳育素质查询、劳育画像管理、劳育课堂等六大功能。基于"实践啦·劳动在线"特色应用程序，学校全面实现了多主体、多场景、多维度协同劳育。

"实践啦·劳动在线"项目框架图

（一）劳动项目管理

学校管理员根据人才培养方案、劳动教育课程标准，设置劳动理论及实践项目，形成包含日常生活劳动、生产劳动和服务性劳动的劳动菜单，从劳动思想性、劳动服务性、劳动创造性、劳动习惯与品质四个维度对劳动项目进行分类，将劳动项目细分为劳模精神、劳动精神、工匠精神专题讲座，学生说"劳模故事"，校园义工，志愿服务活动，暑期社会实践，专业实习实训活动，大师、名导工作室活动，创业实践，美丽校园创建，校园劳动，寝室卫生，家务劳动，劳动教育实践基地活动等13个项目类型。任课教师可以根据授课对象的学情制订不同的劳动教学计划，合理地安排劳动实践项目，避免劳动教育过于"窄化"或"泛化"的问题。

（二）劳动任务发布

根据劳动对象是否已确定将劳动任务分为定制化劳动任务和非定制化劳动任务。定制化劳动任务的发布，教师可以确定一位团队负责人作为助手，参与组织劳动实践活动，提交团队劳动成果，从而提升学生劳动实践的便利性；非定制化劳动任务的发布，劳育老师可以勾选参与学生的范围，将劳动任务推送到学生网上办事大厅（钉钉端），学生通过报名抢单的形式参与劳动任务，解决了部分劳动任务发布方需求和学生空闲时间不匹配的问题，提升了学生参与劳动实践的可操作性和积极性，创新劳动教育的课堂形式，拓宽劳动教育场域。

（三）劳动过程管理

理论学习方面，项目与在线课程平台完成对接，记录学生的课堂表现、理论成绩、教学评价等数据；劳动实践方面，项目全过程记录学生接受劳动任务、劳动开始及结束时间、劳动类型、劳动成果提交、劳动工时审定、师生互评等劳动实践数据信息。该功能可以全方位、全过程记录学生的劳动教育学习情况，形成完备的数据库，是形成学生劳育成长档案、劳育画像、劳育智能诊断及劳育培优的数据基础。该功能有效改善了传统劳动教育过程难控制、难评价的问题，有助于形成科学的劳动教育过程管理和过程性评价机制。

（四）劳育素质管理

根据学生在劳动理论学习及实践中的行为记录，生成学生劳动次数、劳动理论成绩、劳动思想性得分、劳动服务性得分、劳动创造性得分、劳动习惯与品质得分、劳动综合得分以及各类型劳动的得分明细，形成完善的劳动成长信息档案，并可将相关劳动素养信息同步更新至学生电子档案。教师及用人单位可以通过点击学生的劳动成长信息档案，全面了解学生的劳动素养。

（五）劳育画像管理

形成校、院、学生本人三级劳育画像。校院两级的劳育画像主要包括劳育师资、参与学生、劳动参与人次、最受欢迎的劳动类型、学生参与劳动情况、全校（院）学生劳动综合得分雷达图、劳育智能诊断等相关数据的可视化展示，供劳动教育工作推进、纠偏、评优相关决策之用。学生个人劳育画像主要包括劳动综合得分排名、劳动工时排名、各维度劳育得分雷达图、个人劳育智能诊断等相关数据的可视化展示，为学生个人形成全面的劳动素养提供参照依据。

（六）劳育课堂

学校将劳动教育在线课程嵌入"实践啦·劳动在线"中，学生可以通过"劳育课堂"模块进行劳育理论学习、参与劳动教育直播课程。同时，项目会自动读取学生学习时长、互动次数、平时成绩、课程总成绩等劳育理论学习数据，实时分析学生劳育理论学习行为，有助于实现劳育理论学习和实践教学的深度融合。

三、育人成效

（一）丰富劳动项目设置，学生参与度高

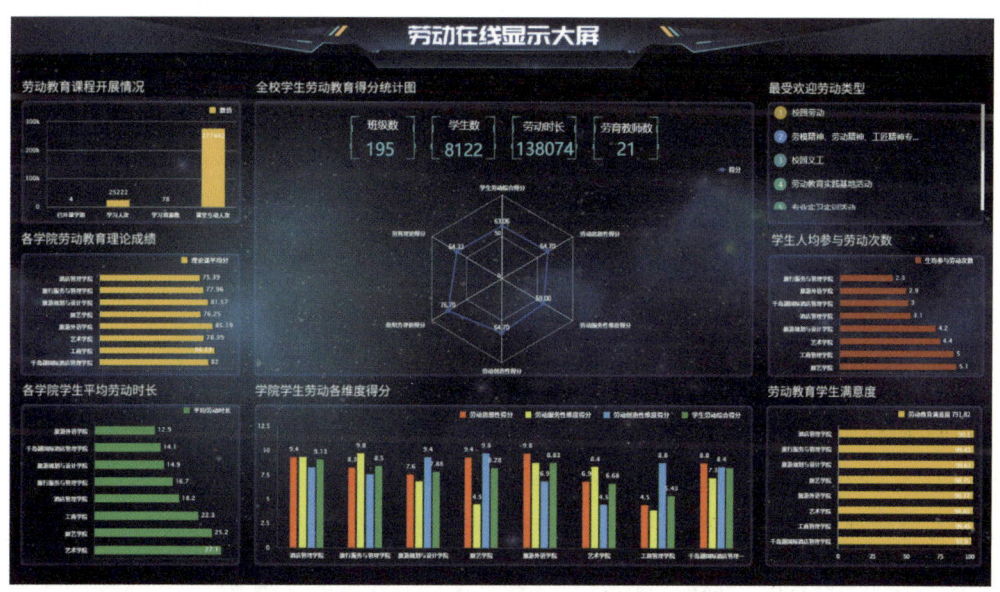

"实践啦·劳动在线"驾驶舱

项目增加了劳动教育的科学性，任课老师可以根据授课班级学生过往的劳动行为记录、智能劳动诊断，科学设置劳动实践项目。学生普遍反映劳动实践的内容更丰富也更有兴趣。"实践啦·劳动在线"已成为浙江旅游职业学院劳动教育的智慧脑，通

过该程序，已发布了寒假劳务"十个一"系列活动、美丽校园创建、五月劳动文化月系列活动及劳模精神、劳动精神、工匠精神校园专题讲座等劳动教育活动数百场，学生参与劳动任务高达 2 万余人次，学生评价高，成效显著。

（二）助力劳育教学改革，学生满意度高

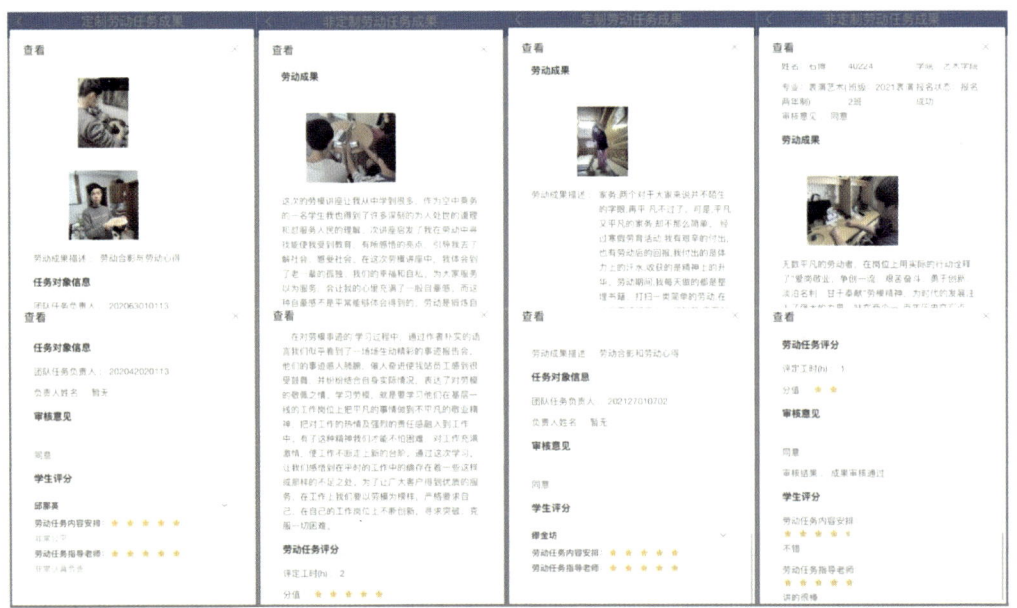

学生对劳动教育活动的"五星好评"

项目应用于劳动教育教学改革，解决了劳动教育实践与理论教学融合难的问题，学生可以通过平台随时随地接受劳动任务，并完成劳动成果的提交，劳动积极性明显提升，劳育课堂效果获得增强。学生可以突破时间、空间、形式的限制，自主开展劳动实践，提交劳动成果并开展教学评价，对劳动教育教学提出合理化建议，劳动教育课堂满意度高达 99.1%。

（三）提升劳育工作效能，育人成果丰硕

劳育教师可以通过所管理学生的劳育画像，研判劳动育人工作的状态及未来改进方向，及时制订针对性强的劳动教育工作计划，大幅提升了劳动育人工作效能。学校可结合人才培养计划、教学要求、育人要素，通过数字化平台发布劳动实践任务并开展实践教学指导、评价等教学过程，"一屏统览"所带学生劳育表现，用于培优纠偏，目前已评出 10 位"劳动标兵"，近年来涌现出"中国优秀导游""浙江金牌导游"吴娜佳、"中国最年轻的烹饪高级技师"阎晗、"中国红十字会总会十大最美救护

员""最美浙江人"夏振辉、第 21 届"全国青年岗位能手"江博等劳动榜样人物。

（四）形成项目品牌效应，社会认可度高

浙江省高校智慧思政特色应用建设现场推进会项目展示

项目作为浙江省第一批智慧思政特色应用场景九大试点项目之一，在浙江省网络思政平台及高校智慧思政特色应用建设现场推进会上，均作为优秀典型进行了演示和应用展示推广，获得高校及相关从业人员的一致认可。同时，项目获得《高校思想政治工作》、浙江新闻客户端、《浙江教育报》等杂志、媒体的持续关注并报道，阅读量超 10 万人次。

四、经验启示

（一）突出"全局化"的视野，构建智慧劳育保障体系

一是，顶层设计。学校高度重视劳动教育及智慧思政工作，相继制定了《关于推进劳动教育的实施意见》《数字化改革方案》，分别成立了由校党委副书记为组长的劳动教育、学生智慧思政工作领导小组，从顶层设计上确保项目落实。二是经费支持。作为 2022 年学校数字化改革的重点建设项目，学校给予了充足的项目建设经费，同时，学校将加大对经费的监督力度，建立完善的监督机制，确保项目建设经费的足额投入。三是人员保障。项目组成员包含学生工作部、信息技术中心、劳动教育教研室、教务处、人事处、招生就业处、保卫处、后勤服务处等劳动育人数据和工作协同相关部门的骨干成员。四是技术保障，学校由教育技术中心提供项目建设信息技

术支撑，深度融合信息技术与劳动育人工作，与劳动育人专家、教研室加强技术层面沟通，通过自有技术团队、劳务派遣、购买服务、项目合作（公司专业人员常驻学校）等多种形式为本项目提供全面的技术保障。

（二）突出"数字化"的思维，拓展劳动教育实践路径

以劳动为主题，学校可以通过"实践啦·劳动在线"，开展第二、第三课堂的各类实践活动，将劳动与各类校园文化活动、社会实践、实习实训、专业教学有机融合，厚植校园劳动文化，弘扬劳动精神、劳模精神、工匠精神。通过对学生群体劳动行为数据的集成分析，智能诊断劳动教育的不足之处，不断地优化和丰富各种类型的劳动实践活动，因材施教，真正实现劳动育人的千人千面，切实提升育人实效。

（三）突出"钉钉子"的精神，确保智慧劳育迭代进度

智慧劳育项目绝非一蹴而就，需要发扬"钉钉子"的精神，为师生解决使用过程中所出现的一个又一个具体问题，做实做细项目迭代的各项工作。项目需采用开放式体系结构，可以根据数据化改革的"一体化"要求，便于快速完成产品迭代。此外，根据师生的合理化建议及上级部门指导意见，及时改进相关流程，完成产品迭代。

下一阶段，学校在学生使用体验、劳育数据集成应用、劳育模式创新三个方面持续努力，让智慧思政在劳动教育教学和评价体系构建方面发挥更大的作用，形成可持续性强、效果显著、可复制推广的劳育特色应用场景，积极探索具有先行示范作用和浙江辨识度的大学生劳动教育模式。

◎融媒智引 网络育人

融入产业的高职院校信息化创新实践
——信息技术中心网络育人案例

◎信息技术中心

> 随着我国社会经济的快速发展和人民生活水平的不断提高，旅游业呈现出蓬勃发展的态势，已成为经济发展中的支柱性产业，产业大发展孕育着产业转型的新机遇。文化和旅游部发布的《"十四五"文化和旅游发展规划》中提出，要积极发展智慧旅游，加强旅游信息基础设施建设，深化"互联网+旅游"，加快推进以数字化、网络化、智能化为特征的智慧旅游发展。面对旅游业转型发展过程中出现的新技术、新趋势、新业态，如何同步开展产业前瞻性研究和培养适应产业转型升级的新型人才，实现人才培养与旅游产业同步升级，服务地方经济产业发展，是当前旅游职业教育人才培养模式改革面临的迫切需求。

一、目标思路

（一）建设目标

践行支撑高素质技能型人才培养的职业教育信息化使命，探索融入产业的职业教育信息化创新建设路径，促进信息技术与教学实践的深度融合，培育满足产业发展所需的技能型、实用型高素质人才，为推动产业转型升级、高质量发展提供有力支撑。

（二）建设思路

聚焦旅游业转型发展中人才培养问题，通过与浙江省文化和旅游厅、智慧旅游企业共建形式，建立浙江省智慧旅游体验中心、浙江省旅游统计数据中心，设立智慧旅游研究所，开展智慧旅游教学实践、理论研究、产业规划、学术交流、课题申报、政府咨询和产品设计等服务，推进信息技术与专业教学的产教融合，提升师生科技素养和创新意识，提高人才培养质量。

二、实施举措

浙江旅游职业学院在国家"双高计划"信息化水平提升建设中，设计了"智慧化教学支撑、网络化办事流程、自助化公共服务、智能化校园管理、数据化科学决策"五个信息化体系。在此基础上，主动适应旅游产业发展，发挥办学优势，统筹搭建"融入产业、服务专业"的智慧旅游研究与实践平台，通过建立浙江省智慧旅游体验中心、智慧旅游研究所、浙江省旅游统计数据中心等平台，融合实现智慧旅游体验展示功能、教学科研功能、社会服务功能，破解产业转型中学校人才培养模式改革存在的问题与挑战。

（一）服务人才培养，校政企共建浙江省智慧旅游体验中心

经浙江省文化和旅游厅批复同意，浙江省智慧旅游体验中心在学校正式建成启用。体验中心1号展厅设有"浙江智慧旅游展示馆""智慧景区""智慧旅行社""智慧酒店""公共服务""目的地营销"和"政府监管"等七个区域，集中展示了当前及符合未来发展趋势的智慧旅游应用与产品。体验中心完全按照产业应用布局，有针对性地征集新技术在旅游产业中应用，进行集中展示和现场体验，把智慧旅游从抽象的概念具化为实践的感知，让智慧旅游不再陌生抽象，真切地走进了现实，为师生提供了教学、科研、实训的育人环境。体验中心2号展厅以新技术应用为主题，设计人工智能、大数据、虚拟现实、物联网等体验区域。体验中心不仅有成熟的产业应用产品，还设计了人工智能、虚拟现实等前沿技术的"半成品"，让师生畅想技术应用场景，以培养师生的创新意识和创造能力。

浙江省智慧旅游体验中心 1 号展厅

浙江省智慧旅游体验中心 2 号展厅

（二）服务产业转型，搭建智慧旅游科学研究平台

为更好地发挥教师专业能力，服务地方旅游产业的转型发展，学校通过浙江省文化和旅游研究院成立智慧旅游研究所。研究所以"平台共建、资源共享、理论研讨、实践指导"为宗旨，主要开展智慧旅游理论研究、产业规划、学术交流、课题申报、政府咨询和产业服务等业务，帮助旅游行业企业解决智慧旅游发展中遇到的困难和问题，以此推动行业的发展、产业的升级。

（三）服务科学发展，政校共建浙江省旅游统计数据中心

浙江省旅游统计数据中心是省文化和旅游厅下属的技术研究部门，主要承担全省旅游统计数据收集整理和分析预测工作，为全省旅游经济提供专业研判，为旅游产业持续健康发展提供有效引导。中心由学校负责运行维护，包括"浙江旅游统计系统""浙江旅游经济运行监测系统""浙江文化和旅游统计"微信服务号三大技术平台

管理，承担全省文化文物和旅游基层报表统计、旅游抽样调查、产业测算、经济运行监测与预警、统计数据分析、统计资料编纂、地方业务指导七大任务，并面向省市县三级旅游主管部门、旅游行业协会、旅游企业、研究机构等提供旅游经济运行分析与预警、旅游统计专项课题研究、国内及入境旅游抽样调查、市场调研、旅游统计技术规范制定、旅游统计业务培训等服务。

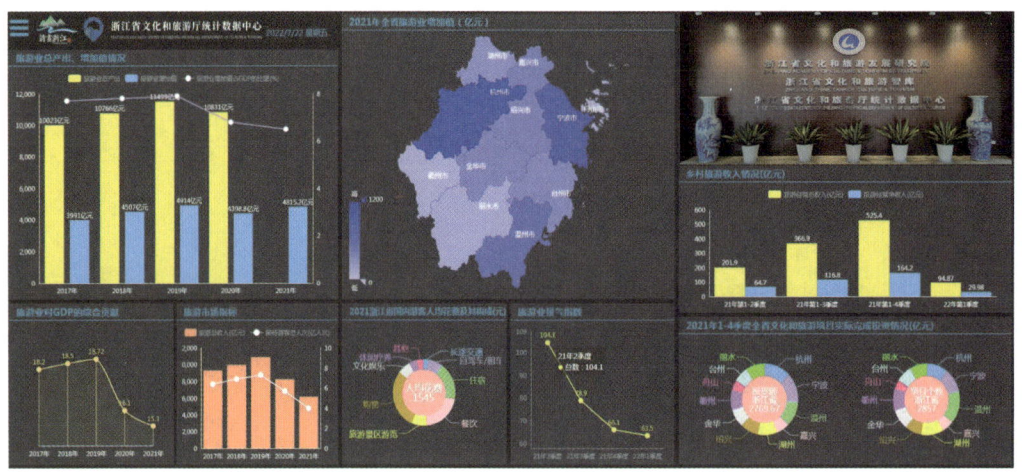

浙江省旅游统计数据平台

三、育人成效

浙江省智慧旅游体验中心的建成，搭建了集教、学、研于一体的教学实践创新平台，让师生不出校门就可以了解智慧旅游发展的前沿情况，提高了教学的针对性和实效性，创新了课堂教学的方式，提高了课堂教学的效果，增强了学生实践、创新的能力，提升了学生的综合职业素质。建成以来，景区开发与管理、旅行社经营管理、电子商务、导游、酒店管理等8个专业98个班级在体验中心开展了实践教学课程。

浙江省文旅研究院智慧旅游研究所先后承担了浙江省科技厅温州市洞头区智慧旅游科技特派员团队项目、浙江省科技厅公益课题《基于信息技术的海洋旅游安全保障体系研究》、浙江省教育科学规划课题《融合行业的高职院校教育信息化研究》等科研课题项目，为萧山、温州、洞头、上虞、奉化等地市县设计智慧旅游规划，开发智慧旅游产品，产学研纵向横向合作资金超过300余万元。基于智慧旅游研究所，教师与行业有了更多的交流互动，进一步提升了教师的职业实践和产业服务能力。

浙江省旅游统计数据中心开展全域旅游背景下的旅游统计改革研究，通过大数据平台统计数据的收集、整理、挖掘及分析，发布《浙江省旅游统计数据分析报告》（2019、2020、2021）及《浙江省旅游投资分析报告》《浙江省住宿业报告》《浙江省乡村旅游发展报告》等研究成果，分析测算旅游产业增加值占GDP的比重及对全省经济的综合贡献率等指标，科学研判浙江省旅游经济年度运行情况，为各级政府、旅游企业、行业协会、研究机构提供科学决策的理论依据。依托浙江省旅游统计数据中心的政府服务工作，教师获得了丰富的产业运行数据，增进了对旅游产业运行现状和运行规律的了解，进而反哺教学，提高人才培养质量。

四、经验启示

（一）产学研并举，支撑高素质技能人才培养

职业教育是以培养面向一线工作具有实践能力的技能型人才为目标，人才培养的定位决定了实践教学在教育教学中的重要地位。学校坚持理论与实践相结合，教学与产业发展相结合，教学为科研培养人才，科研则为人才培养提供学术思维锻炼的平台，以提升人才成长的独立性和创新性，最终达到反哺教学的目的。学校通过浙江省智慧旅游体验中心、智慧旅游研究所、浙江省旅游统计数据中心等产学研实践平台，充分发挥实践教学基地技能训练、人才孵化优势，形成产学研协同育人效应，使学生的学习和老师的教学更加贴合产业需求，以融入产业的教育信息化创新实践，全面支撑高素质技能型人才的培养。

（二）校政企共建，创新教育信息化建设机制

在建设经费的筹措上，学校通过人才培养、行业服务、产业创新等举措积极争取政府政策支持和企业参与。浙江省旅游统计数据中心场地装修和购买设备的经费由省文旅厅支出，人员经费和办公经费由学校承担，专项工作经费由省文旅厅以事权委托和政府采购的方式支出。浙江省智慧旅游体验中心采用校政企合作的模式，由学校与浙江深大、杭州欧维客、上海金棕榈等10余家知名智慧旅游企业以及浙江移动、浙江建行合作共建。项目总投入共计600万元，其中学校投入200万元基础建设经费，其余部分则由企业以产品或校企合作经费形式投入，合作投入的产品由企业维护与更新换代。校政企共建的机制，为学校节省办学成本的同时，也保障了相关平台的先进性和体验中心的可持续发展。

（三）促进经验分享，发挥试点示范辐射作用

融入产业的高职院校信息化创新工作开展以来，《中国旅游报》《浙江日报》《钱江晚报》《浙江工人报》及人民网、新华网等主流媒体多次报道了相关建设成果。其间，已接待来自高校、产业政府以及企事业单位560批次11 421名人员的参观交流。融入产业的教育信息化建设正在成为浙江旅游职业学院4A级景区校园的亮丽风景线。

产教融合是高职院校改革办学模式、提升服务贡献水平的必由之路。学校建立的浙江省智慧旅游体验中心、智慧旅游研究所、浙江省旅游统计数据中心等平台，成功探索了产教融合发展的高职院校信息化办学新路径，为学校办学注入了新活力，有效发挥了信息技术对职业教育巩固规模、提高质量、办出特色、服务社会的支撑引领作用，促进了信息技术与教育教学的深度融合，为信息化赋能教学提供了可复制、可推广的实践育人案例。

三心三力，构建网络育人协同坐标系
——工商管理学院网络育人模式的实践

◎工商管理学院

> 根据全国、全省高校思想政治工作会议精神，以及《中共浙江旅游职业学院委员会关于全面推进"三全育人"的实施意见》文件要求，在工商管理学院"三心三力"党建文化品牌引领下和"三全育人"综合改革目标指导下，构建"红心e站"网络育人协同坐标系，逐渐探索出符合学院特色的网络育人模式。

一、目标思路

通过"红心e站"建设、"辅导员思政系列微课"打造、三级网络育人队伍建设等系列举措，创建具有工商管理学院鲜明特色的网络育人品牌，夯实网络阵地建设，优化网络育人资源，创新育人工作载体，强化工商学子正确辩证的网络意识，树立科学的网络思维，提升网络文明素养，守护网络精神家园。

二、实施举措

（一）做好顶层设计，构建"红心e站"网络育人协同坐标系

建设"红心e站"栏目为主要网络发声阵地，实施学院、党总支→班级→寝室三

级联动，从党建、专业建设、校园文化活动、先进宣传等不同维度，多渠道、多时段，及时播发学院动态和师生关注的热点话题，实现"浙旅院工商管理学院"微信公众平台资源共享、信息互通，筑牢意识形态管理，进一步发挥学院"互联网+思政"的作用。同时，加强辅导员、班主任团队建设，规范班级钉钉、微信群等线上交流工具的管理，切实掌握学生思想动态，构建并夯实网络育人协同坐标体系。

"红心e站"栏目下设三大板块：一是垂向精神引领，包括"红心汇编""红心向党""红心课堂"模块；二是纵向发展延伸，包括"红心领航""红心践行""红心历练"模块；三是横向作用辐射，包括"红心动态""红心聚能""红心耀团"等三大板块九个模块。通过定期更新、实时互动，克服传统育人工作中信息传达滞后、组织集体学习困难等问题，有效扩大育人覆盖面。

（二）突出工作重点，创建"辅导员思政微课"网络育人品牌

拓展和培育符合学生网络学习特色的辅导员思政系列微课，包括微党课"喃喃细语传党声"、微团课"团团青年说"、情感微课"用情和你说"、国防微课"颐起谈国防"、心理微课"三三心课堂"、安全微课"涓语话安全"、就业微课"职涯心路"、创业微课"涓言创业志"、劳动微课"颐起劳动"等九个辅导员思政系列微课。每个系列每学期保持8篇以上的更新量，百人以上的点赞量，千人以上的阅读量。

通过9个思政系列微课的设计，培养了一批红色网络"大V"，打造了一批师生喜闻乐见的网络文化精品，不仅使学生综合素养得到提升，同时也促进学院辅导员团队、专业教师团队、广大学生之间的互动交流，创建了特色鲜明的网络育人模式和育人品牌。

（三）注重组织保障，打造网络文化清朗空间

1. 构建三级网络育人队伍

明确以党总支为核心、辅导员为骨干、学生为基础的组织模式，建立由网络评论员（辅导员）、网络舆情员（班级安全委员）、网络志愿者（新媒体部）构成的三级网络育人队伍。培育了一批包括教师团队、团学干部和班级班委等正面引导舆论的校园红色网络"大V"，分领域、分层次、分类型开展网上价值引领、文化引领和舆论引导工作，唱响网上主旋律，传播社会正能量。

2. 健全网络监管联防联控机制

制定《工商管理学院网络意识形态工作管理细则》《工商管理学院意识形态工作制度》，持续完善校园网络管理制度和运行机制，按照"谁主管谁负责，谁主办谁负

责"的原则，健全责任体系。建立定期网络舆情会商机制，完善意识形态联席联动暨动态分析研判机制，加强校园网络舆情监测、突发事件应急处理和部门联动，实行联防联控。

3. 加强网络专题教育与培训

定期组织师生队伍积极参加线上线下网络教育培训，引导师生依法上网、理性上网、文明上网，坚决抵制错误思想观点言论，坚决澄清谬误，坚决防范和抑制网上攻击渗透行为，打造网络文化清朗空间。

三、育人成效

"红心e站""辅导员思政系列微课"自上线以来，学生黏稠度不断攀升，网络育人实效不断凸显。截至目前，"浙旅院工商管理学院"微信公众号关注人数达9876人，"红心e站"栏目原创推文1500余篇，"辅导员思政系列微课"共计开课214期，点赞量4000+，阅读量60000+，覆盖全体在校学生并辐射至毕业校友、学生家长、用人单位、合作企业群体，为学校提供重要新闻与典型事迹宣传材料160余条，被采纳并联合刊发文章37篇，近20篇微推送被省级媒体转载。"红心e站"已成为学院"三全育人"工作的特色品牌，受到新浪网、《钱江晚报》、"小时新闻"等多个媒体的争相报道，社会影响力不断扩大。

浙旅院工商管理学院微信公众号"红心e站"栏目

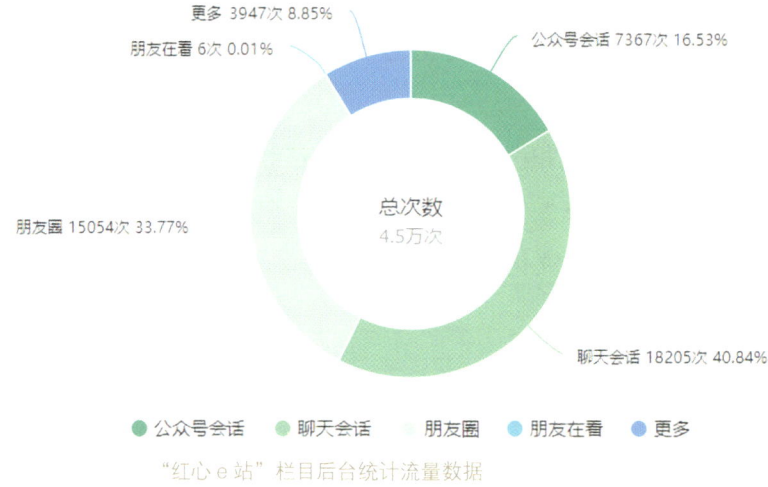

"红心 e 站"栏目后台统计流量数据

四、经验启示

（一）组织机制是网络育人的核心保障

"核心（党总支）+ 骨干（辅导员）+ 基础（学生）"的组织模式和三级网络育人队伍是网络育人质量与成效的核心保障。良好的组织架构和体制建设使"红心 e 站"品牌成为学院网络思政常态化工作的重要载体和平台，并在师生学习生活和思想引领中发挥长效、稳固的作用。

（二）主流价值观引领是网络育人的核心目标

以构建清朗网络空间作为网络育人开展的核心目标，引导网络育人队伍做好重大活动和热点问题、突发事件的舆论引导，切实提升了学院主流舆论的引导能力与水平。通过"红心 e 站"发出好声音，发出强声音，传播美好，明辨是非。

（三）汇聚教育资源、多渠道共建共享是网络育人的核心抓手

以"辅导员思政系列微课"网络育人品牌为抓手，建立若干网络名师、辅导员工作室，可培育一批年轻有为、志存高远的网络思政教育先进个人和形成一批优质的网络文化思政产品。

育人育心
YURENYUXIN

心理育人
XINLIYUREN

四驱联动　打造心理育人"护航编队"
——浙江旅游职业学院"心理育人"工作探究

◎学生工作部

> 根据浙江省教育厅《浙江省普通高等学校学生心理健康教育工作基本建设标准》和我校《关于全面推进"三全育人"的实施意见》等文件要求，为全面落实"三全育人"，更好促进大学生健康人格形成和发展，学生工作部全面推进学校心理健康教育工作制度化、规范化、特色化发展。

一、目标思路

坚持以学生为中心，把呵护学生心理健康、关爱学生快乐成长作为心理育人的初心和使命，通过"四驱联动"，力求达成以下三大目标：

（1）在教育目标上，实现大学生心理健康素养与国家社会发展要求相适应，与学校和家庭期待相适应，与师情和亲情关系相适应，与自身的身体健康和心理健康相适应。

（2）在工作机制上，体现心理健康教育与生命教育、课程思政、心理教学、感恩教育相结合。

（3）在体系设计上，切合时代发展主题，符合大学生心理发展规律，融合各项育人工作，整合校内外优质教育资源。

二、实施举措

（一）以制度建设为驱动，筑牢心理育人保障

一是制定了《浙江旅游职业学院关于进一步加强和改进学生心理健康教育工作的实施办法》《浙江旅游职业学院"生命教育"工作体系实施方案》《中共浙江旅游职业学院委员会关于全面推进"三全育人"的实施意见》等系列学生心理健康教育相关文件，将心理健康教育纳入学校改革发展整体规划，纳入人才培养体系、思想政治工作体系和督导评估指标体系，并形成教育教学、实践活动、咨询服务、预防干预"四位一体"的心理健康教育工作格局，不断提升心理健康育人能力。

二是构建"学校—二级学院—班级—宿舍"四级工作网络，健全学校心理健康教育工作组织体系。在学校层面，成立心理健康教育工作领导小组，由主管学生思想政治工作的党委副书记任组长，学工部负责人任副组长，二级学院党总支书记、心理健康教育中心主任、相关部门人员等为成员，协调和组织全校心理健康教育工作，构建校内各部门统筹协调机制，每学期召开心理健康工作专题会议、学生心理危机个案研讨会。在学院层面，设立8个二级学院心理辅导站，由二级学院党总支书记担任站长，负责辅导站整体工作，心理辅导员担任副站长，负责辅导站具体工作。

三是制定《浙江旅游职业学院学生心理危机预防与干预指导手册》，健全学校心理健康教育工作应急体系。做到快速反应，学校各相关部门及人员在面对危机事件或征兆时，按"心理危机干预流程"立即做出积极响应，协同合作，尽可能减少伤害或不利影响。各二级学院心理辅导站，密切关注学生异常心理与行为，及时跟踪上报。建立心理咨询危机事件应急响应机制，心理中心专职教师担任心理危机值班员，心理咨询师如在咨询中发现学生处于心理危机中，及时上报心理中心，心理中心专职教师及时介入处理，对于超出心理咨询范围应当转介的学生及时转介到专业机构。

（二）以环境建设为驱动，优化心理育人条件

学校心理健康教育中心在萧山校区南北校区、千岛湖校区分别设立了独立的工作区域，南校区场地150平方米左右，北校区场地280平方米左右，千岛湖校区场地50平方米左右，学生公寓心理辅导室5间100平方米左右，共计580余平方米，心理健康教育中心的场地独立使用，设有专职教师办公室、心理咨询接待室、心理发展辅导室、心理测评室、积极心理体验中心、综合素质训练室、团体活动室、心理宣泄

室等，配备了按摩放松椅、宣泄设备、心理沙盘、团体辅导箱等心理健康教育辅助设备，引进了音乐放松反馈系统、心理测评系统等，心理健康教育中心场地环境温馨而放松，为学生常常驻足休憩之地。

（三）以队伍建设为驱动，夯实心理育人基础

学生心理健康教育工作既是一项润物细无声的"爱心活"，也是一项基于扎实功底的"专业活"。队伍建设是推进心理健康教育的基础性工作，要全力打造一支"爱心满满"又"专业杠杠"的心理育人团队。

一是按照规范要求配足心理健康专职教师。心理健康教育师资队伍纳入学校整体教师队伍建设，纳入高校思想政治工作队伍管理，心理健康教育教师按照思政系列职称评聘。

二是充分挖掘校内资源聘请心理健康兼职教师。聘请了我校16位具有心理专业资质（三级以上国家心理咨询师资质）的教师担任心理健康兼职教师，在学生管理、教育教学、心理咨询等方面发挥积极作用。

三是注重专兼职教师队伍的专业成长。每学期组织专兼职心理健康教育教师参加心理专业培训和学术会议，组织开展各类校内专题培训讲座，每两周开展1次以上专兼职教师的案例研讨和个案督导活动等。

四是加强医校/社校共同体建设。与萧山精神卫生中心签署了校医合作协议，共同建立"共同促进大学生心理健康工作"合作单位邀请精神卫生专家担任校外心理健康客座教授或兼职教师，定期举办心理健康专业讲座，全面参与学生心理咨询、心理约谈与心理健康研究工作。与社会心理健康公益机构"滴水公益"建立合作关系，推动"海豚热线"入驻旅院，"笔芯计划"支援贵州山区贫困儿童等。

五是组建了一支朋辈心理互助队伍。由大学生阳光心理互助联合会、班级心理委员、寝室心理联络员构成，在心理健康教育中心的指导下，面向全校学生开展心理健康教育相关活动，营造良好的心理健康教育氛围。

六是编写一套"心理育人"读本。包括《大学生阳光心理教育家长读本》《大学生阳光心理教育心理委员工作读本》《大学生阳光心理教育班主任工作读本》，为班主任、辅导员、心理委员以及家长群体的心理成长提供助力。

（四）以平台建设为驱动，完善心理育人体系

一是依托二级心理辅导站，打造"一站一特色"的心理育人平台。如酒店管理学院以"笑·纳心理"为特色的心理育人平台、旅行服务与管理学院以"疗愈心理"为

特色的心理育人平台、旅行规划与设计学院以"一心五元双路径"为特色的心理育人平台、旅游外语学院以"石榴籽"朋辈心理互助体系为特色的心理育人平台、艺术学院以"艺心向阳"美育心理为特色的心理育人平台等。

二是培育辅导员心理工作室，创新开展心理育人工作。由二级学院负责心理健康工作的辅导员担任工作室负责人，探索符合新时代大学生心理发展特点的心理育人模式，如 Aone 幸福工作室、汤姐姐疗心室、三三心屋工作室、石榴籽心舍工作室、艺心向阳工作室、心灵港湾工作室、暖心工作室、开心小岛工作室等。

三是打造"温暖四季"的心理健康活动品牌，形成旅院特色的心理育人体系。每年结合"3·25""5·25""10·10""12·5"等时间节点举办校级心育文化节活动，通过开展一系列的心理健康活动，如心理知识竞赛、校园心理剧大赛、朋辈心理辅导技能大赛、心理游园会等营造心理健康的文化氛围，提升学生的心理健康意识，促进学生心理健康成长。

四是在职教云平台上建设《大学生心理健康教育》SPOC 课程，实行线上线下混合式教学；完成《高校班主任与心理健康教育》12 讲微课的拍摄工作，也将在 MOOC 上做成线上课程。

五是开发我校学生心理健康在线档案系统，纳入心理普查中重度学生信息、心理危机学生信息、心理排查后学生信息，建立重点人群档案，生成学生心理健康信息画像，接入了智慧思政学生预警平台心理预警模块，整合心海软件系统心理普查结果，形成一站式心理健康数据库。

六是有效开发网络平台，主动探索"互联网＋心理育人"工作方式。心理中心和各二级学院心理辅导站开设微信公众号，如旅院心理、Aone 幸福课、三三心屋、石榴心舍等，传播心理健康知识，开展网络心理活动。

三、育人成效

（一）获奖

我校教师在浙江省高教学会思想政治教育研究分会组织的浙江省高校心理健康教育征文比赛上荣获二等奖；在浙江省《大学生心理健康教育》讲课比赛上荣获二等奖。我校先后 2 名心理委员在中国心理学会心理危机干预工作委员会、全国高校心理委员研究协作组共同组织的"全国百佳心理委员"评选活动中获得"全国百佳心理委员"称号，我校心理情景剧作品《雪滴花》入围第五届全国高校心理情景剧"百佳剧目"。

（二）心理健康教育与教学研究成果

《SARAR参与式教学法在高职生心理健康教育课程中的实践与应用》获得省高等教育课堂教学改革项目；《参与式教学法在大学生心理健康教育课程中的应用研究》《〈大学生心理健康教育〉新形态教材建设》《SPOC教育生态视域下〈大学生心理健康教育〉微课程设计研究》等获得校内课题立项。

（三）媒体报道

《杭州日报》在《2019年浙江首批高考录取通知书发放》新闻中，报道了我校发放给新生家长的《大学生阳光心理教育家长读本》受到好评；《浙江新闻》在《浙旅院心理健康中心在行动：筑起防控"五心"防线》新闻中，报道了我校心理健康教育中心为广大学生在疫情时期的心理健康保驾护航工作；《中国旅游报》在《浙江旅游职业学院：四驱联动打造心理育人"护航编队"》新闻中，报道了我校心理健康多元化教育模式。

四、经验启示

（一）心理育人工作需要多元协同推进

通过心理教育和生命教育双重互动、保障性心理服务和发展性心理培养双级推动、线上咨询和线下服务双轨驱动，形成多元化的教育机制；学校和二级学院的上下协动、家庭和学校的双方联动、医院和学校的双力推动，形成责任共同体的工作规范。

（二）心理育人工作需要优化工作机制

两级学生心理健康教育工作领导小组要充分发挥统筹、引领、指导等作用，积极认识到大学生心理健康教育工作的专业性和重要性，建立及完善心理咨询、心理危机干预、心理活动、队伍建设等各项制度和工作流程，并推动各项制度、保障等落到实处，指导心理工作走专业化发展的道路。

（三）心理育人工作需要完善工作网络

要进一步完善四级工作网络，建立明确的职责分工和任务要求。学校层面在校大学生心理健康教育领导小组领导下开展工作，二级学院层面在学院心理健康工作小组的指导下开展工作，各班级设立心理委员，各寝室实行寝室长负责制，开展心理健康教育宣传教育、心理危机防范等工作。同时，要积极发挥朋辈互助力量，大学生阳光心理互助联合会和各二级学院心理工作站要在心理健康教育中心指导下全面开展朋辈心理健康教育及宣传工作。

浙江旅游职业学院在心理育人中通过制度建设、环境建设、队伍建设、平台建设"四驱联动"，育人体系更加丰富，育人基础更加夯实，育人保障更加有力，育人条件更加完善。

【本案例入选浙江省高校"三全育人"综合改革理论与实践丛书】

三三心屋　点亮心灯
——工商管理学院"一三三"心育工作室育人实践

◎工商管理学院

> 三三心屋工作室于 2017 年成立，着力构建"一三三"心育工作体系，通过"投喂信箱""33 心课堂"和"Nice 青年实验室"三个工作载体，将心理育人的"问""学""做"三者有机结合，多途径开展学生心理辅导服务，强调生命教育理念，强调知行合一，拓展了心理育人的广度，沉淀了心理育人的精度，呵护了心理育人的温度。

一、目标思路

在心理学理论（情绪 ABC 理论和"心理场"理论等）的指导下，三三心屋工作室积极构建"一三三"心育工作体系。

"一三三"心育工作体系一方面强调"一"，贯穿整个心理育人过程的"生命化"理念，另一方面强调在实施心理育人过程中的"三个三"："三"个工作载体、"三"个基本要求和"三"个主要目标。

（一）"真情"关怀，生命教育焕亮人生

当前，"空心病"正在折磨一代大学生。这些大学生在成长过程中没有明显创伤，生活优渥，个人条件优越，却感到内心空洞，找不到自己真正想要的，就像漂泊在茫茫大海的孤岛一样，感觉不到生命的意义和活着的动力，甚至找不到自己。他们似乎

失去了感受生命的能力。心理育人过程中强调"生命化"理念,重在引导大学生提高感受生命的成长力量,关注生活,关怀生命,并运用这种力量指引人生。

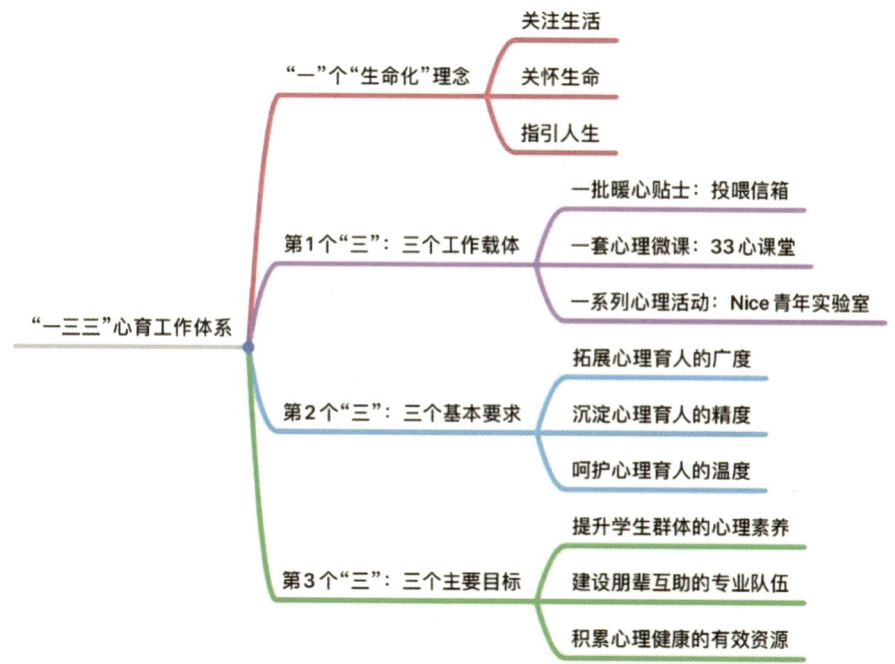

"一三三"心育工作体系图

(二)"真心"打造,三心文化润养心田

(1)心理困惑扪心"问"。通过"投喂信箱""共情式倾听+暖心式回复"拉近心与心的距离。三三心屋工作室全面细致收集学生的心理真实困惑和具体成长烦恼,并针对学生共性问题制作一批心理健康暖心贴士,针对学生的所思所想所困所难,给予温暖回复。

(2)心理知识用心"学"。开设"33心课堂",一次心理课堂,一轮人生体验。围绕人际交往、情绪管理、压力释放、生命教育等方面录制一套心理科普微课,培育学生积极心理品质。

(3)心理活动开心"做"。打造"Nice青年实验室",激发创意,激活能量,在这里我们强调Do it。采取团辅体验、技能比赛、艺术创造、素质拓展等形式,普及心理健康知识,疏导学生心理压力。

(三)"真诚"护航,多维度涵育心灵

首先是"拓展心理育人的广度",心理育人工作要紧跟时代步伐,发挥"互联网+

心理育人"优势，发挥第二课堂在心育中的优势。其次是"沉淀心理育人的精度"，让心理健康知识普及更精细，让心理育人体系更完善，让朋辈学生在心理育人中发挥更大作用。最后是"呵护心理育人的温度"，聚焦学生心理特点，解决学生实际问题，体现更多人文关怀，让学生在温暖的氛围中治愈心灵。

（四）"真理"镌刻，牢牢锚定育人目标

"一三三"心育工作体系强调，通过一系列心理育人活动，需要达成三个目标：提升学生群体的心理素养，建设朋辈互助的专业队伍和积累心理健康的有效资源。充分实现"解其惑，明其理，正其心，善其行"，一切从"心"出发，精准施策，做到与学生同频共振。

二、实施举措

在"一三三"心育工作体系的要求下，三三心屋工作室微信公众号作为心理育人的网络工作平台，通过"投喂信箱""33心课堂"和"Nice青年实验室"三个工作载体，将心理育人的"问""学""做"三者有机结合，强调知行合一，拓展了心理育人的广度，沉淀了心理育人的精度，呵护了心理育人的温度。同时提升了学生群体的心理素养，培养了朋辈互助的专业队伍，积累了心理健康的有效资源。

三三心屋工作室公众号

（一）培育一批暖而精的朋辈倾听者

"投喂信箱"栏目自2020年3月起，共推出56期作品，并汇编成册。学生问题涉及人际关系、情绪困扰、学业问题、恋爱情感、自我探索、生活适应、亲子家庭等领域。通过此栏目，三三心屋培育了一支朋辈队伍和专业老师一起投入助人工作中去。

（二）培育一批高质量的心理知识宣讲者

"33心课堂"栏目自2020年3月起，共推出30期作品。每一次微课的主题都是精心挑选，结合学生困惑、知识分享、延伸活动以及总结提炼等内容，旨在把每一个心理知识讲懂弄通，真正解决学生的实际问题。

（三）培育一批创意无限的活动策划者和组织者

"Nice青年实验室"栏目线上线下相融合，截至目前共推出26期作品。青年实验强调"做"，让学生群体产生深度互动和沉浸体验。不让心理困惑停留在"问"，不让心理知识停留在"学"，激发大学生的行动力。通过丰富多彩的青年实验活动，三三心屋积累了一系列心理文创产品，组建了一支优秀的学生团队，展现青年风采和青春价值。

三、主要成效

（一）建成"互联网+心理育人"工作平台

制作和发布符合学生心理需求的心理育人产品，为学生提供随时化、便捷化、自助化的心理服务，打破了时空界限，为心理育人注入了新的可能。"三三心屋工作室"微信公众号自成立之日起至2022年6月，共发表推文146篇。

（二）精心制作微课设计文创，凝心开创心理育人广泛载体

通过学生喜闻乐见的形式，积极采取直抵人心的方法，变"大水漫灌"为"精准滴灌"，实现心理育人精细化作业。如正值疫情严重，推迟开学期间，学生群体焦虑烦躁情绪蔓延，"33心课堂"栏目的"当烦恼遇见绘本系列"应运而生，以生动形象的绘本为载体开展生命教育，引导学生减压，得到了《浙江新闻》的肯定性报道。另外通过第二课堂，三三心屋还积累了一系列心理文创产品。如"Nice青年实验室"栏目中的《战疫情，心相伴，

为学生戴上心理"口罩"

疫情期间，学校心理健康教育中心在开设网络援助的基础上，增设"网络心理支持和互助平台"，24小时为学生提供在线心理咨询。

"这是我整理的大学生生命教育绘本导读系列，请大家转发到各班级群，特殊时期也要学会给心灵解压！"心理健康教育中心辅导员吴姗，通过在班级群发放生命教育绘本导读材料。身处重点疫区的学生一直让她牵挂，她每天或主动联系学生、家长，给予力所能及的关心和帮助，时刻待命给予学生心理上的慰藉。

引导学生减压，用别样方式尝试给学生做生命教育，给学生带去了慰藉、送去了安心、补给了能量。这是浙江旅游职业学院辅导员的本色，也是特殊时期学校思政工作"不掉线""不断线""冲前线"的动力所在。

学习强国报道"三三心屋"工作室活动

绘制心灵画卷》的绘画作品、《PICK 毕业季的心理学"专属礼物"之"心理解压书签套装"设计大赛》的心理书签、《"在这里遇见更好的自己"学生活动室文化墙设计大赛》的设计图等。

（三）贴心答惑汇编成册，热心普及心理健康知识

三三心屋强调从解决大学生的实际困难入手，帮助疏导大学生的不良情绪，培育自尊自信、理性平和、积极向上的社会心态。同时在心理育人的过程中，准确掌握大学生心理需求，注重理论联系实际，力求贴近学生，让每一个大学生都懂得基本的心理健康知识，懂得保持心理健康的基本方法，懂得基本的助人技巧。"投喂信箱"栏目从学生实际出发，想学生之想，忧学生之忧，结合心理健康知识，认真对待学生的每一次提问。目前已经将该栏目内容汇编成《33 语录》《33 语录 2》和《三三心屋暖心贴士》等三册读本，以期帮助更多的学生。

"三三心屋"工作室活动

（四）全心倾听陪伴，暖心培育朋辈队伍

在学生群体中培养"朋辈互助员"，实现助人自助。他们最了解身边同学的情况，最容易发现心理问题学生，开展心理活动最有成效。如"投喂信箱"栏目培育了一批暖而精的朋辈倾听者，"33 心课堂"培育了一批高质量的心理知识宣讲者，"Nice 青年实验室"培育了一批创意无限的活动策划者和组织者等。2022 年上半年，三三心屋学生团队所创作的心理剧《雪滴花》被评为"第五届全国高校心理情景剧网络展示百

佳剧目"。

四、经验启示

（一）持续提升心理育人理论研究能力

目前三三心屋所做的基础性工作不少，但是转化为科研的成果不多。首先要加强学习和深入钻研，深入学习心理学理论、方法及相关学科知识，系统性加强心理育人工作宽口径的知识储备；其次要学会归纳和总结，并将理论和实践相结合，将实践中的各类数据应用到实际研究中，增强心理育人的深度，最终形成个人的理论体系；最后要定期参加专业化的心理培训，提升心理育人理论素养。

（二）持续增强心理育人实践的社会影响力

目前三三心屋所开创的心理育人第二课堂载体局限在校内。"投喂信箱"针对在校学生答疑解惑，"33心课堂"强调对大学生群体宣传心理健康知识，"Nice青年实验室"重点开展校内心理健康活动。2017年三三心屋成员曾尝试将谈心文化和团辅文化带给萧山泰和养老医院，得到了《萧山日报》的肯定性报道。未来我们可以尝试将更多的实践场所扩展到校外，积极开展心理健康类志愿者活动，在帮助别人的同时增强自身的心理健康水平，增强心理育人实践的社会影响力。

"12345"心理育人新模式微探
——旅行服务与管理学院心理育人创新实践案例

◎旅行服务与管理学院

2005年，教育部、卫生部、共青团中央联合下发了《关于进一步加强和改进大学生心理健康教育的意见》，指出"要把心理健康教育融入到思想政治教育之中，开展深入细致的思想教育活动"。2017年12月，教育部印发《高校思想政治工作质量提升工程实施纲要》（教党〔2017〕62号），心理育人被明确为高校思想政治工作质量提升工程十大基本任务之一。习近平总书记在全国高校思想政治工作会议和全国卫生与健康大会等多个重要会议中均提及要"培育自尊自信、理性平和、积极向上的社会心态"。高校心理育人作为构建思政育人大格局和社会心理服务体系的重要一环，得到全社会的普遍关注。

旅行服务与管理学院深入学习贯彻习近平总书记关于"重视心理健康教育""健全社会心理服务体系"的重要论述，紧紧围绕立德树人根本任务，从2019年开始，将心理育人工作与思政育人工作深度融合。目前，已确立心理育人在思政育人大格局中的基础地位，构建提升心理育人实效性的工作体系，打造思想政治工作心理育人精品项目，初步形成了"一项基础，两个主体，三股力量，四种结合，五级体系"的立体化整合工作模式。

◎育人育心 心理育人

一、目标思路

坚持以立德树人为根本任务，全面贯彻党的教育方针，认真贯彻落实全国教育大会精神，牢牢树立"大思政"观和"心理"育人观，正确处理好心理育人主体与思政育人格局之间的关系，突出心理育人在思政育人大格局中的基础地位；正确处理好心理育人元素与思政育人内容的关系，推进心理育人与思政育人深度融合；正确处理好心理育人功能与思政价值引领的关系，坚持"育心"与"育德"相结合；正确处理好心理育人课程与课程思政育人的关系，调整心理育人课程结构；正确处理好心理育人供给与心理育人需求的关系，实现心理育人多样供给。在"大思政"格局下，提高学生主体地位，发挥教师主导作用，全面推动和深化面向全体学生的全员、全过程、全方位心理育人，提炼完善心理育人有效路径，提升心理育人时效性，有效提升学生的心理健康品质，培育学生积极向上、理性平和的社会心态。

二、实施举措

以习近平新时代中国特色社会主义思想为指导，以立德树人为根本，构建一套卓有成效的"12345"工作模式。

（一）一项基础：以心理育人与思政育人整合为基础

推进心理健康教育与思政课堂教育交融渗透。在已开设的《大学生思想道德修养与法律基础》《职业素质养成》《劳动教育》等思政课程中融入心理健康教育内容。以心理健康教育课程为主渠道，增设心理健康教育实践育人活动，构建第一课堂+第二课堂心理育人格局，努力拓宽心理健康教育的实施途径，帮助大学生树立正确的政治方向，形成积极健康的世界观、人生观和价值观。

运用心理健康教育手段开展班集体团队建设。在大思政育人格局下开展心理育人工作，以新生始业教育、校园文化节、毕业季等为契机，依托各个班级，通过心理委员选拔、心理干事评选、心理团体辅导、素质活动拓展等方式，开展学生骨干心理队伍建设。

丰富心理健康教育形式打通育人"最后一公里"。学院开通并运营了面向全校同学开放的"心声热线"，创建了我院特色心理健康和生命教育品牌特色活动："疗愈工坊"周三系列心理活动、十佳心理委员风采展示大赛、寝室团队心理素质拓展大赛等，通过多途径倾听学生心灵、化解学生烦闷、感受学生快乐，构筑学生精神成长家园。

（二）两个主体：以二级心理辅导站和辅导员工作室为主体

学院心理咨询室于2015年挂牌二级心理辅导站，现已形成完整的日常宣教、心理咨询、心理团辅和心理育人队伍建设等一系列规章制度，是学院开展心理育人工作的主体。

旅行服务与管理学院二级心理辅导站

"汤姐姐疗心室"辅导员工作室于2021年11月正式成立，已构建"辅导站+工作室"二维协同工作机制，拓宽育人主体，实现协同育人。

（三）三股力量：学生、班主任、思政辅导员

形成全员、全过程、全方位育人格局，在学院党总支领导下，构建"专兼职心理辅导员队伍—班主任队伍—心理委员"三级网络架构，成为培育学生积极心态、调适心理状态、心理危机识别等工作的重要参与者。

（四）四种结合：全方位合力育心，提升思政教育实效

开设思政课程教学与开展心理专题活动相结合。发挥课堂教学在心理育人过程中的主渠道作用，开设《大学生心理健康教育》《旅游心理学》等心理健康教育课程，同时注重隐性涵育，将心理育人与美育、文艺、体育、劳动教育相结合，开展"经典润心""舞动健心""运动强心""园艺沁心"等心理专题活动，推进思政课程教学与第二课堂实践教育交融渗透，协同育人。

实现心理育人多样供给与思政育人差异化需求相结合。面对日益上升的心理咨询

数量和日益增长的思政育人需求，在传统一对一面谈咨询的基础上，衍生出网络咨询、心理热线电话咨询、团体心理咨询等多种咨询方式相结合的工作模式。

推进教师专业指导和学生朋辈心理互助相结合。在教师专业指导和学生自愿的基础上，形成"海豚志愿者""心声热线志愿者"朋辈互助团体，朋辈心理辅导不仅是对专业心理健康教育资源不足的良好补充，更有助于提高学生心理自助和帮助他人的能力。

坚持心理育人功能与思政价值引领相结合。面对大学生普遍存在无意义感、缺乏兴趣、迷茫、"空心病"等心理问题，坚持"育心"与"育德"相结合，推动心理育人成为当代大学生自觉践行社会主义核心价值观的重要途径。

（五）五级体系：建立"校—生—企—家—医"五级预警协同制度

依托学校心理健康教师、医院医生、辅导员、班主任、班级心理委员、寝室长等群体，建立学校心理健康中心、二级心理辅导站、各单位实习基地、家庭、院校合作医院"一体联动五级预警"协同机制。

三、育人成效

（一）打造品牌特色，深化品牌内涵

经过长期实践创新，学院已初步形成了"一项基础，两个主体，三股力量，四种结合，五级体系"的立体化整合工作模式，建设了具有品牌效应和示范作用的二级心理辅导站，成立了心理育人辅导员工作室，打造了"说出你的故事""心声热线""疗愈工坊周三系列心理活动"等多项思政育人与心理育人并举的工作品牌。2019—2022年，团队成员获"心理育人"优秀工作者2人，校级教学能力大赛三等奖2人，校级辅导员职业能力大赛一等奖1人、二等奖1人；参与编写录制"大学生阳光心理教育班主任工作读本"；申报心理育人类思政课题3项，开创了学院心理育人推动思想政治工作新局面。

（二）浸润学生心灵，助力学生成长

依托学生工作部心理健康中心的指导力量，学院二级心理辅导站有序开展学生心理咨询工作，定期咨询高度关注学生、不定期咨询有需求学生，组织班级开展"我·世界·生命""女性自爱"等主题班会，组织心理委员开展心理危机案例讨论会等，促进学生心理健康成长。

（三）践行社会服务，产生社会影响

习近平总书记强调，要"加强社会心理服务体系建设，培育自尊自信、理性平和、积极向上的社会心态"。多年来，学院集合社会组织、专业心理咨询师、社工、志愿者等各方力量，探索有效的社会心理服务方式：学院现已建立与萧山区心理协会、滴水公益等校外合作活动基地，2020—2022年，学院与浙江省妇女儿童基金会、杭州市滴水公益心理部合作，开启"笔心计划"，与贵州岗乌中学和杭州余杭太炎中学学生互通书信，累计互通书信200余封；2021年，学院志愿服务萧山立涛园社区，开展"家长的情绪管理"专题讲座；2022年，学院志愿服务杭州市钱塘区社会发展局开展"困境儿童六一趣味心理活动"，志愿服务杭州市九堡街道党群服务中心开展"七一喜迎二十大党建活动"。我院"大思政"格局下的社会心理服务工作受到《人民日报》、网易新闻、余杭家庭指导中心的广泛报道。

笔心计划

关爱困境儿公益志愿者服务活动

四、经验启示

（1）贯通"校院企家医"组织体系，强化一体协同。融合思政育人内容，建立一支涵盖专兼职心理咨询师、心理辅导员、专职思政辅导员、企业负责人、家长、校内外医生在内的专业心理育人队伍，建立"一体联动"的协同机制。

（2）贯通"线上与线下"平台，强化智慧联动。"个体咨询＋热线咨询"结合，专业教师与思政教师、班主任协同，实现心理育人多样化供给，主动对接思政育人需求，夯实思政育人心理基础，引导大学生实现自我价值，增强社会责任感，领会集体主义精神，使理想信念"入脑入心"。

（3）贯通"理论教育与实践教育"交融渗透，强化显隐并举。一是推进《大学生心理健康教育》《旅游心理学》《劳动教育》等专业课程教育与第二课堂活动交融渗透；二是推进知识理论教育与践行社会心理服务相结合，将心理育人功能与思政价值引领紧密联系。

我院将持续做好"一项基础，两个主体，三股力量，四种结合，五级体系"的立体化整合工作模式的有益尝试，将实践经验进行推广和应用，实现项目成果共享，创建高职院校特色心理育人优质品牌，践行社会主义核心价值观，以高职院校思想政治工作心理育人精品项目推动精神文明建设，真正实现心理育人推动思想政治工作整体上水平。

"一心五元双路径"
——发展型心理育人模式构建

◎ 旅游规划与设计学院

一、目标思路

近年来,我院紧紧围绕学校"三全育人"工作总体部署,以立德树人为根本任务,坚持育心与育德相结合,打造"一心五元双路径"发展型心理育人模式——围绕学院"红雁领航"党建品牌,创设"红雁心声"发展型育人内容体系;开辟"人生放映室""心语留声机""科普微讲堂""青春试炼场""妙趣解压坊"五大心理实践特色模块;着力构建安全维稳、文化建设双路径立体化协同育人矩阵。积极打造心理素养、道德素养、人文素养协同发展新格局。

二、实施举措

(一)"红雁心声"发展型育人内容体系

我院心理育人以"发展心理学""积极心理学"为蓝本,遵循学生心理发展规律,因时因需规划学生心理育人内容体系,使育人工作融入学生成长不同心理阶段。以"积极发展,一岁一立"为目标,打造"红雁心声"育人内容体系。大一"立心",以新生适应为重点育人内容,通过团体辅导、新生团建、心理普查、谈心谈话、家校联系等方式,帮扶学生完成角色转变。大二"立德",此时学生心态进入稳定期,以人际关系、亲密关系、自我意识为主要育人内容,开展专题沙龙、学业帮扶、个别辅导等，引导学生形成理性平和的积极心态，培养恰当自我意识。大三"立身"，此阶段学生成熟与动荡并存阶段，以学业指导、职业生涯指导、毕业分离等为主要育人内容，开展相关讲座、个别辅导，离校心理活动等。给予暖心心理关怀，分步帮助学生自我觉知、自我管理、自我成长。逐步引导他们形成理性平和的健康心态。

学生在"一站式"学生社区红雁心声工作室开展活动

（二）"五元联动"品牌化实践育人方式

在学校"一站式"学生社区创建指导下，逐步打造我院"红雁心声"心理育人品牌，通过"互联网＋心理健康教育"模式，开辟"人生放映室""心语留声机""科普微讲堂""青春试炼场""妙趣解压坊"五大心理实践特色模块。"人生放映室"：以心理电影沙龙形式，探索人性与成长；"心语留声机"：征集心语传播者科普心理知识，推广解压文摘，贴近学生生活，受众面广；"科普微讲堂"：主打每月一批心理委员微型讲座，提升心理委员实践技能，强化心理防护网络；"青春试炼场"：开展线上心理活动，"悦纳自我、向阳成长"海报设计大赛、"春日可爱、精彩一夏"摄影大赛、"微笑采集"比赛等，激发学生积极美好的生活态度；"妙趣解压坊"：开展特色线下活动集体减压，开展有寝室熔炼系列团辅、高尔夫体验、艺术贴花体验活动，以及"幸福瞬间，快乐定格"沙龙，恋爱主题沙龙，新生素质拓展等，引导学生找寻合适的方式舒缓压力，丰富心理能量。线上线下一系列活动深受学生喜爱，引发积极响应，品牌效应日益凸显。

学生开展丰富多彩的心理团辅活动

（三）"双路径"立体化协同育人矩阵

建立学生自我成长为基础，朋辈互助力量作牵引，学院党总支书记、辅导员、班主任为主力军，课程教师为辅助，学生干部为重要力量，家庭为重要支撑，全员参与，协同育人矩阵，以"点—线—面"串联多元育人力量。

创建有"双路径"心理帮扶团队。其一，安全维稳路径：以班级心理委员为主要基层力量，联合班长、安全委员、寝室长形成班级安全网络，党总支书记、辅导员、班主任为安全维稳主力，及时发现危机，分工协作危机干预。其二，文化建设路径：以团总支心理部为主要力量，联合社区团总支，班级心理委员，心理辅导员、团总支，积极培育"红雁心声"特色心育文化。结合本院实际情况，编制《旅游规划与设计学院心理关注方案》。全面强化团队行动力，每年开展新生班主任心理关注培训，全面关注学生心理健康，聚力心理帮扶。积极优化学生心理关注网络，每学期开展多次心理委员危机干预研讨，心理委员工作培训，心理工作会议，着力提升学生心理帮扶及危机干预工作能力。此外，积极建设"家—校"心理育人联盟，建立常态化家校合作机制，引导家长树立心理协同育人理念，建立立体化全覆盖心理育人联动机制。

三、育人成效

近年来，我院结合院情，逐步厘清学生心理发展规律，以生为本，贴近实际，精心组织，全面覆盖，多措并举，不断丰富"一心五元双路径"发展型心理育人模式内涵，暖心护航，助力心灵之花生根绽放。

（一）品牌活动促发展

自2018年以来，"寝室熔炼"新生团辅及"人生放映室""心语留声机""科普微讲堂""青春试炼场""妙趣解压坊"等心理特色实践深受学生喜爱。"寝室熔炼"新生团辅连续开展四届；"人生放映室"累计覆盖4000余人次；"科普微讲堂"累计覆盖8000余人次；"青春试炼场""心语留声机""妙趣解压坊"均引发学生热烈反响。

系列活动均以"积极、发展"为主基调，调动学生内在驱动与原始生命力，通过社会接触丰富个人成长经验，调整不合理认知，调节情绪，从而改善心理困难生心境，辅助其自我意识发展。

（二）调查研究助育人

结合学院心理育人困境，产出心理研究成果。《泛娱乐背景下网络娱乐依赖对大学生执行功能影响的研究》校内立项，公开发表心理学相关论文《泛娱乐背景下网络娱乐依赖对大学生执行功能影响的研究》《音乐训练对大学生执行功能的影响》，撰写调研报告《学业情绪与自我效能感调研》《学生干部成就动机与自我效能感调研》等。助力提升心理育人科学性。

（三）精准施策助帮扶

在心理帮扶与危机干预过程中，以学院心理关注方案为指导，根据不同疾病症状精准施策，使心理疾病发作期学生能够得到及时妥善救助，情况改善明显。普通心理困难生逐渐融入大学生活，提升个人素养，完善自我意识，找寻到适合个人的发展道路。

四、经验启示

（一）催生学生发展内在动力

在心理帮扶及心理健康教育工作中，应当关注学生内在生命力，尊重个性差异，鼓励学生发现自身优势，灵活激励手段，并给予向上、向善、向勤、向精的积极暗示，以内驱力触发个体精神力量。

（二）推动心理育人协同合力

心理育人并非孤立存在，它渗透在课程、科研、实践、文化、网络、管理、服务、资助、组织等其他育人模块中，应以解决学生实际需要为出发点，借助多维力量，构建全员参与、家校联动育人格局，提升心理育人实际效果，全员协同协作、同向同行。

（三）构建品牌活动实践助力

心理育人应把握学生心理发展阶段性特点，积极开创符合其需求、乐于参与的第二课堂活动，采取启迪代替说教、自主探索代替被动接受的方式，立足人文关怀、聚焦心灵成长。以品牌活动为载体，充分发挥朋辈群体的作用，助力学生自我管理、自我成长、自我教育。于润物无声中实现助人自助的心理理念。

数智校园
SHUZHIXIAOYUAN

管理育人
GUANLIYUREN

以数字化改革赋能校园治理能力提升
——浙江旅游职业学院数字化改革工作的探索

◎ 办公室

> 作为教育部第一批教育信息化试点单位,浙江旅游职业学院认真学习贯彻全国教育大会精神,深入贯彻落实全省数字化改革工作部署,在"智慧化教学支撑、网络化办事流程、自助化公共服务、智能化校园管理、数据化科学决策"等5个信息化实践体系基础上,以数字化改革赋能校园治理提升,积极探索从治理能力到治理体系的变革新路径。通过建设校务服务平台、内部质量诊断与改进平台、学生安全态势无感智能预警和处置平台、校园智慧大脑等,打通数据"最后一公里",打破"信息孤岛",实现从碎片化治理到协同治理、整体治理的转变,增强数字化服务的师生获得感,提升学校现代化治理能力与水平。

一、目标思路

(一)理念与目标

顺应数字化转型的新发展趋势,围绕"数字赋能到系统性、全方位制度重塑"的核心理念和"一体化、集约化、规模化、规范化"的改革方针,以数字化改革推动学校办学决策更加科学、治理更加精准、服务更加高效。到2021年底,初步建成"校园智慧大脑",全面提升数据治理、网上办公办事的服务效能和便捷性;加快推进智慧教学、人事档案管理、智能环境管控等应用场景的数字化改革，建设内部质量诊断与改进平台，提升考核评价的信息化水平；启动师生信息素养提升工程，逐步提高干部、师生数字化思维、素养和能力，充分发挥数字赋能作用，以数字化转型引领学校各项事业的创新发展。

（二）建设思路与安排

学校于2015年启动网上办事大厅建设，拉开数字校园建设大幕。2016年，启用一站式网上办事平台，同时开展"简政放权"回头看活动，对涉及多个部门的管理和服务事项进行重新梳理再造。2017年，结合"最多跑一次"项目清单，再次对网上办事大厅的功能进行全面优化升级。特别是针对教师数据重复填报的难题，学校搭建了"一张表管理"（"一库一表"大数据平台），以便加强对数据的综合管理和服务管理的精准决策。2018年，深入推进网上办事大厅建设，丰富和优化办事大厅应用，升级"一库一表"系统平台。2019年，全力推进校园大数据治理工程，实现"教师画像、学生画像、智慧中枢、学院画像"四个主题的可视化展示；启动建设内部质量诊断与改进平台。2020年，完成智慧教育综合试点建设任务，试运行内部质量诊断与改进平台。2021年，初步建成"校园智慧大脑"。

二、实施举措

（一）健全工作机制，强化组织保障

学校全面加强对数字化改革工作的组织和领导，印发了《浙江旅游职业学院关于成立数字化改革工作领导小组的通知》，由党委书记、校长任"双组长"，班子成员任副组长；领导小组下设办公室和党建、学生思想政治工作数字化改革小组、校务服务数字化改革小组、教学科研数字化改革小组、资产和后勤数字化改革小组、校园安全稳定数字化改革小组、干部人事数字化改革小组和学校数字化改革督查工作小组等7个工作组。同时，依托学校"建设攻坚年""治理提升年"活动，将数字化改革列入十大重点项目，建立数字化改革专班，实行专班化运作，加强人员和经费保障。

（二）明确责任分工，强化督查考核

先后印发了《进一步推进"最多跑一次"改革实施方案》《浙江旅游职业学院2021年数字化改革工作方案》等文件，并依此明确了各小组数字化改革的职责清单、任务清单，并实行每月例会制，定期交流各项工作任务推进情况，专题研究数字化改

革过程中的难点和弱项。同时，建立督促检查和问责问效机制，将各项工作任务纳入年度绩效考核，建立"月通报、季督查、年考核"工作机制，实行奖优罚劣，对责任单位因重视不够、措施不力、消极怠慢造成工作进度严重滞后的，严肃追究责任。

（三）集中动员部署，形成工作合力

为部署推进学校数字化改革工作，以数字赋能治校育人，变革驱动旅游职业教育的高质量发展，学校组织召开了全校数字化改革工作部署会，对学校年度数字化改革目标与任务进行了具体部署，并对学校数字化改革"十四五"规划发展作出了"1+5+N"的总体部署和解读，为全校数字化改革明确了目标、指明了方向。

三、特色创新

为进一步深化数字化改革，提升管理服务效能，学校全面实施数字化改革十大建设项目。全面推进数据有效交互，打通教务、学工、人事、办事大厅等业务系统间的数据孤岛，明确系统数据源，搭建数据采集、管控、发布等功能于一体的数据资产管理中台，实现数据规范采集、有序加工和授权共享服务。全面实现"最多填一次"，全面梳理人事、科研、教务等部门校内填表业务清单，通过数据治理、数据共享，开发课题申报、教学项目申报、职称评聘等表格在线填报服务，实现"一次录入、共享互通、重复使用、自动填充"。

初步建成"校园智慧大脑"，聚焦教学、科研、管理和服务的核心数据治理场景，建立领导决策数据驾驶舱、师生成长分析仪、科研信息展示台、智慧中枢监控器等综合数据看板，盘活校园数据资产。全面实现掌上办公办事，依托"浙旅院钉"平台，定制教师、学生个性化钉钉工作台，升级和新增掌上办理服务，促进行政工作减负增效。全面实现"自助终端办"，在"网上办""掌上办"的基础上，进一步推进跨系统、跨部门的业务整合，集成校内办公、教务、学工、人事、后勤等部门基于线下交互的服务事项，打通一卡通账户互联网金融支付通道，构建一体化自助服务触屏终端。全面启动信息素养提升工程，通过专家讲座、应用技能和信息素养培训等形式，科学构建分层分类培训体系，逐步提升干部、师生的信息化意识、素养和能力。

建成并运行内部质量诊断与改进平台，该平台包括质量诊改展示以及目标任务管理、学生发展、教师发展、专业管理、课程管理等5个子系统，将学校绩效考核制度、人才培养状态数据采集等工作与诊改工作有机融合，逐步构建富有内生动力的常态化

诊断改进工作机制，实现"目标—标准—运行—诊断—改进"的质量螺旋上升。

加快推进专业升级与数字化改造，全面调整专业人才培养定位，扎实开展数字文旅企业新业态调研，明确文旅产业各类数字化人才规格，调整各专业人才培养定位，出台专业数字化升级改造方案。丰富专业数字化教学应用场景，加强虚拟仿真实训项目研发，完成现代旅游虚拟仿真实训基地一期建设。启动第二批智慧教室建设工程，建成萧山校区智慧教学示范楼。加快校园环境智能管控建设，创新物联网技术应用，实施用水用电智能管控工程，构建校园能耗大脑。实施平安校园智能安防提升工程，建立人脸识别特征库，部署人工智能安防系统，提升平安校园安全防范能力。开展人事档案数字化建设，建设人事档案管理信息系统，形成对人事档案收集、整理、保管、传递、统计、查阅等数字化管理，实现人事档案由传统管理向信息服务的转变，提升人事档案的管理效率和管理水平。建设专业技术职务申报和评审管理等系统，建立专业技术人员业绩档案库，全面掌握专业技术人员的成长轨迹，实现人才信息集中管理和数据共享，推进人事管理的数字化改革。

四、育人实效

（一）有效赋能师生服务

"最多跑一次"改革持续深化，全面升级办事大厅、学工系统、办公 OA 三大平台，上线"浙旅院钉"移动门户，推进"跨部门一件事情联办"和校务事项"掌上办"改革，实现服务事项"百分百"网上办，核心业务"百分百"掌上办。

（二）有效赋能教育教学

建成学校首个智慧教学示范区，智慧教室平均使用率近 90%，为学校课堂教学的创新改革提供优质的教学环境；建成智慧旅游体验中心二期展厅，进一步为智慧旅游教学拓展实训空间；通过创新校务服务改革、新技术融合应用、校企合作机制等举措，圆满完成智慧教育综合试点建设的计划任务。

（三）有效赋能学校治理

基于"数据采集、数据管理、数据推送、数据呈现"四个维度，制定数据管控平台数据标准，规范数据流程，建设"一人一表"师生信息电子档案；完成数据中心、数据交换平台、综合校情平台的版本升级及部署上线；支撑新版办事大厅、学工系统及钉钉移动端基础数据的迁移任务，实现学校综合校情信息的大数据可视化展示，为顶层决策提供有效支撑。

(四) 有效赋能考核督查

完成诊改平台与学校相关业务系统的对接，试运行教师专业发展系统、课程诊改系统、教师发展系统、学生发展系统、目标任务管理系统。采集教师发展系统中 4 个类别 63 个教师业绩项目数据，同时排查问题数据。根据人才培养方案修订版及"双高"建设任务重点，调整专业发展系统中相关指标内容，并进行数据采集。根据年度部门目标任务及"双高"重点任务，调整目标任务管理系统，实现目标任务过程监控与管理。

【本案例入选浙江省高校"三全育人"综合改革理论与实践丛书】

◎数智校园　管理育人

构建五维协同育人格局，擦亮"中国服务"育人品牌

◎发展规划处

> 习近平总书记对职业教育工作作出重要指示强调，在全面建设社会主义现代化国家新征程中，职业教育前途广阔、大有可为。中共中央办公厅、国务院办公厅印发的《关于推动现代职业教育高质量发展的意见》提出，要深入推进育人方式、办学模式、管理体制、保障机制改革，切实增强职业教育适应性。2019年，浙江旅游职业学院（以下简称"学校"）制定了《关于全面推进"三全育人"的实施意见》，关于加强管理育人建设方面，明确了提高管理服务品质、强化师德师风建设、加强思政队伍建设的建设要求，并在学校《"三全育人"综合改革建设任务的通知》中，把健全制度体系、完善考核办法、强化管理合力、优化校风学风、加强队伍建设、夯实依法办学等作为管理育人的"责任清单"，推动管理育人一体化发展。

一、目标思路

学校始终围绕"培育什么人、怎样培养人、为谁培养人"这一教育根本问题，以服务学生德智体美劳全面发展为目标，落实立德树人根本任务，通过构建坚持党建引领、任务驱动、管理创新、系统推进、数字赋能的五维协同育人格局，努力擦亮"中国服务"育人品牌。

二、实施举措

（一）坚持党建引领构建协同发力体系

全面落实党委领导下的校长负责制，以"先锋工程"为总牵引，深入实施"红色根脉强基工程"，扎实推进"政治铸魂、强基固本、效能聚力、头雁培优、思政育人"五大行动，着力打造"中国服务　先锋领航"党建品牌。实施以"四融五美"为核心的"课堂革命"，构建"思政课创优361"模式，着力培养"四有"好老师。建立党员干部联系学生"七个一"制度，搭建"书记面对面""校长有约"等校领导与学生沟通平台，建成全国高校首个"红色之旅"思政教育数字化主题馆。通过制定《思政队伍建设"十四五"规划》、创新辅导员职称评聘办法、实行辅导员导师制、建立辅导员工作室等综合施策，打造"六要"思政队伍。

（二）坚持任务驱动构建协同育人体系

以深化"三全育人"综合改革为抓手，系统构建"十大育人体系"，明确任务清单、示范清单和负面清单，把育人成效作为治理能力现代化建设的重要体现和评价依据，全面推进五育并举，着力培养学生的志气、骨气、底气，高质量肩负起"四个服务"的重大任务。以大数据共享为支撑，推进党建团建进学生社区、进寝室楼幢，形成学生社区与学院、教师与学生密切联系、联动融合的党建引领体系和"网格化"管理模式，成为学生党建前沿阵地、"三全育人"实践园地、平安校园样板高地，实现理想信念"浸入式"教育。

（三）坚持管理创新构建协同推进体系

按照现代治理要求进行制度重塑，全力全面推进治理能力建设，以系统观念、系统方法重塑制度体系，推进制度执行的民主化，通过完善基于学校章程的各项规章制度的制定和实施机制，科学规范校院两级的政治权、行政权、学术权和民主监督权，优化"以群建院"的治理模式，确保内外部政策、措施、愿景的一致性、协同性、互利性。在推进治理现代化建设中，以最大限度调动广大师生的积极性、创造性为衡量标准，以深化两级管理为抓手，在岗位职数、评聘、考核、分配、奖惩等方面都赋予二级学院更大的自主权，修订完善了《院校两级管理指导意见》《二级单位年度考核管理办法》及相关配套实施细则，充分调动二级学院和广大教职工的积极性、主动性和创造性。

（四）坚持系统推进构建协同闭环体系

把优化评价体系改革作为治理能力建设的重要保障，从制度设计，到制度执行，到执行成效，到评价运用一体化形成治理"闭环"，并通过教代会、学代会、团代会的形式，把事关学校治理、教师治理、学生治理的做法、制度加以法制化，成为固化成果。深化"三教"改革、强化"三风"建设，以提升教育教学能力为根本强化教师队伍建设，以提升课程教学内涵为基础强化教材建设，以提升课堂教学质量为关键强化教法改革，以提升学生综合素质为核心强化学风建设，以提升干部能力本领为重点强化作风建设，并设立工作专班、制定任务清单、明确工作进度、强化质量监管，形成工作闭环。

（五）坚持数字赋能构建现代治理体系

坚持问题导向、服务导向、成效导向，聚焦数据治理，强化数字服务，创新场景应用，通过大力实施数据治理攻坚工程、校务服务提升工程、校园环境智治工程、教学改革深化工程、数智基建保障工程等专项工程，实现数据精准化、服务智能化、管理信息化、治理智慧化。通过实施"一件事"改革，打造集科研服务、教学管理、后勤服务、平安安全、疫情防控于一体的数字校园大脑，做到常规学生事务100%"网上办"，核心业务100%"掌上办"，在推进学校治理现代化的同时，提升了学生的数字化素养。建立基于学业预警、心理预警、经济预警、行为预警四种预警信息，预警有效率达98%，打造"易班"网络育人新阵地，实现思政教育全时空。

三、育人成效

（一）党建引领更加彰显

建有省高校思政名师工作室、省高校"双带头人"教师党支部书记工作室，获评省级标杆院系、样板支部和先锋支部7个，省级及以上党建荣誉33项。

（二）数字赋能更加突显

获评浙江省首批高校智慧思政特色应用试点单位、省区域和学校整体推进智慧教育综合试点学校，获评浙江省首批数字校园建设示范校、教育领域数字化改革第一批创新试点学校。

（三）管理育人更加明显

连续多年荣获全国高职院校"育人成效50强"，入选教育部"一站式"学生综合管理模式建设试点单位，获评浙江省首批绿色校园。

四、经验启示

（一）坚持立德树人是根本

推进教育现代化，要更加注重以德为先、全面发展、面向人人、终身学习、因材施教、知行合一、融合发展、共建共享，要坚持党的领导，坚定社会主义办学方向，牢固树立新发展理念，遵循职业教育规律和高职人才培养规律，培养更多高素质技术技能人才、能工巧匠、大国工匠。

（二）健全制度体系是保障

要统筹处理好包括校院两级纵向关系、职能部门之间的横向关系以及教学、行政、后勤等之间的交叉关系和各种岗位人员之间的多重关系等，这些元素的有效整合、各种关系的有序构建并形成合力就需要依法制定一整套"立治有体、施治有序、评治有规"的管理育人体系。

（三）变革管理方式是动力

管理民主化是深化教育改革的重点内容，建设现代大学的必然要求，实现教育现代化的重要保障。落实立德树人根本任务，履行教书育人基本职责，办人民满意的高等教育是高校的立身之本和使命所系，"共商、共建、共管、共担"是治理的本质特征，也是治理民主化的集中体现。

（四）突出数字治理是创新

数字化改革的意义不仅仅体现在具体的场景应用上，更体现在管理、教学、服务的理念和方式等深层次发生的基础性、全局性和根本性的改变，是一个质变而不是量变的过程，积极推进基于信息技术的新的教育教学模式、教育服务供给方式以及教育治理新模式的改革，数字化将成为管理现代化的重要手段。

（五）优化管理环境是助力

要具备或拥有一种政策引导和管理的能力，特别是在推进校企合作、工学结合、产学研协同、混合所有制创新等路径中，既需要制度创新，实现管理的规范化和环境的适应性，也需要利益共享、责任共担，促进教育链、人才链与产业链、创新链的有机衔接，提高管理育人的效果。

五、下一步举措

管理育人是推进高职院校治理体系和治理能力现代化，实现高质量发展的重要内容。学校将在"党委领导、校长负责、教授治学、民主管理"的基本治理体系下，进一步夯实管理育人的制度基础，打造高素质的管理团队，创新数字技术的场景运用，更好营造治理有效度、管理有温度、育人有风度的"三全育人"环境。

"1+1+N"学生综合素质提升"三全育人"体系

◎ 酒店管理学院

> 为深入学习贯彻习近平总书记关于加强高校思想政治工作的重要论述，充分落实《浙江省全面深化高校"三全育人"综合改革实施方案》《中共浙江旅游职业学院委员会关于全面推进"三全育人"的实施意见》《浙江旅游职业学院"三全育人"综合改革建设任务》等文件精神，酒店管理学院围绕十大育人体系，在育人理念、思路、机制、载体、方法等各方面进行创新性探索，全面推进"三全育人"综合改革。根据教育部《"三全育人"综合改革试点工作建设要求和管理办法（试行）》精神，根据各项工作内在的育人元素和育人逻辑，构建微观的一体化育人体系，将各育人元素融会贯通，形成了"1+1+N"学生综合素质提升"三全育人"体系。

一、目标思路

（一）目标理念

"1+1+N"学生综合素质提升"三全育人"体系紧紧围绕立德树人根本任务，以"心服务·星先锋"党建文化为引领，结合学院"微笑文化"，构建"微笑酒管，精彩人生"工作载体，形成"党建引领是根基，全程五育并举为树干，全员育人工作模块为枝干，全方位育人举措为树叶，学生综合素质提升为果实"的"微笑之树"育人品牌，打造具有家国情怀、人文素养和工匠精神的新时代酒店人。

微笑之树

酒店管理学院LOGO

薇薇　　　　　　　　　笑笑

该育人体系拥有自己的专属吉祥物形象——"薇薇"和"笑笑"（谐音"微笑"），象征年轻的酒管学子青春、阳光有活力，为了梦想和目标，微笑前行！

（二）整体思路

"1+1+N"学生综合素质提升"三全育人"体系，第一个"1"，指的是在"心服务·星先锋"党建文化引领下，全面推进三全育人工作；第二个"1"，指的是在"微笑文化"校园文化基础上，促进学生的综合素质全面提升；"N"，指的是由"微笑酒管·精彩人生"多个载体共同构建起来的工作体系，其中每个字对应一个工作载体。

通过加强校企合作、家校联系，凝聚专业教师、辅导员、班主任、学生干部的育人合力，贯穿学生入校、就读、毕业、升学等育人全程，打通第一、第二、第三课堂各环节，充分挖掘教学楼、宿舍楼、办公楼、食堂、操场、体育馆、校园公共区域等各区域的育人功能，做到人人参与，时时在线，面面俱到。

关键字	载体名称	释意	工作模块	全员育人	全过程育人	全方位育人
微	无"微"不致，学生党建工作载体	微，意指该院"微党建"系列载体，从细微处着手夯实学生党建工作基础	学生党建	组织员、辅导员、班主任、学生干部等	在校期间	党群服务中心、教学区、生活区、网络阵地等
笑	载"笑"载言，新媒体工作载体	笑，意在传递酒管好声音，传播正能量，加强意识形态引领	宣传教育	辅导员、教师、行政、学生干部等	在校期间	校园宣传栏、网络阵地等
酒	初识"酒"爱，始业教育载体	酒，意"酒管"，通过始业教育，让学生认识、热爱专业	始业教育	校友、行业专家、教师、班主任、辅导员、行政等	新生入学	校园、企业、博物馆等
管	"管"怀备至，安全教育工作载体	管，谐音关怀、关心学生，为学生健康成长保驾护航	身心安全寝室文明	辅导员、班主任、教师、宿管、保洁、保卫等	在校期间	寝室、心理中心、体育馆、操场、食堂、校园绿化等
精	"精"英创智，就业创业工作载体	精，意指培育学生创新创业能力，培育学生成为行业精英，实现高质量就业	就业创业创新	政府、企业、校友、行业专家、教师、辅导员、班主任等	在校毕业	教学区、创业学院、办公室、企业等
彩	多"彩"青春，团学工作载体	彩，意指通过班团组织建设，打造多彩校园活动，展示学生青春风采	班团组织学生活动	政府、企业、辅导员、教师、团学干部等	在校期间	校园活动、社会服务等
人	情暖"人"心，奖助工作载体	人，意指以人为本，关心学生需求，奖助结合促进学生成长成才	评奖评优学生资助	政府、企业、银行、校友、辅导员、教师、班主任等	在校期间	资助中心、宣传栏、教学区、办公室、谈心室等
生	有"生"力量，学风建设工作载体	生，意指以生为本，加强学生的日常管理，引导学生养成良好行为规范	学风建设劳动教育	辅导员、教师、班主任、学生干部、后勤、保卫等	在校期间	教学区、办公室、寝室、公共场所等

二、实施举措

品牌体系结合学院的"微笑文化"，以"微笑酒管精彩人生"八字释义分别对应党建、宣传、始业教育、安全教育、创业就业、团学、奖助以及学风建设 8 大育人途径，形成对应的八大育人载体。

微,"无'微'不至"学生党建工作载体,对应十大育人体系的"组织育人"。依托"微学习""微服务""微阵地""微窗口""微旗帜"开展"微党建"建设,从细微处着手,加强对学生的思想引领,夯实学生党建工作基础。2021年恰逢中国共产党成立100周年,该院结合"党史学习教育",开展"阅经典·悦青春"红色读书会及"爱国传声筒""红歌大赛""青春心向党、建功新时代""传承的力量"微课比赛等活动。经过组织培养,郑丽萍同学获得校长奖学金,并自愿向组织交纳特殊党费3000元,向学校教育基金会捐款5000元,充分体现了组织育人的功能。

笑,"载'笑'载言"新媒体工作载体,对应十大育人体系的"网络育人"。依托学院官网、官微、微党建公众号开展宣传教育。载笑,登载酒管新闻时事,传递酒管好声音,传播正能量;载言,登载党的理论、方针、政策,奏响党建最强音,筑牢意识形态主阵地。2021年发文超过600多篇,点击量最高的文章突破15 000人次。开展"学党史"主题书签设计、征文、摄影、短视频大赛,充分发挥"网络育人"功能。

酒,"初识'酒'爱"始业教育工作载体,对应十大育人体系的"课程育人""实践育人"。"酒"是"就"的谐音,表示通过始业教育系列活动,让学生熟悉、适应大学生活,了解、热爱所学专业,培育学生的家国情怀、人文素养和工匠精神。邀请全国劳模孔胜东进校为学生开展劳动教育主题教育讲座,与杭州运河塘栖雷迪森庄园合作劳动教育基地,开展劳动教育实践。

管,"'管'怀备至"安全教育工作载体,对应十大育人体系的"管理育人""心理育人"。"管"是"关"的谐音,表示对学生的关怀、关心,通过开展"笑纳心理""安全护航""寝室大扫除"等活动,为学生的健康生活、快乐成长保驾护航。开展"防诈宣传口号、视频、歌曲设计大赛",拍摄"防诈教育视频",加强学生的安全教育。笑纳心理育人品牌,依托"Aone幸福工作室",开展笑纳逆境趣味游园活动,组织"蒙面分享会"8期,"阳光路上"等各类推文30余篇。

精,"'精'英创智"创新创业就业工作载体,对应十大育人体系的"实践育人""科研育人"。通过"互联网+"创新创业大赛及"挑战杯""新苗计划"等项目,依托创π社团开展"跳蚤市场"等创新创意活动,加强创新创业教育,提升学生的创新创业能力,培养学生成为行业精英,实现高质量就业、高质量发展。目前已有多个创业、学生科研项目作为学校重点项目进行培育。

彩,"多'彩'青春"团学工作载体,对应十大育人体系的"文化育人"。通过加强班团学生组织建设,深入开展"微笑大使"评选、团学干部素质拓展等品牌活动,组织学生参加志愿服务工作，打造丰富多彩的校园文化，展示学生的青春风采，强化学生思想政治建设，提升学生人文素养。

人，"情暖'人'心"学生奖助工作载体，对应十大育人体系的"资助育人""服务育人"。以人为本，关注学生需求，想学生之所想，急学生之所急，奖助结合，扶心扶智，促进学生成长成才。2021 年，该院结合"我为师生办实事"，联合多个行政党支部，开展"微心愿认领"活动，切实解决学生实际困难，助力学生实现微心愿。

生，"有'生'力量"学风建设工作载体，对应十大育人体系的"教学育人"。以生为本，通过"主题晚自习""朋辈晨读领航""榜样在身边""微笑之星"等活动，加强班风学风建设，引导学生养成良好的行为规范。

三、育人成效

"'1+1+N'学生综合素质提升"工作体系推行以来，取得了累累硕果。

"下得去功夫，配得上夸赞"，学院入选教育部现代学徒制试点单位，酒店管理专业入选联合国世界旅游组织旅游教育质量认证专业、国家骨干高等职业院校重点建设专业、浙江省高水平职业院校 A 类专业（群）；教师获浙江省教学能力比赛二等奖两项；学生获世界旅行及旅游合作组织（GTTP）全球案例研究特等奖，获国家级技能比赛奖项 40 余项，获国家级先进个人表彰等。

"挑得起重担，扛得起责任"，在新冠疫情发生后，学院第一时间成立疫情防控工作小组，起草编写《"疫"起行动》抗疫手册，通过捐款捐物、公益直播、志愿服务等形式，发动党员师生投入抗疫一线。

"出得了课堂，入得了社会"，组织学生进入企业实践锻炼，通过"师徒制"培养方式，深入指导和提升学生创新创业，为导师企业激发创新活力，形成校企合作、"师徒"双赢的协同创新机制。近年来，学生在"互联网+"创新创业大赛、挑战杯等高层次竞赛中屡获金奖。

"应得下召唤，经得住考验"，积极践行"围绕旅游强服务"理念，全院师生的身影活跃在 G20 国际峰会、全国残疾人运动会、乌镇世界互联网大会、浙江省"两会"等现场，响应政策号召助力"万村景区"建设等。

近 3 年来，伴随着"1+1+N"学生综合素质提升工作体系构思、成型和推行，学院涌现出一大批优秀学子，积累了累累硕果。他们在各类竞赛中斩获佳绩，累计获国家级竞赛奖项19项、省级奖项逾70项。各项成绩得到了社会广大媒体的关注，高校思政网、新浪浙江等媒体纷纷予以报道，产生了显著的社会影响力和示范效应。

四、经验启示

（一）党建引领格局高，"三全育人"步子稳

高格局的党建引领才能稳步推进"三全育人"。党建引领是工作体系的根本特色，也是推进"三全育人"的组织和政治保证。该学院通过全力打造"心服务·星先锋"党建文化品牌，以微学习、微服务、微窗口、微阵地、微旗帜构建无"微"不至的微平台，从政治建设、组织建设、作风建设、阵地建设、先锋建设全方位入手，工作体系在"心服务·星先锋"党建文化品牌的根基上构思，可以说是"根正苗红"。

（二）"微笑之树"立品牌，工作体系拓载体

以品牌建设为主线，聚点成线，集线成面，面动成体，不断拓宽工作载体，实现全程育人、全员育人、全方位育人。结合学生工作的实际内容，从党建、宣传、始业教育、安全教育、创业就业、团学、奖助以及学风建设等多个方面入手，形成八大工作载体，做到人人参与，时时在线，面面俱到。

（三）全员育人大格局，多方合力促发展

真正落实"三全育人"，构建全员育人大格局。凝聚领导干部、行政教辅、专任教师、辅导员、班主任、保安、宿管、保洁、校友、行业名师等各方育人力量，充分挖掘校园育人要素，加强部门合作、校企合作、家校合作，形成合力促进学生综合发展。

幸福旅院
XINGFULVYUAN

服务育人
FUWUYUREN

全方位、立体化的"阳光旅院"育人管理模式

◎学生工作部

一、目标思路

坚持习近平新时代中国特色社会主义思想引领，紧紧围绕"立德树人、全员育人"总体要求，秉承"和礼勤进"旅院精神，通过教书育人、管理育人、服务育人"三育人"载体，以六大阳光计划为主线，依托"阳光工程"育人管理工作体系，将党建思政教育作为人才培养的生命线，夯实基础，将人文素养、职业素养、日常管理等工作融会贯通，全力打造旅游教育的"中国品牌"和"中国服务"人才培养的摇篮。

二、实践举措

由六大"阳光计划"组成的"阳光旅院"是学校紧紧贴合旅游业人才需求特点推出的旅游类学生综合素质提升工程，是学校学生管理的重要措施。

"阳光·坐标"计划。以学生党建、团建为核心，实施"先锋工程"，开展始业教育、"最美党员"评选等活动，不断加强对学生的理想信念教育。

"阳光·修身"计划。以学生综合素质学分制为依托，举办技能节、艺术节、体育节、外语节、美食节，打造丰富多彩的校园文化生活，不断增强学生人文综合素养。

"阳光·明德"计划。以"星级班级""星级寝室""阳光标兵"等先进评选为载体，培育优良校风、学风、班风，为学生成长成才创造优良环境。

"阳光·实践"计划。通过行业大师进教室、劳动模范进校园，将工匠精神、劳动精神融入专业课程设计中，用最鲜活的人物事迹来培养学生的劳动技能、劳动品质和劳动精神。

"阳光·励志"计划。以"阳光助学"为支点，开展"爱心助学养"、"受助学生"义工、"阳光助跑"项目、励志成才典型评选等活动，实现资助育人目的。

"阳光·启航"计划。打造旅游类产业孵化平台和校内创业实践平台，积极鼓励和指导学生参加职业能力大赛、创新创业大赛，提升学生的创新创业和职业发展能力。

三、育人成效

"阳光·坐标"——以理想信念为核心，上好大学第一课。"阳光·坐标"新生始业教育是整个大学教育的起点，对大学生成长成才起着重要的导航作用。学校定期开展"道德模范进课堂""优秀校友进课堂"等活动，增强思政教学的亲和力和感染力。《浙江教育报》以《道德模范走进浙江旅游职业学院思政课堂》为题对此进行了专门报道。

"阳光·启航"——以创新创业为导向，搭建平台谋未来。通过开展"阳光·启航"就业质量提升活动，提高学生就业能力和职业素养，创设良好的就业环境，为毕业生顺利就业、高质量就业创造优良环境，引导学生合理规划职业生涯，早规划、定目标、明方向、巧发展，为将来在社会竞争中脱颖而出打下基础；帮助学生树立正确求职思想，培养学生创新创业能力，从而激发学生发现自我能力、实现自我价值、促进职业成长的心理动力。

自 2016 年以来，在"互联网＋"大赛、浙江省大学生乡村振兴大赛、全国财经院校创新创业大赛中连续斩获 20 多项荣誉，并于 2021 年首次在"互联网"大赛国赛舞台上获得铜奖；2021 年在第四届浙江省大学生乡村振兴创意大赛中荣获 3 金 4 银 2 铜的历史佳绩。

"阳光·实践"——以劳动精神为引领，培育最美文旅人。劳动教育是学校育人工作的"金名片"，体系构建探索开始于 2009 年，走在全省高校前列。在长期的劳动育人实践中，学校形成了"519"劳动育人模式，这也与"519"中国旅游日不谋而合，开拓创新、行者无疆的"霞客精神"更为文旅人的劳动教育注入灵魂。

学校获评浙江省"三全育人"综合改革重点支持高校，是浙江省中小学劳动实践基地。"弘扬劳动精神 培育最美文旅人"获浙江省高校思想政治工作精品项目，入选浙江省"实践育人"优秀工作案例。"浙江省文旅院校大学生助力万村景区化劳动实践"入选文化和旅游部首批重点支持学生团队项目。多年来，劳动育人业绩被人民网、光明网及《中国教育报》《中国旅游报》《浙江日报》等主流媒体报道，关注量超10万人次。

"阳光·修身"——以周到快捷为基础，身心健康是保障。学校通过倾心茶会、组建心理咨询技能学习团队、开展学习沙龙、参加心理健康教育课程研讨会等形式不断提升心理工作队伍的工作技能，打造一支有战斗力的专兼职心理教师队伍，实现心理健康课教学质量与心理健康教育中心服务质量的有效提升与良性互动，发挥学生的积极主动性，为心理健康教育创造良好环境。

学校心理健康教育中心每年面向全校学生开展丰富多彩、形式多样的心理活动，培育学生良好的心理素质，促进学生身心全面和谐发展。经过多年的实践和发展，我校心理健康教育工作表现突出，成效显著，获批浙江省高校心理咨询工作联盟理事单位、浙江省心理健康促进会心灵驿站、笔芯计划青少年心理援助合作单位、杭州12355青少年服务台联系点、浙江省萧山医院"共同促进大学生心理健康工作"合作单位等。

"阳光·明德"——以榜样教育为主线，朋辈引领是关键。大学之道，在明明德。为让学生在校三年学习生涯中明德、修身，成为高素质技能型旅游人才，创设良好校风、班风、学风，为学生成长成才创造优良环境。学校专门成立"阳光·明德"素质提升学习实践活动评选组织，具体实施以创建"星级班级"为载体的优秀班级建设、以创建"星级寝室"为载体的寝室文化建设、以评选"阳光标兵"为载体的学生个体层面素质文化建设、以"学分建设月"为载体的学风建设以及以"品牌活动"为载体的学生能力和情商建设等的评选、创建活动，营造良好的育人氛围，增强集体荣誉感和凝聚力，改善校风、学风、班风建设，提升学生综合素养。

"阳光·励志"——以资助育人为目标，创新发展助提升。"不让一个学生因家庭经济困难而失学"不仅仅是一句口号，更是一句承诺。为确保学生资助工作的制度化、规范化、合理化，学校创造性推出"七彩阳光助学计划"，构建特色资助育人帮扶体系。用阳光的七种色彩代表七大助学模块，做到"资助育人两手抓，温饱发展两手硬"。

"七彩阳光助学计划"体系架构

学校不断提升资助育人效果，深化旅院特色的资助文化，创新发展了一批以"阳光助跑""春晖义工""阳光励志研学"为代表的发展性资助项目。学校多个项目在"浙江省大学生科技创新活动计划（新苗人才计划）"、浙江省职业院校"挑战杯"创新创业竞赛、暑期社会实践中得以立项、获奖，更有一些项目入选原国家旅游局"万名旅游英才计划"，获得全国行业比赛大奖，荣获浙江省资助文化品牌精品项目，获得浙江省学生资助工作"三进三服务"优秀典型单位。旅院学子依托学校资助育人平台在G20峰会、世界游泳锦标赛、杭州亚运会、世界互联网大会、"教师＋学生"社会服务共同体、浙江"美丽乡村"建设等大型活动服务中发挥了重要作用，获得多家国家级、省级媒体宣传报道，引起社会强烈反响。

四、经验启示

（一）实现社会满意度全省领先，突显人才培养质量

我校毕业生就业率、就业专业相关度、薪酬水平均远远高于全省同类专业平均水平。毕业生在省内具有出境游资质的旅行社任总经理级高管141人，出任四星级以上酒店总经理级高管513人，部门经理3200多人；被评为国家级、省级优秀导游员、文明导游员和金牌导游员254人。

（二）建立省级示范性创业学院，培养创新创业人才

学校获评浙江省普通高校示范性创业学院。毕业生一年后自主创业率高于5%、三年后自主创业率接近10%，均位于全国旅游高职院校前列。校内创业园累计孵化初创企业40余家，学生创业公司最高估值超2亿元；校内创业项目年营业额超过30万元。

（三）屡获国际国内荣誉肯定，彰显综合素养成果

学生为G20杭州峰会、第十三届全国学生运动会、世界互联网大会、第14届FINA世界游泳锦标赛（25米）等各类社会重大活动提供志愿者服务6500人次，获得了"第二十届中国科协年会优秀组织单位""G20峰会省级青年文明""浙江省G20杭州峰会志愿服务工作先进集体"等各项荣誉。

◎幸福旅院　服务育人

于无声处胜有声
——浙江旅游职业学院服务育人的实践与探索

◎后勤服务处

一、目标思路

高校后勤服务是无声的课堂，是一种隐性课程，也是校园文化的重要组成部分，是实现"立德树人"根本任务的重要环节，在高校思想政治工作中发挥着重要作用。浙江旅游职业学院在打造"三全育人"示范校的过程中，将服务育人作为第一、第二课堂以外开展育人工作的主要阵地，将"服务师生、服务教学"作为后勤人的初心和使命，将"师生的追求就是我们工作的动力""师生的满意就是我们工作的追求"作为后勤人的座右铭，将育人工作无形地渗透到校园生活的各个方面，做到"育人于无形，却直抵人心"，收到了较好的效果，形成了自己的经验特色。

二、实施举措

（一）以生为本，优质服务育人

后勤人将提供优质服务作为服务育人的基础，以精细化管理为抓手，加强服务质量，提高服务效率，扩大服务范围，完善服务标准，使师生在优质的服务中感受到关怀和温暖。以吃为例，旅院后勤人有一个信念，不仅要让学生吃得美味，还要让学生吃得安全、吃得放心。近年来，后勤服务处通过公开招标的方式引进了多家专业的餐饮管理公司，在南北校区2个食堂均开设了风味小吃30余个档口，满足同学们不同的味蕾，旅院美食已经成为毕业生们赞不绝口的念想。除此之外，饮食管理部门还专门推出多期"地方特色菜"，八大菜系应有尽有，让同学们在学校就能吃到家乡的味道，感受到家的温暖。为了保证食品安全，饮食管理中心推行"6S"管理，早在2019年就通过了浙江省高校"阳光食堂"，所有原材料均由高校联配。餐饮部门在物价大幅度上涨时，殚精竭虑降低成本、加强核算，尽量确保服务数量和质量不减，连续6年不涨价，这在浙江省高校中是绝无仅有的。正是凭借以学生为中心，以质量为根本的服务，连续多年，后勤服务满意率达92%以上。

2021年初，后勤服务处又开展了轰轰烈烈的后勤精细化管理活动，进一步固化工作流程、明确规范工作标准、强化过程质量监督、提升数据治理能力，数字赋能、节能降耗和减员增效的工作目标正在逐步实现，制度标准化、目标精准化、任务定量化、责任明确化、办事流程化的"五化"旅院后勤精细化管理模式正在形成。

（二）以礼待人，员工形象育人

服务礼仪和服务形象是后勤员工在后勤服务行为过程中所体现出来的精神状态。不同的工作态度、仪容仪表、服务用语及体态语言，都会给学生带来不同的心理感受。每学期开始，后勤都专门召开针对一线员工的培训会，把员工的形象和礼仪作为重要内容。所以，后勤员工在后勤服务过程中，在服务言行上能做到"热情、周到、文明、礼貌"，让学生在耳濡目染之中得到了熏陶；在后勤服务的过程中，始终将微笑挂在脸上，耐心理解地对待学生，严格按章办事，做到动之以情，晓之以理，学生也会给予理解和支持，并在服务过程中受到后勤员工良好服务形象的感染。后勤员工以一种积极向上的精神风貌展现在师生面前，对内体现了对工作的积极性和热情度，对外展示了后勤员工的精神风貌，给师生以良好的服务感受。

此外，后勤服务处在员工中间推行"党员先锋岗"和"先进示范岗"活动，每一年都评比先进部门、先进班组、先进窗口，这些评比出来的优秀后勤员工不仅是其他员工学习的榜样，也使同学们感受到后勤职工的风采，无形中受到教育。

（三）以情感人，热情关爱育人

后勤服务育人具有贴近生活、以情动人、潜移默化、润物无声等显著特点和独特优势。在后勤服务工作中，旅院后勤人认识到大多学生都是独生子女，远离家乡，远离父母，在学习上、生活上更需要别人的帮助和关爱。所以，他们在工作中视学生为亲人，带着对学生的感情去开展工作。在日常工作中，既能做到关心爱护学生，也能主动为学生排忧解难。例如：在新生报到时，专门组织校车到车站接送新生及家长，

◎幸福旅院 服务育人

并为新生提供到学校以后的各种生活向导服务；学生放假离校前，后勤部门会联系汽车站、火车站为学生提供订票服务；逢年过节，后勤食堂为留在学校的学生提供节日菜肴，帮少数民族学生过节等。

一滴水能折射出太阳的光辉，一件小事也能体现服务的温度。多年以来，后勤人从小事着手，见微知著，把热情和关爱送到了学生的心里。如，考虑到我们学校女生多，生理问题常见，我们就在每幢女生社区楼下面配备了中药罐，免费为她们代煎中药；考虑到南北校区两个校区，同学们有骑车的需要，我们配备了免费打气筒；考虑到大家有缝缝补补的需要，我们在每幢社区楼配备了针线包。在平时，后勤人经常不断为师生推出"双服务"项目，如不定期推出商品让利展销活动，为学生免费提供解暑汤服务活动；维修中心为师生免费维修小家电等一系列活动，开通了电子医保凭证，实现手机扫码就诊；财务处推行了校园e码通，实现了手机与校园卡一体化等，深受师生欢迎。这些温情的服务也在潜移默化中感染着学生的心灵。

（四）以景化人，优美环境育人

校园环境也是一种隐性课程，对学生教育起着潜移默化的熏陶和启迪的作用。一个布局合理、生机盎然、整洁优美、宁静有序、蓬勃向上、健康和谐的校园环境，对学生的健康成长和发展，必然产生巨大的影响。旅院后勤人以"最洁净校园"和"美丽校园"建设为抓手，着力打造"最美校园"。2017年，浙江省教育后勤协会、物业管理专业委员会联合在全省范围内开展了"美丽校园"创建评比活动。我校本着"以评促改、以评促管、以评促建"的目的，着力加强美丽校园建设，着力加大对美丽校园工作的支持和投入，着力提升美丽校园的文化内涵。学校目前是文旅部（当时为旅游局）授牌的国家4A级国际旅游教育体验区、全国旅游价格信得过景区，2016年以总分第一的成绩获评浙江省5A等级平安校园。专家组成员在校园实地参观和仔细查阅相关资料后，认为我校上上下下对"美丽校园"建设高度重视，"生态化""景区化""人文化"的建设理念体现得深入到位，校园一点一滴与旅游专业结合紧密，特色鲜明，淋漓尽致地展示了校园环境在育人中的重要意义，并在2017年授予我校首批浙江省"美丽校园"荣誉称号。园林式的校园环境、丰富的校园文化，具有强烈的暗示性和渗透性，可以行无言之教，使学生在耳濡目染中受到影响，有助于学生人生观、世界观的培养，学生不仅更有激情和动力创造性地开展学习，还能形成良好的道德修养。

（五）参与管理，实践锻炼育人

旅院后勤在服务育人过程中，把学生参与管理作为一项重要内容，通过吸收学生参与后勤管理和监督，听取服务对象的意见和建议，充分保障他们的参与权和监督权，提高后勤服务的师生满意度。如学校建立了由学生组建的监督委员会，负责后勤各项管理服务的日常监督、意见收集等，专门成立了伙管会、宿管会等，让学生深入到后勤的各部门中参与监督和管理。

此外，旅院后勤还将一些适合学生实践和锻炼的岗位提供给学生，主要是为了培养学生们的才干，塑造他们的劳动品格，锻炼他们的人际沟通能力，提前帮助他们了解社会。例如，后勤每周都联合学生工作部组织学生参加"最洁净校园"活动，让学生参与打扫校园卫生，体验劳动过程，培养学生劳动精神，树立良好的劳动观、价值观；将学校的公共卫生区域包干到各二级学院，并为他们制定相关标准，教育、督促、检查各二级学院学生开展劳动实践，共建"美丽校园"。在这些实践过程中，学生手脑并用，把理论和实践、感性认识和理性认识结合了起来，丰富了学生的知识，也提高了动手能力，锻炼了体力、意志力，增强了体质，使学生得到了全面发展。

三、育人成效

（一）有效地培养了学生艰苦奋斗的精神

旅院后勤正在推行精细化管理，建设绿色学校，倡导低碳绿色生活。校园内到处可见节约用水用电的宣传标语，学生深受感染。后勤在学生的用水用电过程中，制定了一些节水节电规定和办法，如用水用电实行"定额管理、超用付费"的管理办法，学生每学期都有一定免费使用的水电定额量，如果节约使用，就可以少付费甚至不付费。通过三年的大学生活，几乎所有的学生都养成了随手关灯、关空调、关自来水等节约用水用电的习惯；后勤在服务学生的过程中，精心成本核算，用最少的经费办最多的事；在学生宿舍、食堂、校园等维修改造工程中，学生随处可见后勤维修人员精打细算，做好维修工作的事例，如家具、水电用具等出现问题，能通过修理恢复使用的，宁愿不怕麻烦地修好，绝不随意抛弃更换新的。此外，后勤人经常会提供一些岗位给学生进行实习或勤工俭学，学生在劳动的过程以及与后勤员工的相处中，都会深深地感觉到后勤部门的员工的辛苦和光荣。后勤职工很多都是第一线的最普通劳动者，他们朴素的作风、踏实的劳动、认真负责的精神本身也是对学生一种无形的教育。

（二）有效地培养了学生爱岗敬业精神

高校后勤员工虽然收入不高，文化学历偏低，但是他们都热爱和珍惜自己的本职工作，有良好的职业道德和工作责任感，尽心竭力地为学生服务。宿舍管理人员在宿舍楼里24小时随时为学生提供服务和帮助，一位宿舍管理人员往往要负责上百甚至几百名学生，但是他们都不厌其烦地为学生提供服务，很多学生毕业后对于和他们朝夕相处的宿舍"阿姨"往往有着深刻而美好的记忆与情感。食堂职工想方设法以低廉的价格为学生提供可口的饭菜，努力把饭菜做得更好、花色更丰富，以满足学生多种多样、时时变化的饮食需求。维修工人兢兢业业地维护着学生的生活环境。虽然后勤职工兢兢业业、不厌其烦地做好每天繁杂的工作，实际上他们的收入还不如很多学生一个月的生活费。后勤职工的这种爱岗敬业精神，深深感染和影响着学生的事业心和责任感，起到了榜样的作用。

（三）有效地培养了学生的集体主义和团队观念

旅院后勤在学生的宿舍管理中，以"文明寝室"为抓手，定期会进行宿舍内务和卫生的检查和评比，评比结果会张榜公布，对于一些特别优秀的宿舍还会专门给予奖励，并计入学生综合素质分，作为评奖评优的重要依据。这样就可以有效地激励先进、鞭策落后，而宿舍的事情需要宿舍所有学生共同协作完成，往往获得后勤评比先进的宿舍都是团队协作精神好的宿舍。通过开展多种活动，培养了学生的集体主义精神和团队意识。当然，除了以上所述，学校后勤颁布的各项规章制度，对学生的行为也起到了引导、约束作用。

（四）有效地培养了学生的绿色生态观念

优美整洁的校园环境、优雅温馨的就餐环境、整齐清新的宿舍环境、宽敞明亮的教室环境等，都会给学生以美的享受和熏陶，学生在校园内学习生活，校园的环境和一草一木对学生都会产生潜移默化的影响。在旅院这个4A级校园里，有亭台楼榭、小桥流水，这里曲径通幽、楼宇隽秀，这里四季花果飘香、空气清新自然。在如此优美环境下学习、生活，对学生的学习和成长能起到很好的促进作用。校园环境整洁、优美，学生会自觉地珍惜，破坏环境的不文明举止大大减少，学生保护生态环境，爱护自然、自觉维护校园环境的积极性也会大大增强，也愈能使他们热爱自己的母校，努力学习，为母校争光。学生有了这种意识，在自己日常生活中也会自觉地维护好自己宿舍、教室及其他周边的环境卫生，这种教育作用对学生的一生都会产生深刻影响。

（五）有效地培养了学生的"三自"能力

"自我教育、自我管理、自我服务"的能力简称"三自"能力。旅院后勤处通过设立一些与后勤工作相关的岗位和组织，由学生组成的组织参与后勤管理，如在学生宿舍中设立楼长和宿舍长，配合后勤部门管理辖区内的后勤事务；在食堂设立护餐协管队，协助管理学生的就餐；在后勤岗位中提供给贫困学生作勤工俭学；在学生中组织建立一些监督、检查后勤服务的伙管会、宿管会等组织，由学生作为督察员亲自检查后勤服务工作的实施，并拥有一定的建议和奖惩权，在后勤服务中充分体现服务对象的意志。通过这种服务育人方式，既能让学生体会到后勤服务的艰辛，也锻炼了他们的能力，同学们"自我教育、自我管理、自我服务"的能力得到了大幅提高。

四、经验启示

（一）上下同育，让服务育人成为工作常态

首先要做好"三全育人"的顶层设计工作，学校出台了《浙江旅游职业学院"三全育人"工作方案》，将服务育人作为学校"三全育人"的重要方面，建立起由后勤服务处牵头，学校工会、资产处、保卫处、图书馆、现代教育技术中心等多部门联动，全校各部门参与的"服务育人"机制，出台了《浙江旅游职业学院"服务育人"工作方案》，制订了19项具体工作计划，明确了每个部门、每个岗位在育人工作中的职责和任务。各部门正协力同心，将服务育人做到抓铁有痕、掷地有声，一步一个脚印，服务育人已经成为常态。

（二）意识先行，把育人意识贯穿在工作中

服务工作人员要牢固树立"一切为了学生、一切服务学生、一切为了学生成长成才"的教育理念，寓教育于服务工作之中，切实做到文明服务，提升文明形象，使用文明语言，遵循教育规律，彻底转变重管理、轻育人的现象，注重用高尚师德和热心周到的服务感染学生，用自己的一言一行影响学生。各部门制定的管理制度，体现"服务育人"精神，确保服务工作都服从于育人、都有利于促进学生健康成长。

（三）质量为本，将提高服务质量作为重要目标

服务人员必须遵守国家法律法规，遵守学校各项规章制度，遵守劳动纪律，做到热情服务，不断提高服务水平，使学生在接受服务的过程中，感受到爱岗敬业精神的熏陶感染。要注重加强自身的政治理论和业务知识学习，努力提高思想素质和业务水

平。要热爱本职工作，认真、细致、勤政、高效地完成各项任务。要关心爱护学生，切实为学生办实事、解难事，体现人文关怀。要将育人工作与部门效能建设结合起来，加强服务队伍建设，不断完善内部服务机制，积极创新服务方式方法，努力提高服务质量，全力促进学生健康成长成才。

（四）注重氛围，积极营造服务育人氛围

全校各类管理、服务场所要整洁、有序，管理、服务程序要规范、便捷，管理、服务态度要平等、诚恳，管理、服务语言要文明、礼貌，服务工作要周到、耐心。要积极营造文明和谐温馨优美的育人氛围，使学生潜移默化地受到影响和教育。各部门要以学生需求和满意为出发点和落脚点，着力简化办事环节和手续，优化服务流程，加强管理、服务场所文化建设，制作服务指南，完善服务标识，积极营造良好的育人氛围。

（五）优化作风，注重服务人员作风建设

服务人员要认真贯彻落实中央八项规定精神，大力加强和改进作风建设。要认真落实"首接负责制"，宁肯自己多走路，不让学生多跑腿，对接手的每一项服务工作都要尽力协调办理。及时了解和解决学生学习生活中的问题。全体人员要忠于职守，尽职尽责；要仪表端庄，主动热情，树立良好形象；要深入了解学生，掌握学生思想状况和行为习惯，努力做学生的知心朋友。各部门要切实改进工作作风，增强宗旨意识。服务项目较多的部门要建立多渠道、全天候的信息传递与沟通机制，设立学生服务热线和信箱，建立微博微信平台，经常深入学生之中，及时听取学生的意见和建议，做好学生服务工作。

（六）重视科技，让服务育人更加多元精准

要因势利导，将现代技术应用于现代后勤服务工作中，为师生提供更加便捷、高效的服务。学校以师生需求为导向，不断丰富校园服务场景应用，推动事项流程再造、制度重塑、综合集成，形成"网上办""掌上办""自助终端办"三维一体的校园服务模式，实现所有数字化业务数据通、业务通、单点登录、一网呈现，156项学校事务一个账户一个密码面向师生提供"应用尽有、尽在掌握、触手可及"的校务服务。网上办事大厅作为学校信息化服务综合门户网站，以办事需求为向导，以办理事项为主线，为师生提供最多最全的网上办事服务。在"网上办"的基础上，上线新版"浙旅院钉"移动门户，定制教师、学生个性化钉钉工作台，推出资产采购、访客审批、洗车预约、晨跑打卡、工会活动报名等"掌上办"便民业务场景50余个，实现掌上办公办事全覆盖。"自助终端办"打通校务服务"最后一公里",通过集成校内办公、教务、学工、人事、后勤等部门基于线下交互的服务事项,实现了证明材料办理、证件注册、自助打印等"自助终端办"功能,在教学楼、食堂、图书馆、事务中心等师生高频繁活动区域为师生提供"就近办、不打烊"的自助服务。"网上办""掌上办""自助终端办"的校园服务模式,提高了师生"服务不见面、时刻都在线"的信息化获得感和幸福感。

(七)把握辩证,勿让服务育人成保姆育人

把握好服务育人与过度服务的关系。我们提倡的是服务育人,并不是一切都包办,不过度服务,成为学生的保姆。要全面推进"三全育人"就要落实"五育并举",劳动教育是必不可少的一环。优质服务,是为了让学生更好地学习、生活和工作。人才培养质量的提升,并不是要剥夺大学生劳动的意识和实践。不是要像保姆一样无微不至,对学生有求必应,比如,把学生点的外卖送至宿舍,像钟点工一样为学生打扫宿舍或教室,使学生丧失了基本的劳动技能。长此以往,学生把获得服务当成理所当然的事,无法体会别人劳动的艰辛,甚至滋生鄙视劳动的心理,对劳动者缺乏尊重,看不起劳动者。这样的服务不仅不是育人,而是在害人。

策应重大战略 服务重大需求 为文化和旅游高质量发展提供强有力智力支撑

——浙江旅游职业学院文旅智库平台建设案例

◎浙江省文化和旅游发展研究院

> 浙江省文化和旅游发展研究院成立于2019年7月5日，是浙江省文化和旅游厅、浙江旅游职业学院下属的高端智库型研究机构，建院以来，始终坚持"政府智库、行业智囊、学术高地"的建院宗旨和初心使命，策应国家重大战略、贯彻省委省政府方针政策，围绕地方和行业发展所需，开展理论研究，为推动全省文化和旅游高质量发展、服务学校"双高"建设，提供了强有力智力支撑。

浙江省文化和旅游智库揭牌仪式

一、主要做法

（一）建言献策、群策群力，切实发挥政府智库作用

一是策应国家战略，参与长三角一体化重大课题调研。完成省政协委托的《关于杭黄世界级文化旅游廊道建设推进情况调研报告》《关于长三角旅游市场和服务一体化推进落实情况的民主监督报告》；完成长三角执委会委托的《长三角生态绿色一体化发展示范区江南水乡古镇生态文化旅游圈建设三年行动计划（2021-2023年）》《长三角生态绿色一体化发展示范区江南水乡古镇保护研究》和长三角创新研究院委托的《长三角影视文旅产业发展报告》；完成《激发文旅活力助力乡村振兴》的建言献策等。二是响应省委省政府号召，投身援助西部和文旅扶贫等活动。赴新疆阿克苏、喀什地区开展系列文旅援助活动，举办"智汇新和文旅高质量发展论坛"，组织智库专家赴青海参加青洽会"2021柴达木盆地文旅融合发展高峰论坛"并作主旨演讲，组织技术人员编制《海西州全域旅游发展规划》，受到西部人民的欢迎和好评。三是服务省文旅厅工作，承担文旅高质量发展重要项目建设。就"十四五"规划、文旅融合、长三角一体化、文化基因解码、新冠疫情、标准化建设等主题开展了应用型课题研究：完成"2020年度浙江文旅智库重点调研课题"8个，长三角一体化重点课题2个，"十四五"文旅重大发展改革课题2个，提交文旅部教科司提供《智库要报》3篇，承担了"2020年度省文化和旅游厅重点调研课题"3个，完成省文旅院自拟课题9个等。

全省"文化基因解码工程"工作推进会

（二）围绕需求、精准服务，充分发挥行业智囊作用

一是以乡创中心为平台，助力共同富裕示范区建设。先后与北京大学信息技术高等研究院、浙江大学旅游与休闲研究院、浙江旅游信息中心有限公司、浙江深大智能科技有限公司、美团、中国铁工投资建设集团有限公司、浙江链证臻爱科技有限公司等单位开展合作交流（举办论坛）、项日协同等合作；共举办3场"浙江文旅大讲坛"；新主办或联合举办文旅论坛10场；举办"数字新物种文旅新动能——2020数字文旅创新峰会"等；举办"浙里绿"——乡村旅游面对面论坛活动9场，指导景区村超300个。二是以文旅标技委为平台，推动文旅标准化工作。开展文化和旅游标准的制修订和申报工作，组建旅游国际标准化研究团队。紧扣文化和旅游高质量发展的现实需求，全力推动文化和旅游标准体系构建，有效引领了文化和旅游领域细分行业的健康发展。国家标准方面，主导制定了《旅游民宿的基本要求与等级划分》等标准，通过引导民宿经营者为消费者提供绿色、优质、安全的服务，有力地促进了民宿新业态的规范化发展。省级地方标准方面，指导并推进了《文化志愿者管理与服务规范》《公共美术馆数字化服务和管理规范》《品质旅行社评价规范》《景区数字化服务规范》等标准的制定，从诸多维度促进了文化和旅游服务质量的提升。三是以统计数据中心为平台，服务全省文化和旅游统计工作。建设数据技术创新实验室，发布文旅融合发展综合评价指数及《浙江旅游业发展报告》。数据统计方面，通过修订调查制度、更改测算方法、增加数据评估等举措，大幅提升了全省公共文化、表演艺术、文化遗产、旅游等细分领域常规监测数据的精准度，并且开始探索运用大数据、云计算等技

浙江省文化和旅游标准化技术委员会2021年年会

术创新统计数据生产模式与工作流程，用即时性的高频微观数据满足政府有关部门对智慧化决策咨询服务的有效需求。数据分析方面，不断丰富常规统计产品体系，推出了《旅游企业预订指数简报》《旅游大数据监测报告》《旅游业数据要情》《文化事业和产业运行数据简报》《文化和旅游发展统计分析报告》《文化文物统计年鉴》《旅游业发展报告》等系列产品，涵盖假日、月度、季度、年度分析等多种类型，为政府有关部门对文化和旅游发展的监测与预判提供了全面的数据依据。

（三）瞄准前沿、把握热点，显著发挥学术高地作用

一是紧跟学术前沿，夯实学术研究基础。自 2019 年起连续三年获得国家社科基金艺术学项目立项，其中 2020 年立项国家社科基金艺术学重点项目 1 项（《浙江当代戏曲史》）、一般项目 2 项（《线上线下融合的乡村文化旅游模式及实现路径研究》《文化记忆视野下的乡村旅游历史人类学意义及第三水平文旅融合理论研究》），立项数量位列全国高等职业院校第一；2021 年立项国家社科基金艺术学一般项目 2 项（《红色旅游与公众国家认同的文化逻辑及其建构策略研究》《高质量发展视角下中国数字文化创意产业政策模型构建与实证研究》），成为全国高等职业院校在该领域唯一立项单位。二是紧抓区域热点，积极拓展应用研究。围绕长三角一体化、乡村振兴、共同富裕等国家重大战略需求开展创新性研究，提升应用类文旅重大课题研究成果转化率，一批建言献策获得省主要领导的批示。

二、成果成效

5 个项目获得文化和旅游部优秀调研报告和优秀研究成果，其中三等奖 2 项。7 项建言献策获得省领导批示。获国家课题 4 项，立项国际标准 1 项，发布行业标准 1 项。下属省旅游发展研究中心有限公司年承接项目超百项，到款金额连续突破 2000 万元、3000 万元。

三、经验推广

文旅智库工作得到省委省政府多位领导的肯定批示，国内各大媒体持续关注，兄弟单位、行业企业、地方文旅部门频频互动学习。

七彩阳光
QICAIYANGGUANG

资助育人
ZIZHUYUREN

"七彩阳光" 点亮青春梦想
——浙江旅游职业学院"资助育人"的实践与思考

◎ 学生工作部

> 2020年5月4日的《人民日报》刊登了"本专科生国家奖学金获奖学生代表名录",浙江旅游职业学院旅游外语学院王超伟名列其中,成为浙江省高职院校中唯一入选的学生。教育部全国资助管理中心、浙江省教育发展中心发函祝贺。王超伟同学的优秀事迹正是学校"七彩阳光助学计划"资助工作的一个生动写照。学校党委始终强调:资助工作是一项民生、民心工作,一定要做到规范、精准、创新、有人情味,让学生和家长实实在在享受到关爱,真真切切感受到温暖。

一、目标思路

(一)从政治高度做好资助育人

学生资助工作是体现党和国家对青年学生的关爱之举,学校从讲政治、讲大局的高度在政策制定、资金安排、管理力量配置等方面扎实推进资助工作,坚定做到"不让一个学生因家庭经济困难而失学"。"七彩阳光助学计划"作为学校资助工作的主要抓手,在解决学生生活困难的同时,重点培养资助对象学生的就业能力和发展能力,同时注重家国情怀的思想教育。

（二）从精准角度推进资助育人

"七彩阳光助学计划"充分考虑资助工作的救济性、保障性和发展性。为达到"精准资助"的要求，学校多措并举、精准施策：精确认定资助对象，并根据学生家庭经济情况变化，实施动态管理；精准制定资助标准，根据学生的困难等级和困难类型，给予不同的资助，精细安排资助时间，确保困难学生在最需要时以最便捷的方式得到资助。

（三）从树人维度深化资助育人

学校资助工作以学生成长成才为导向，注重资助模式创新，在做好保障性资助的基础上，突出发展性资助。"七彩阳光助学计划"涵盖了"奖、助、贷、勤、补、免、辅"七大助学模块，分别用"红、橙、金、绿、青、蓝、紫"七种颜色来诠释，形成"红色荣耀、橙色温暖、金色喜悦、绿色成长、青色幸福、蓝色情怀、紫色梦想"七大资助理念，重点塑造学生"五心"之魂，即感恩之心、励志之心、责任之心、谦和之心、助人之心。

二、实施举措

（一）资助育人工作机制

"七彩阳光助学计划"资助育人工作体系，以筑梦、助梦、逐梦三大资助工程为依托，让学生从进校前到离校后都能始终感受到党和政府的温暖，都有一个阳光、快乐、自信的成长环境。

1. 筑梦工程：聚焦扶困，抓好精准资助

学校资助工作通过"三心"，即把入学放宽心、就学暖人心、毕业强信心贯穿新生入校前、入校后、毕业时全过程，充分贯彻"资助+育人"的思想。"入学放宽心"即符合条件的新生在收到录取通知书后，就可以提前申请"新生爱心助学券"；"就学暖人心"即学生进校后，根据学生家庭经济情况变化，精准制定资助标准和建档立卡，为学生提供多达40余项的资助政策和措施；"毕业强信心"即学生毕业后，可以申请基层就业基金、返乡就业奖励、创业扶持等多项资助措施。同时，对资助工作实施动态管理，做到应助尽助、能助就助，如疫情期间，学校特设新冠疫情期间爱心基金临时补助制度和境外实习生临时补助制度，共发放19.3万元，惠及150名学生。对于疫情期间毕业的建档立卡贫困家庭学生，学院特设就业创业资助金，给予2021年6

月底前就业创业的学生每人1000元的一次性资助。

2. 助梦工程：聚焦扶志，建立帮扶体系

学校通过搭建校领导的"书记面对面""校长有约"，党员领导干部"七个一"的"面对面结对"，广大教职工的"寝室联系制度"等平台，形成了立体式的学生扶志体系。新生始业教育期间，开展励志宣讲会、校友讲座、征文比赛等活动，解读学校资助政策，宣传先进典型，引导学生自立自强。同时，学校组建了资助辅导员、班主任、励志学子、优秀校友、合作企业组成的资助帮扶队伍进行学业辅导；以"资助工作坊""资助辅导员沙龙"等形式开展资助工作的理论研究和实践探索；以政策培训、谈心谈话、家访的方式促进班主任与学生资助对象的沟通与了解；以励志宣讲团的方式建立励志学子与资助对象的朋辈互助机制，从同龄人的角度宣讲资助政策，防范金融诈骗，为学生资助对象树立榜样，弘扬校园正能量。

3. 逐梦工程：聚焦扶智，助力学生发展

新时代环境下，学生资助工作既是一项帮扶工作，更是一种育人手段。"阳光助跑项目"作为学校发展性资助的重要载体，在解决学生生活困难的同时，尤其注重家庭经济困难学生脱贫能力、发展能力、感恩之心的培养。该项目采用项目制申报扶持方式，项目分为研究型、实践型和活动型三个类别，对学生开展调查研究、产品设计、活动策划项目提供1000-3000元不等的经费资助，现已累计成功立项结题400余项，受益学生近2000人。资助对象学生通过项目团队的参与和锻炼，组织能力、交往能力、表达能力、实践能力和专业能力等综合素质得到很好提高，增强了就业竞争力和职业发展力。浙江教育科技频道两次专题采访报道了学校"阳光助跑"资助特色品牌工作。

（二）资助育人工作成效

1. 资助体系逐步提升

学校以"精准资助"和"资助育人"为重点，构建了"新生爱心助学券""爱心基金""受助学生义工制""阳光助跑""最洁净校园实践""师生团队助力乡村景区建设""基层就业基金"等多个资助精品相互支撑的资助项目。如与学校创业园和学生创业团队联合设立了"阳光助梦勤工助学基地"，通过政策制定鼓励创业团队吸纳受助学生，同时也鼓励受助学生积极参与在校创业体验。

2. 资助成果逐渐显现

"七彩阳光助学计划"培育孵化的多个学生项目，获得了原国家旅游局"万名旅游英才计划"、浙江省大学生科技创新活动计划（新苗人才计划）、浙江省职业院校"挑战杯"计划等国家、省市专项资助立项。受助学生中有获评浙江省"十佳大学生"的，有入围"浙江省资助成长成才典型"20强的，有上了央视《舌尖上的中国（第三季）》栏目的，有参加新中国成立70周年阅兵的，有荣获浙江省"勤工助学之星"优秀典型的，等等。当然还有更多的受助学生积极参与杭州G20、乌镇世界互联网大会等国际盛会的志愿服务，展现当代学生青春、励志风采。

3. 资助效应不断扩大

"七彩阳光助学计划"获评2019年浙江省学生资助文化"精品项目"，"新生爱心助学券项目"获评"浙江省高校学生资助工作创新项目"，学校获评2019年浙江省学生资助工作"三进三服务"优秀典型单位。优秀校友、知名企业也纷纷设立"爱心育人基金"参与学生资助工作，如校友孙奇煌在校设立了"孙奇煌奖学金"，专门奖励励志好学的学生；曾经受过爱心资助的校友邵辉在事业有成后捐赠学院爱心基金反哺爱心。《人民日报》《浙江日报》《中国旅游报》《浙江教育报》等多家主流媒体报道了学校资助育人工作。

三、经验启示

（一）把牢精准资助心理念，立足育人基础

以"资助育人"精准化为导向，完善资助对象认定制度，从源头保证公平公正。严格规范奖惩机制，最大程度实现公平公正，对于提供虚假材料、以不正当途径骗取助学金的行为予以严肃处理，营造风清气正的资助氛围。精准了解资助对象的实际家庭情况，制定有针对性和时效性的个性化资助方案，在资助实践中避免"大水漫灌"式，力求"精准滴灌"式。

（二）基于网络数据新技术，提升资助质量

依托学生网上办事大厅，实现资助工作信息化、智能化。一方面资助认定、评审、发放工作实行线上化转移，另一方面开通多元化师生线上交流咨询渠道，实现资助工作双向传递，提高资助工作效能。用好资助信息化建设平台，实现资助工作人性化、个性化。以信息化建设和数据分析为基础，构建全方位、全过程、全覆盖的资助体系。在资助过程中注重方式方法，保护学生隐私，根据不同阶段、不同群体学生成长发展需求，开展分类、分档精准资助。

（三）追求资助手段多元化，做好幸福教育

注重资助方式的创新，倡导激励型资助，把资助工作与提高资助对象学生的综合素养相结合；在做好保障性资助的基础上，注重从精神上、能力培养上给予学生扶持，培养学生健全的人格和健康的身心。通过发展型资助育人项目的实施，将扶困、扶智、扶志紧密结合，引导学生积极作为、奋发向上，使学生能力有提高、品质有升华、发展有后劲，努力实现学生全面发展。

◎ 七彩阳光 资助育人

构建"519春晖义工"服务模式，培育最美文旅人

——浙江旅游职业学院资助育人工作的实践与探索

◎ 学生工作部

> 资助工作是促进教育公平和社会公正，构建和谐社会的重要举措。学校紧紧围绕"立德树人"根本任务，在长期的育人实践中，探索出了"五心一体九维"的"春晖义工"服务模式，使资助育人工作实现总体有框架、落实有抓手、实施有载体、过程可量化、成效有评估。"519春晖义工"服务模式与"519"中国旅游日不谋而合，传承开拓创新、行者无疆的"霞客精神"，更为文旅人的育人工作注入灵魂。

一、目标思路

（一）从政治高度保障"519春晖义工"服务模式

学校从讲政治、讲大局的高度在政策制定、资金安排、管理力量配置等方面加强资助育人工作顶层设计，扎实推进资助育人工作。

（二）从发展角度推进"519春晖义工"服务模式

学校资助工作以学生成长成才为导向，注重资助方式创新，在做好保障性资助的基础上，突出发展性资助。

（三）从树人维度深化"519春晖义工"服务模式

春晖义工通过构建"五心一体九维"的模式，在服务中磨砺学生品质，夯实专业技能，提高服务水平，实现育人和育心目的。

二、实施举措

（一）依托"一体"，厚植资助育人情怀

"七彩阳光"资助育人体系是学校资助育人工作品牌，分别用阳光的七种颜色来诠释七大助学模块和助学理念，寓意让学生在党和国家阳光般的关怀下茁壮成长。"春晖义工"作为其中的代表项目，正是依托"七彩阳光"资助育人体系，扎根学校资助育人的深厚土壤。

（二）培育"五心"，提升资助育人成效

习近平总书记指出，要坚持引导学生培育和践行社会主义核心价值观，做到品德润身、公德善心、大德铸魂。我校始终坚持德育为先，鼓励学生积极投身志愿服务和公益事业，把以德树人内化到教育的各阶段、各环节、各领域。一是培育感恩之心。学校举办"感恩·诚信"资助辩论赛、征文等一系列活动宣传感恩、诚信正能量，让学生自主思考、自发宣扬、潜移默化、耳濡目染。二是培育励志之心。学校从义工中选拔一批励志典范对全校师生进行励志宣讲；选拔优秀义工参加阳光励志研学，为学生提供良好的成长机会。三是培育责任之心。"春晖义工"参加学校"师生助力全省万村景区化建设"等活动，既学会承担责任，又收获个人成长。四是培育谦和之心。学校资助管理中心与心理健康教育中心联合为义工开展"健心之旅""悦享生命连续团体"等人际关系团体活动，培养学生谦和为人、踏实做事、坦荡处世的美好品质。五是培育助人之心。依托校企、校地合作的"劳动教育实践基地"，引导义工在专业服务中领悟"为人民服务"的意义。

（三）围绕"九维"，落实资助育人举措

我校秉持着"育人为本，质量为上"的基本原则，探索形成具有学校特色的九大育人举措，在科教协同、产教融合、校企合作、资源配置等方面建立长效机制，实现多维度提升育人质量。一是搭建一个育人协作平台。依托校长有约、书记面对面、中层干部面对面联系班级、教师1+1联系寝室等平台，整合行政部门、教学部门、管理部门的力量共同参与育人工作。二是形成一个育人组织。经过多年实践，"春晖义工"

◎ 七彩阳光　资助育人

形成了学校、学院两级义工组织，统筹和领导全院义工工作。三是建设一批实践基地。学校在校内建设了"阳光助梦"勤工助学实践基地，在校外依托校企地劳动教育实践基地，为义工实践提供了多元化平台。四是开展一系列实践活动。通过迎新季、"美丽校园"活动以及各专业安排设定服务精神讲座等，"春晖义工"养成良好的服务意识和服务习惯。五是组织一支服务队伍。学校各个学院都拥有一支义工队，"春晖义工"参与校园建设、校园管理、辅助行政办公，服务 G20 峰会、世界游泳锦标赛、杭州亚运会、世界互联网大会等大型活动，受到广泛好评。六是完成一个微心愿。开展"你的'微心愿'我来实现"活动，帮助义工完成一个"微心愿"，既让义工感受到学校的温暖，同时提升义工素养。七是建立一套评价体系。学校从义工工时、服务态度、服务质量三个方面对义工工作进行评价，确保义工服务质量，使义工服务形成良性循环。八是选树一批励志榜样。学校通过微信公众号、宣讲会、视频等方式，向广大学生宣传义工励志榜样，以榜样带先进，形成人人投身服务的良好氛围。九是发展一套激励机制。学校将义工评价结果作为各类先进评选的重要参考依据，优秀义工有机会参与国内外励志研学、实践等机会，开阔视野、提升能力。

三、育人实效

（一）覆盖面逐步扩大

"春晖义工"自 2014 年成立以来，累计完成 20000+ 义工工时，千余名义工投入到志愿服务中，成为校园不可或缺的服务力量。目前，100% 的奖助受益学生成为"春晖义工"，100% 的师生享受过"春晖义工"服务，实现了深动员、广覆盖。

（二）社会效应日渐广泛

"春晖义工"在 G20 峰会、世界游泳锦标赛、杭州亚运会、世界互联网大会、"教师＋学生"社会服务共同体，服务浙江"美丽乡村"建设等大型活动服务中发挥了重要作用。多家国家级、省级媒体宣传报道"春晖义工队"，引起社会强烈反响。

（三）育人成果日趋显现

多年来，义工队伍涌现出"中国最年轻的烹饪高级技师"阎晗、"中国红十字会总会十大最美救护员"夏振辉、"参加新中国成立 70 周年阅兵仪式联合军乐团并完美演奏全场"的国家奖学金省级特别推荐资格郑丽萍、"五一劳动奖章"茶艺师朱晓芸等杰出代表。学校"519 春晖义工"服务模式取得了扎实成效，全面提升了学生的实践、服务、创新等综合能力。

四、经验启示

（一）品牌有特色

"春晖义工"以"中国服务"为特色元素，将资助育人与素质提升、技能提高、职业成长相结合，实现服务精神、服务意识、服务能力、服务品质等四个方面的提升，培养学生真正成为"中国品牌"和"中国服务"的忠实践行者和展示者。

（二）内容有情怀

"春晖义工"以服务实践为落脚点，将感恩文化、励志文化、责任文化、谦和文化、助人文化注入资助工作，使受助学生更深切地感受到国家、学校的温暖和关爱，感受到服务与回报的真谛。

【本案例入选浙江省高校"三全育人"综合改革理论与实践丛书】

三色资助育人　助力七彩人生
——旅游规划与设计学院"三全育人"资助育人案例

◎旅游规划与设计学院

一、目标思路

创新实施资助育人是落实全国教育大会、全国全省高校思想政治会议"推进资助育人工作"的必然要求，也是高校健全"三全育人"机制，完善人才培养模式的重要环节。一直以来，旅游规划与设计学院以生为本，以"资助育人"为理念，以"不让一名学生因家庭经济困难而辍学""让每一名家庭经济困难学生都能够有尊严去生活、有机会去成长、有能力去回馈社会"为工作目标，以"红心筑梦、绿色赋能、展翅蓝天"为主要抓手，打造"红绿蓝——雏雁成长计划"品牌项目，成立"红雁之家"资助育人工作室，全面落实"以物质资助为基础、精神培育为引领、能力提升为核心"的资助育人体系，积极推进由"基本经济资助"向"全面发展精准支持"升级，促进家庭经济困难学生发展成才。

二、实施举措

（一）精准资助动态更新

旅游规划与设计学院形成了四级资助认定管理机制，通过电话家访、实地家访、谈心谈话相结合的方式了解学生情况，精准认定家庭经济困难学生，做到资助标准统一、资金分配规范、资金发放到位。建立家庭经济困难学生档案，坚持"定期开展、随时增补、动态更新"。每学年伊始，学院及时调整家庭经济困难学生信息库，建立档案，由专人负责管理；在学年中，学生因病、因灾导致家庭经济情况突发变故，可随时申请家庭经济困难学生认定，及时为其申请临时困难补助"爱心基金"等。

（二）以生为本健全体系

坚持以资助育人为导向，建立国家资助、学校奖助、学院扶助、社会捐助、学生自助"五位一体"的发展型资助体系，坚持以生为本，促进资助政策贯彻落实。

1. 合力帮扶传爱心

旅游规划与设计学院积极探索校企合作资助平台建设，以企业订单班、现代学徒制、企业奖学金和助学金等形式，对于家庭经济困难的学生资助帮扶，嘉奖在校品学兼优、在企业实习中表现优异的学生。

2021年，共有蜗牛景区管理集团、卓创乡建集团有限公司、浙江朗域视觉科技有限公司、上海迪士尼度假区、上海欢乐谷、宋城演艺发展股份有限公司、安吉天使小镇乐园有限公司、华强方特（宁波）文化旅游发展有限公司等8家企业面向我校相关专业学子设立奖学金，包含各类专项奖学金、订单班奖学金等共计15项。

2. 结对帮扶暖人心

学院党员教师与贫困学生开展结对帮扶活动，发挥先锋模范作用。学工团队每年对受助学生开展冬日慰问活动，为学生送上过冬礼物，交流座谈，传递温暖。

党员教师开展微心愿帮扶活动

3. 绿色通道顺人心

学院积极开辟"绿色通道"，提前了解掌握被录取而无法缴纳学费和住宿费的家庭经济困难新生，优先办理入学手续，并根据学生实际情况给予一对一关怀，采取合适方式予以资助。

（三）多措并举搭建平台

1. 阳光助跑，培养创新思维

积极组织受助学生申报阳光助跑项目，近三年申报27项。结合专业技能，结合人文素养，通过为申报学生提供个性化的指导，开展有针对性的社会实践，提升学生创新创意思维和实践水平。

2. 专业实践，提升综合素质

结合专业特色，带领学生参与A级景区创建、美丽乡村建设、"微改造、精提升"等社会服务，指导学生参加各项专业技能大赛，促进学生专业能力发展。学院将资助育人与就业工作相结合取得良好成效，从贫困生中选拔部分学生作为毕业班班助，协助跟进就业过程工作，进行招聘信息的收集和发布，有助于贫困生提前适应毕业生角色。通过提升家庭困难学生的综合素质能力，引导学生树立正确的就业观、创业观，提升未来发展的竞争力。

3. 志愿服务，培育奉献精神

以义工服务为抓手，积极鼓励受资助学生投身志愿服务，通过各种义工活动，塑造学生自强不息的精神和感恩回馈的理念。

4. 心理疏导，加强交流沟通

班级心理委员、寝室长加强对受助学生的日常交流和关心，针对特困和普困学生心理帮扶，主要是克服由于自卑敏感带来的人际交往障碍，以及消费异化、虚荣心作祟等不良现象。

5. 朋辈引航，助力自我成长

在贫困生群体中选取党员、奖学金获得者、技能比赛获奖等优秀同学举办讲座分享，通过朋辈引领的方式促进同学们共同进步。通过挖掘资助育人的优秀案例，树立先进人物典型，为贫困学生建立信心，答疑解惑，营造阳光互助、共同成长的良好氛围。

三、育人成效

（一）完善资助体系确立资助品牌

学院坚持以长效资助机制为核心、精准资助为特色、合力资助为补充，逐步建立完善了国家资助、学校奖助、学院扶助、社会捐助、学生自助"五位一体"的发展型资助体系，构建物质帮助、道德浸润、能力拓展、精神激励有效融合的资助育人长效机制，实现无偿资助与有偿资助、显性资助与隐性资助的有机融合。

学院以三原色为灵感，助力七彩人生为目标，创立了"红绿蓝——雏雁成长计划"资助品牌。红色代表红心筑梦，守护温暖雁巢；绿色寓意绿色赋能，助力雏雁离巢；蓝色象征展翅蓝天，同辈互助齐飞。该品牌成功申报2021年度学生资助育人品牌项目，品牌效应逐步凸显，得到了学校和学生的广泛好评，该品牌获得浙江旅游职业学院学生资助工作案例大赛一等奖。

（二）凸显资助成果扩大资助效应

以2021年在校贫困生为例，179名贫困生中，8人发展为党员，47人担任学生干部，1人获国家奖学金，32人获各项企业奖学金，9人获省政府奖学金，60人获国家励志奖学金。在参加各类活动比赛方面，成绩更是喜人，有8人获得国家级荣誉或证书，80%的学生分别获得院级以上荣誉，涉及志愿服务、技能大赛等多个领域。其中，我院2019级高尔夫球运动与管理专业王周连同学以优异成绩晋级高尔夫球国家级裁判，成为浙江省注册的第4位高尔夫国家级裁判，也是国内目前最年轻的高尔夫球国家级裁判。2019级会展策划与管理专业雷舒婷同学荣获第十四届全国高校商业精英挑战赛会展创新创业实践竞赛全国总决赛（学生组）团体特等奖。

四、经验启示

（一）扩大育人队伍

除辅导员和资助专员外，应积极吸纳班主任、教师党员等其他育人主体，针对所有资助工作主体广泛开展相关业务培训，提高育人主体对资助育人工作重要性的认识。

（二）加强全程育人

资助育人工作应贯穿学生入学前、在校期间与毕业后的全过程。入学前，做好资助政策的宣传工作，畅通帮扶渠道，让困难学生及家长知晓求助途径，消除经济困难学生及家庭的疑虑。在校期间，面向受助学生开展形式多样的教育帮扶活动，既提高学生综合素质能力，培养学生诚信感恩理念，引导学生自立自强。毕业后继续做好跟踪反馈工作，收集受助学生反馈意见，进一步完善资助育人工作。

（三）强化育人实效

通过心理疏导、价值塑造等方式，将爱国主义、家国情怀、努力奋斗等精神融入其中，鼓励他们走得更远，成为新时代的建设者、奋进者。时刻以社会主义核心价值观为指引，在校园中坚定理想，践行社会主义核心价值观，以感恩、感动、感激为方向，增强对国家民族的认同感。通过树立朋辈榜样，进一步弘扬自立自强的向上精神，起到正能量示范效应。

（四）注重个性化育人

发展型资助是资助工作实现由"输血"到"造血"转变的重要途径。在资助育人过程中要积极探索发展型资助载体，做到因材施教，培养学生成为理想信念坚定、道德品质高尚、身心素质健康、综合能力突出的全面发展人才，从而实现教育扶贫削弱贫困代际传递、社会教育公平，推进"立德树人"的发展型育人目标的实现。

资助育人有力度　真情帮扶有温度
——厨艺学院资助育人工作实践与探索

◎厨艺学院

> 潘俊伟，男，厨艺学院2019级烹调工艺与营养专业学生，退伍军人、孤儿学生。
>
> 厨艺学院充分了解潘俊伟同学实际情况后，通过构建联动育人机制、提升资助育人时效性、推动内涵式发展的工作路径，构筑"全员、全程、全方位"资助育人体系，为该生求学之路遮风挡雨、成才之路保驾护航。在校期间，该生已获得保障性资助和成长性资助金额五万余元；工作期间，该生荣获了由杭州市西湖区人民政府文新街道办事处颁发的"退役军人创业先锋"荣誉称号，实现了从济困助学到受助学生的能力提升和自我发展的实质性转变。

一、目标思路

不让一个学生因家庭经济困难而失学，是党和国家的庄严承诺。确保每位学生顺利完成学业，助力每一位学生成长成才，是厨艺学院育人工作的出发点和落脚点。学院始终站在实现教育现代化、服务"两个一百年"奋斗目标和伟大复兴中国梦的战略高度，紧紧围绕"立德树人"根本任务，持续强化"四个意识"，全面落实"四个服务"，构建以"三全育人"为载体的资助育人工作体系，实现"全员、全过程、全方位"资助育人，不断提高资助育人水平，确保家庭经济困难学生能够顺利入学、安心学习、圆满就业、成人成才。

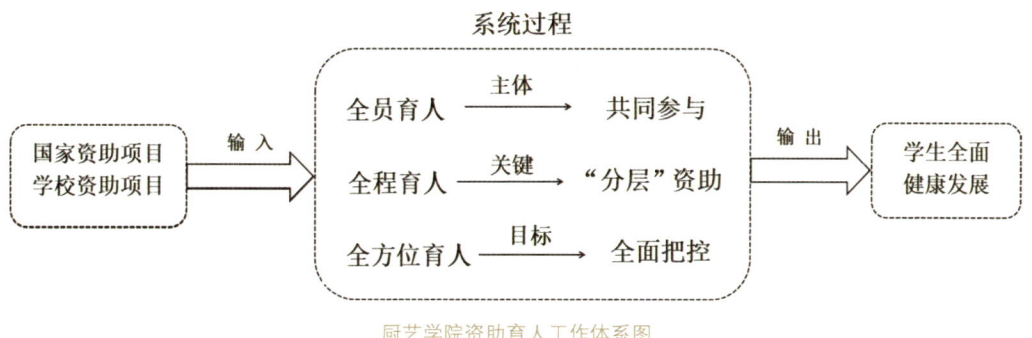

厨艺学院资助育人工作体系图

二、实施举措

厨艺学院以习近平新时代中国特色社会主义思想为指导，全面贯彻落实全国高校思想政治工作会议和全国教育大会精神，坚持立德树人根本任务，以思想政治教育引领资助育人，将思政工作、育人工作与资助工作三者互相结合，创新工作理念，统筹协同配合。构筑"全员育人、全程育人、全方位育人"的资助工作体系。保障学生安心求学，助力学生立志成才，落实教育脱贫攻坚。

（一）全员育人，构建"协同联动"工作机制

"全员育人"是每个教育工作者应尽的责任。学院努力打造一支师德高尚、业务精湛的教师队伍"主力军"，以润物细无声的方式发挥资助育人作用，强化管理育人和服务育人，形成经济资助与服务成长发展相统一、群体共性与个体差异相协调的工作机制。同时，整合校外育人资源，构建学校、家庭、社会、学生"四位一体"全员参与的育人机制，把资助工作做到学生心坎上，让学生切实感受到教育的高度、力度和温度。

建立校内联动：通过建立学院领导、专业课教师、辅导员、同伴朋辈"四级"帮扶拉动力量，形成帮扶合力，切实增强工作责任心和凝聚力，加强对困难生情况的了解与掌握，因时制宜、因势利导，做好资助育人工作。

强化家校联动：通过新生入学时对每位学生开展家校联系、组织家长见面会、电话家访等，搭建学校和经济困难家庭之间的信息反馈和沟通交流平台。在为困难学生

家庭带来物质关怀的同时，深入了解学生成长环境，倾听家长心声，形成家校育人合力，将精准教育扶贫工作落到实处。

优化校企联动：通过强化校企合作，依托校友资源和原有资助体系的整合，设立专项奖助学金，如康恩贝奖学金、孙奇煌奖学金、泓涵富强助学金等，进一步夯实资助体系的基础，深挖多方资源，搭建"校内、家校、校企"协同联动人机制。

（二）全程育人，架起资助育人"连心桥"

"三全育人"资助育人体系关键环节在于"全程育人"，学院通过建立一对一结对帮扶体系，落实"一人一策"帮扶方案，为学生制定个性化帮扶方案，提供思想关怀、经济资助、心理辅导、学习帮扶、就业指导等服务，资助方式更加精准，资助功能更加多元，资助作用更加有效。关爱学生、善于倾听，尊重学生个性，把握成长规律，针对不同年级、不同阶段的学生特点和成长需求，打造分层分类精准资助模式，确保学生在不同教育阶段都能够获得相应的帮扶。

第一阶段，入校前，通过发放"爱心助学券"、开通"绿色通道"等举措保证新生入学不受阻碍，不让学生因贫困而失学；入校后，通过资助政策专题宣讲、微信公众号专题推送，引导新生了解国家资助政策和学校资助体系，帮助学生和家长消除后顾之忧，让同学们切实感受到国家、学校及学院的真切关怀和温暖。

厨艺学院"暖心帮扶 赋能成长"微心愿认领活动

第二阶段，这一时期，是学生成长的关键期，由于目前学生大多是"00"后，在高职院校中存在学生对学习缺乏兴趣和动力、学习方法不当等情况。学院通过组建教师帮扶队伍，动员任课老师、辅导员、班主任对经济困难学生进行学业帮扶、生活帮助，鼓励学生树立学习目标，激发学习动力。通过创新早晚自习管理、丰富学习内容、组织专题活动等，引导学生养成自主学习内生动力，着力培养受助学生自立自强、诚实守信、知恩感恩、勇于担当的良好品质，形成"扶困—育人—成才—回馈"的正向循环。

第三阶段，学院高度重视受助学生群体实习就业工作，通过"党员教师结对帮扶"机制，开展精准施策和帮扶指导，满足学生多样化成才需求，搭建就业帮扶"连心桥"，做好困难生服务保障工作，使每位同学都能发挥自身特长，提高就业竞争力，助力家庭经济困难学生顺利就业。

（三）全方位育人，打造励志成才"新高地"

厨艺学院"三全育人"资助育人体系以实现"全方位育人"为目标，扶贫更扶志，由"经济资助"拓展至"精神资助"。以"奖、助、贷、勤、免、补"为手段，打通"资助育人"和"三全育人"通道，形成资助育人品牌特色。加强教育引导、典型宣传，把重点帮扶部分学生群体的工作成效辐射到更多学生共同受益。

受助学生参与社会实践服务活动

深挖榜样，选树典型。开展励志成才学生典型事迹学习，将在学习能力、组织服务、创新创业、社会实践、自强不息、文体活动等各方面表现突出的受助学生事迹通过多渠道、多平台的宣传、分享、推广，传播榜样力量，引领共同成长，培育担当之才。同时，组织召开学业指导、就业等经验分享交流会，将优秀学子的经验传授至其他学生，为困难学生答疑解惑，帮助他们树立正确的就业观，制定科学合理的学业、职业生涯规划。充分挖掘困难学生潜力，全面提升个人能力和综合素质。

心怀感恩，励行筑梦。将"感恩教育"融入"全方位育人"工作，组织动员受助学生积极参加志愿服务和社会实践活动，鼓励受助学生将自身所学知识应用到实践中去。选聘优秀受助学生担任"资助宣传大使"，积极践行社会责任，宣讲学生资助政策。积极参与暑期社会实践中，深入基层、学以致用、回报社会。通过启动志愿者服务工作，培养受助学生诚实守信、知恩感恩、励志图强的精神品质。

以心暖心，赋能成长。通过主题工作坊、朋辈互助、专题培训、专项辅导等形式，落实"一通爱心家访电话、一份勤工助学工作、一次宿舍走访慰问、一次家访送温暖活动、一张爱心回家车票"等特色资助活动，主动走进学生圈子，融入学生生活。同时，在学习方法、时间管理、职业技能、身心健康等多方面持续给予个性化指导和帮扶，引导学生树立自强意识，促进学生身心健康、全面发展。

三、育人成效

在"全员、全程、全方位"资助育人体系引领下，学院资助育人成果丰硕、成效显著。截至目前，厨艺学院共有受资助学生136人，其中，特别经济困难学生63人，普通经济困难学生73人。其中95名受助同学通过参加国家级、省级、校级、院级学生活动比赛、专业技能大赛等，累计所获荣誉达500余项；另外，有46名同学荣获2020—2021学年"国家励志奖学金"；5名同学荣获"泓涵富强助学金"；1名同学荣获"孙奇煌奖学金"；4名同学专升本成功进入本科院校继续深造学习；27名同学积极向党组织靠拢，成为"入党积极分子"；2名同学加入中国共产党，成为学生党员；43名毕业生全部就业。

四、经验启示

学生资助工作是高校学生管理工作的一项重要内容，是全员全过程全方位十大育人体系的重要内容，更是高校思想政治工作质量提升的重要环节。学院通过广泛宣传学生资助政策与成效，积极围绕活动主题组织开展弘扬主旋律、传播正能量的资助育人活动，推动学生资助力量聚焦学生、下沉一线，构建起物质帮扶、能力拓展、素质提升、精神激励有效互融的全链条资助过程。

下一步，学院将首先继续加强顶层设计，健全机制体制，进一步完善三级公示机制（班级公示、学院公示、学校公示）、四级监督机制（学生资格有复核、班级评议有监管、学院推荐有监察、学校评审有监督）和五级反馈机制（个人反馈、家长反馈、辅导员反馈、资助部门反馈、出资企业反馈）。其次，优化受助学生回馈社会机制，搭建形式多样的实践平台，鼓励经济困难学生参与到志愿服务实践中，在奉献中践行感恩，在行动中传递友善。最后，巩固育人成果，增强育人实效，宣传典型做法，创造出更多可推广、可借鉴、可复制的好经验、好做法，推动资助工作高质量发展，开创资助工作新局面。

对标争先
DUIBIAOZHENGXIAN

组织育人
ZUZHIYUREN

"中国服务 先锋领航"
党建凝聚育人合力

——浙江旅游职业学院组织育人案例

◎组织部

> 近年来，浙江旅游职业学院坚持以习近平新时代中国特色社会主义思想为指导，学习贯彻党的十九大、二十大精神，始终坚守"为党育人、为国育才"的初心使命，紧紧围绕立德树人根本任务，牢牢把握新时代党的建设总要求，以"三全育人"综合改革为牵引，通过打造具有旅院鲜明特色的"中国服务 先锋领航"党建品牌，锻造素质过硬的干部"先锋铁军"，建设牢不可破的基层"先锋堡垒"，培养底色鲜明的人才"文旅先锋"，全面实施"抓院促系、整校建强"铸魂工程和"四个融合"行动，不断以党建引领"三全育人"工作走深走实。

一、目标思路

坚持把党的建设贯穿办学治校和教书育人全过程，以基层党建"先锋工程"为抓手，每3年一轮实施周期，大力推进基层党建工作重点任务，使学校基层党组织建设有载体、有抓手。学校党委牢固树立"守正创新，融合提效"党建工作理念，持续擦亮"中国服务 先锋领航"学校党建品牌，积极开展"一院一品"党建品牌一体化建设,深入推进基层党组织建设工作体系有品牌、有抓手、有亮点,充分发挥各级组织育人功能。

二、实施举措

学校以"先锋工程"为总牵引,扎实推进"政治铸魂、强基固本、效能聚力、头雁培优、思政育人"五大行动,构建学校"大思政"格局,形成党建促育人工作合力。

扛起主体责任,抓实组织育人"总抓手"。一是明确各级党组织建设主体责任。学校党委始终坚持把党的政治建设摆在首位,高标准锻造学校基层党组织,先后出台关于加强党的政治建设、落实全省高校党建"十条"、开展对党忠诚教育等10多个文件,严格落实"第一议题"制度、各级党组织班子成员讲党课制度和党员领导干部"基层调研"、面对面联系学生"七个一"制度。二是树牢党建意识,筑强育人堡垒。学校连续3轮9年开展党建"先锋工程",以校级"样板支部、标杆院系、'双带头人'教师党支部书记工作室"建设、"先锋系列"党建品牌一体化建设、党建项目"揭榜挂帅"制、"先锋奖章"评选等为载体,系统推进基层党组织标准化、规范化、特色化建设。三是履行管党治党政治责任,推动基层党建责任落地。通过落实政治理论学习巡听旁听制度、各级党组织书记述职制度、校内政治巡察等方式督促指导各二级党组织坚持贯彻执行党组织会议和党政联席会议制度,确保育人育才工作方向和效果。

抓好队伍建设,锻造组织育人"先锋队"。一是"全链条"提升党员干部素质。坚持盯源头、严把关抓党员发展,重力度、提温度抓党员教育,全方位、全流程抓党员管理,构建完备的党员"选、育、管、用"机制。选优配强党务干部队伍,配齐二级学院专职副书记、党建组织员,教师党支部书记"双带头人"全覆盖,建立分层分类轮训机制,将党建工作与学生思政工作有机融合,做好学生的"引路人"。二是全方位提升学生综合素质。至今已持续开展14年的"阳光工程",以"坐标、明德、启航"三大主题为模块,以"星级班级""星级寝室""阳光标兵"评选为载体,树立先进典型,为学生成长凝聚榜样力量。每年开展"习语沐心 梦想启程"读书会,突出思想引领和时代特色,不断提高学生思想政治素质,筑牢信仰之基,补足精神之钙。三是高效高质实施"人才强校"战略。深入实施师资队伍建设"星光计划",以分类分层培养为抓手,有序推进"铸魂""青蓝""雄鹰""领雁""双师""添翼""远航""赋能"八大工程,为学校人才培养、科学研究和社会服务提供智力支持和人才赋能。

凝聚各方力量,释放组织育人"新动能"。一是探索构建党建进学生社区新模式。切实解决党组织育人"最后一公里"问题,将基层党建工作与学生社区服务管理相结合,推动大学生思想政治教育工作由课堂向学生社区延伸,探索开展党员联系宿舍、党员结对帮扶等活动,树立党组织在学生社区文化建设中的领导和核心作用。二是以清明政治生态营造良好育人氛围。以清廉学校示范校建设为契机,树立勤廉并重、干净干事的鲜明导向,以钉钉子精神持续深化"清廉旅院"建设,纵深推进全面从严治党,以"五张责任清单""七张问题清单"为抓手,形成定期排查、问题销号机制,持续抓好党风廉政建设。不断擦亮"一旅清风·一路阳光"的廉洁文化品牌,提炼特色、打造亮点,努力形成更多具有旅院辨识度的"清廉学校"建设成果。三是凝聚群团育人合力。学校"幸福工程"一直是服务学校师生,实现旅院高品质发展的品牌工程。该项目以提升教职工幸福指数、共建共享美丽旅院为主题,以模范职工之家提升计划、教职工社团品质提升计划、全民健康计划、教职工关爱计划、离退休人员服务计划等5项活动为载体,全面增强全体教职工凝聚力和幸福指数。开展增强团员意识主题教育活动和团支部活力提升活动,增强团组织团结青年、引导青年、服务青年的能力。

三、育人成效

学校获评国家级党建工作样板支部2个,省级高校党建工作标杆院系2个、样板支部3个,全省高校党建"双百示范"工程项目2个,省级高校"双带头人"教师党支部书记工作室2个,省直机关工委"先锋支部"2个,省直机关工委"先进基层党组织"1个,省级文化和旅游系统"先进基层党组织"3个,省级文化和旅游系统"先锋支部"2个,"十佳优秀党建案例"1个,学校2项课题分获全省机关党建优秀课题研究成果二、三等奖,6个案例入选全国职业院校党委书记抓基层党建工作案例,1个案例入选全省高校校企地党建联建典型案例。2018年,学校工会被中华全国总工会授予"全国模范职工之家"称号;2020年以来,学校有5个二级学院分工会被授予省直机关工会"先进职工小家"荣誉称号。

2017年,外语系学生党员周婕荣获第五届浙江省"十佳大学生"荣誉称号;2019年,酒店管理系学生党员陈晓佳荣获第六届浙江省"十佳大学生"入围奖;2019年,外语系学生党员王超伟获得浙江省高职高专院校国家奖学金特别奖;2021年,酒店管理系学生党员郑丽萍获第七届浙江省"十佳大学生"提名奖、浙江省高职高专院校国家奖学金特别奖;2023 年,旅游规划与设计学院学生党员莫诗杨获第八届浙江省"十佳大学生"提名奖、世界职业院校与技术大学联盟(WFCP)"卓越学生成就奖"银奖。2019 年以来,共有 26 名党员分获省级文化和旅游系统、全省高校"优秀共产党员""优秀党务工作者"称号,1 名同志获浙江省突出贡献农村工作指导员称号,1 名同志获评"全国文化和旅游系统先进工作者"和"浙江工匠"荣誉称号,1 个二级学院和 1 名党员干部分别入选浙江省"三育人"岗位建功先进集体和先进个人。新冠疫情发生以来,全校 35 个基层党组织连续 2 年结对就业困难毕业生助其实现顺利就业,学校整体就业率达 98% 以上,获《光明日报》报道,有 11 批次 392 人次党员志愿者参与校园疫情防控工作,6 名先进个人、3 个先进团队入选省文化和旅游系统"抗疫英雄榜",其中 1 名先进个人事迹被浙江省机关党建网站刊载。

四、经验启示

学校党建引领组织育人工作体系

深入贯彻新时代党的建设总要求和党的组织路线，就要把党的领导融入治校育人各个环节，充分发挥党组织领导核心和政治核心作用。学校在原有党建工作的基础上，提炼形成"中国服务　先锋领航"党建品牌，一体化推进二级学院特色党建品牌重塑、行政直属党支部特色党建品牌培育，使党建品牌成为引导广大师生党员听党话、跟党走的行动指南。下一步，学校将以"红色根脉强基工程"为统领，继续深入推进五大工程，以"先锋工程"守好红色根脉，以"阳光工程"助推三全育人，以"星光计划"培育文旅匠心，以"幸福工程"凝聚群团工合力，以"清廉工程"营造良好育人环境，大力实施"中国服务　先锋领航"党建品牌提升行动，打造高校党建引领组织育人工作金名片。

三维布局 六位一体 构建组织育人"共同体"

◎艺术学院

一、目标思路

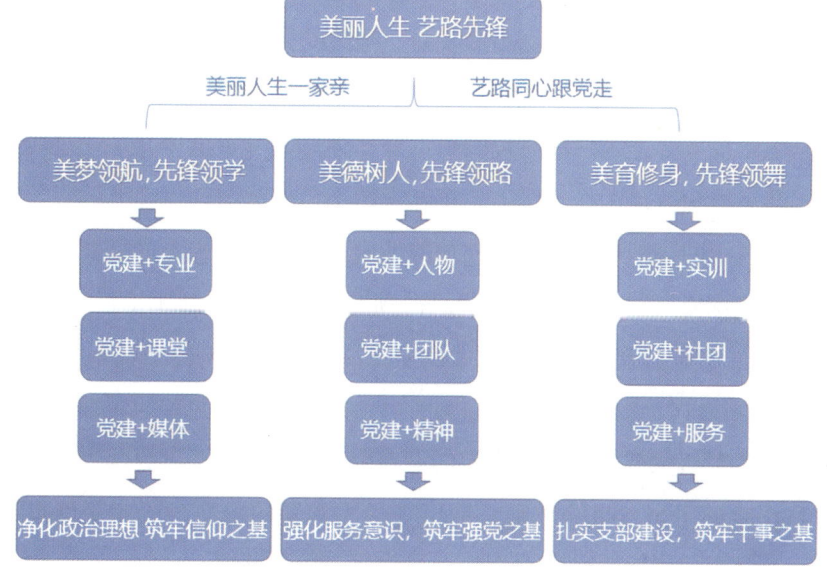

"美丽人生，艺路先锋"党建文化品牌

浙江旅游职业学院艺术学院党总支始终坚持把"三全育人"综合改革作为落实立德树人根本任务的有力抓手和促进学生成长成才的重要支撑，以服务师生为宗旨，以专业发展为依托，以美梦领航先锋领学、美德树人先锋领路、美育修身先锋领舞三个维度打造"美丽人生，艺路先锋"党建文化品牌，开启"美丽人生一家亲，艺路同心跟党走"的先锋道路。党总支积极探索"党建+"系列模式，以甜美的服务感动人，以精美的作品打动人，以华美的表演撼动人，荣获2021年浙江省直机关"先进基层党组织"荣誉称号。

二、实施举措

（一）美梦领航，先锋领学

1. 党建+专业

学院现有三大专业，分别是：以甜美的服务感动人的空中乘务专业；以精美的作品打动人的工艺美术品设计专业；以华美的表演撼动人的表演艺术专业。各专业人才培养方案融入"美丽人生，艺路先锋"党建文化，引导学生感悟"忠诚担当的政治品格、严谨科学的专业精神、团结协作的工作作风、敬业奉献的职业操守"民航精神、"敬业、精益、专注、创新"工匠精神，积极营造健康向上的育人环境，不断提升校园文化品位，促进思想政治教育与专业教育相融合。开展"在灿烂的阳光下""我心中的祖国"等系列"思政+艺术"品牌活动，有效助力人才培养工作。

2. 党建+课堂

面对思想政治教育进入网络时代的新形势，党总支号召全体教师通过线上线下齐发力，协同开展思想政治工作。线上，将新媒体平台作为与学生交流的主要渠道，微党课、微专栏，用网言网语把握网络阵地的话语权，传递指尖上的正能量。线下，积极响应"思政进课堂"号召，探索课程思政新路径，开设"国旗护卫学训班""艺文学苑"大讲堂，收集编撰《课程思政教案集》；开展由学生党员与积极分子组织的"纽扣课堂"学习研讨会、"FM红色书信馆"朗读活动、"红色晚自习"党课巡讲；开播由浙江省新四军研究会老同志们带来的"革命传人讲党课"，为师生们提供展示自己理论学习深度的平台，也为教师设计更受学生喜爱的思想政治理论课提供了宝贵思路。

3. 党建+媒体

党总支坚持以媒体为载体，构建网上网下同心圆，筑牢共产党人的精神高地。疫情之初，学院官微设置"'艺'起行动""'艺'心抗疫""'艺'路同心""'艺'气风发"等栏目，借助媒体，凝聚共克时艰的磅礴力量，平台累计关注人数9000余人，点击访问次数超过25万。表演艺术专业教师陈轶群为致敬白衣天使，创作公益歌曲

《生命相托》《浙江颂歌》，被学习强国平台、"小时新闻"、文旅中国、新浪浙江、浙青网、今日头条等多家主流媒体报道宣传，累计浏览量超过 160 000。此外，为庆祝建党 100 周年举办的"以艺颂党，献礼百年"系列活动，被学习强国平台、新蓝网等主流媒体收录，阅读量累计超过 170 000。

（二）美德树人，先锋领路

1. 党建＋人物

为夯实学院全体师生党员德育基石，党总支创新开展"劳模先锋故事会"，定期邀请劳模进校，用朴实的语言、感人的事迹，讲述劳模好故事，凝聚师生正能量。实施"美丽领航人"校友导师制，发挥专业校友会作用，每年选派优秀教师党员、省级优秀毕业生开展"我和我的同学们"系列专题讲座，为广大学生就业创业搭建优质服务平台。艺术学院获评学校"就业工作先进集体"。

2. 党建＋团队

为帮助学生树立正确的世界观、人生观和价值观，不断优化院风、学风和班风，党总支创新开展"党员示范班级"评选活动，成立"美丽新世界宣讲团"。通过选树先进党员班级典型，考核班级整体政治理论学习、党团建设、党团活动与志愿服务三大模块，鼓励学生学习优秀榜样，推动班级建设，最大程度发挥师生党员的先锋模范作用。

3. 党建＋精神

为强化精神引领作用，党总支指导专任教师创作艺术学院院歌《与美同行》，每年通过"美丽排行榜"年度盛典活动，评选和表彰各方面优秀代表，包括"最美党员""美丽班级""美丽寝室"和"美丽使者"等，大力宣传劳动精神、劳模精神、工匠精神、中国精神。

（三）美育修身，先锋领舞

1. 党建＋实训

各专业师生积极参加课外实训，走进文旅，融入文旅。空中乘务专业师生常态化服务省内大型活动，如第 19 届亚运会的前期筹备工作、G20 礼仪服务、世界互联网大会礼仪服务、世界游泳锦标赛服务等。工艺美术品设计专业开展"我心中的祖国""青春心向党，百年正辉煌"系列作品展，师生经常参加浙江省非物质文化遗产博览会、中国传统技艺比赛并多次获奖。表演艺术专业师生为"浙江省庆祝中国共产党成立 100 周年文艺演出"献上精彩节目，编排舞蹈作品《致敬那红色的岁月》向中国共产党成立100周年献礼，师生原创校园实景文艺演出剧目《诗画山水》《诗画江南·烟雨华夏湖》，获得了国内外领导嘉宾的一致好评。"课堂＋舞台"人才培养实践模式获得浙江省高等教育教学成果二等奖。

2. 党建＋社团

在党总支的指导下，学生社团紧密联系专业知识技能，不断加强内涵建设。目前，学院下设"蓝天之翼"礼仪社、Sunny舞蹈社、G-TIME吉他社、荷风工艺美术社等四个学生社团，为同学们提供了展示青春的舞台，发挥了"第二课堂"的育人作用。其中"蓝天之翼"礼仪社和G-TIME吉他社先后获评学院"五星级"学生社团，指导老师获得浙江省优秀社团指导教师荣誉。在学校人文素养工程中，成功承办"礼绽芳华，喜迎亚运"礼仪展示活动，充分体现了"中国服务之美"。

3. 党建＋服务

党总支践行时代责任，整合学校、社区、用人单位资源，促进党建联创社会服务工作。与浙江省红十字会应急救护指导和备灾救灾中心、杭州高铁三大队、萧山区养老协会、宁围街道振宁社区、武警浙江省总队某部等签订党组织共建协议，共同开展社会公益服务，累计参加志愿者服务学生数达3000余人次。疫情期间，600余位实习同学一直坚守在航空公司、高铁、机场等一线服务岗位，涌现出许多优秀防疫先锋。其中，长龙航空实习学生承担了迎接李兰娟院士及浙江省第五批返浙医疗队接机任务，代表全体师生向抗击疫情、逆行而上的英雄们表达敬意。此外，师生助力乡村振兴，把礼仪课堂、工艺设计理念"送教下乡"，助力旅游业"微改造、精提升"，推动旅游业高品质提升和高质量发展。校内，围绕学校中心工作，开展"我为群众办实事"系列活动，例如"晨曦党员服务岗""幸福旅院陶陶乐""文明礼仪对对帮"等，彰显为民服务解难题的初心。

三、育人成效

近年来，在"美丽人生，艺路先锋"党建文化品牌引领下，学院党总支在组织建设、队伍建设、专业建设等方面成效显著，先后荣获：

2019年首批全省高校党建特色品牌；

2019年省直机关先锋支部荣誉称号；

2019年"浙江省高校先进党组织"；

2020年省文旅系统首批十佳品牌案例；

2020年省直机关"先进职工小家"荣誉称号；

2021年省直机关"先进基层党组织"荣誉称号。

此外，40余人次教师获浙江省文旅系统"优秀党务工作者"、浙江省青年岗位能手、浙江省辅导员职业能力大赛一等奖等省级荣誉。230余人次学生获浙江省国际"互联网+"大学生创新创业大赛、国家级体育舞蹈联赛、浙江省高职院校航空服务技能大赛、浙江省大学生艺术节赛等活动奖项。

四、经验启示

第一，发挥政治优势，做好组织育人"指挥棒"。落实"立德树人"根本任务，需要教育者筑牢"育人初心"，领悟"三全育人"核心要义。艺术学院发挥党建引领作用，充分调动多方力量全方位全过程协同育人，帮助广大青年学生系好青春和人生的"第一粒扣子"。

第二，发挥专业优势，牵好组织育人"牛鼻子"。艺术学院立足专业特色，在课程设计、专业实践等方面充分融入思想政治教育元素，春风化雨，润物无声，将思想引领渗透到每一位青年学生身边，实现专业传承和人才培养双重教育目标。

第三，发挥资源优势，当好组织育人"发动机"。艺术学院组织育人关键在于其着眼点打破了从单类或者单个组织角度进行思考的思维定式，而是从教师主体、产教融合企业、社会组织、党团政治组织、学生组织等各类不同育人主体的角色功能出发，寻找多方接受与喜爱的方式与载体，自愿自觉为人才培养当好"发动机"。

"心星"品牌树标杆 组织育人增效能
——酒店管理学院组织育人案例

◎ 酒店管理学院

> 2020年5月,教育部出台了《关于加快构建高校思想政治工作体系的意见》,对高校思想政治工作体系建设提出了更高的要求,它为进一步完善育人体系建设、提升高校思想政治工作整体水平提供了新的依据。加强高校基层党组织建设,拓展组织育人的内涵,彰显组织育人特色,使党建文化建设更好地融入组织育人工作,提升育人质量,具有重要的现实意义。

一、目标思路

为加强新形势下高校基层党组织建设,落实立德树人根本任务,酒店管理学院党总支在习近平新时代中国特色社会主义思想指导下,深入贯彻学习党的二十大精神,增强"四个意识"、坚定"四个自信"、做到"两个维护",忠实践行"八八战略",奋力打造"重要窗口",围绕"心服务·星先锋"党建文化品牌建设,打造学生党员先锋模范为抓手的组织育人模式,探索新时代大学生思想政治工作和学生党建工作有机结合的新途径新方法,构建组织育人体系,把组织建设与教育引领结合起来,增强工作活力、促进工作创新、扩大工作覆盖、提高辐射能力。党总支充分发挥组织育人功能,将立德树人贯穿教育全过程,努力打造立德树人先锋模范党员队伍,通过开展组织育人工作,发挥组织育人优势,增强组织育人功能,推进"三全育人"走深走实,进一步满足社会对高素质技术技能人才的紧迫需求。

二、实施举措

(一)强化政治建设,筑牢组织育人"压舱石"

1. 加强理论学习,厚植理论根基

党总支严格落实以"三会一课"为主要内容的组织生活制度,系统构建以专题学习和集中讨论为重点、线上"微学习"为辅助、以理论宣讲和主题党日活动为支撑的多层次、多渠道学生党员的学习教育体系。通过理论学习,学生的理论素养得到显著提升,政治素养得到显著提高,党性修养得到显著增强。通过"两群一平台"为学院党员定期推送党的重大方针政策解读、党建工作信息等内容,打造"全天候、开放式"的党员教育新模式,不断丰富学习形式,实现理论学习教育的普遍化和常态化。

2. 规范党员管理,夯实组织力量

制定《酒店管理学院党支部组织生活考勤制度》,严格组织生活考勤。学生党支部对照"六强六规范"的支部建设标准,加强支部的标准化规范化建设,推行"一切工作到支部"。每年党总支组织两期党校培训班,结业率达95%以上。对照积极分子选拔标准,制定《酒店管理学院入党积极分子积分制度》,严格按照规定程序,计算积分、组织答辩等,确定入党积极分子。在学生党员的发展过程中始终坚持程序到位、程序公开。学生党支部严格遵守党章党规,进一步完善支部建设的体制机制,使党员发展、党员培训、党籍管理、党费收缴、党员激励关怀帮扶等工作扎实有效开展,使党员先锋模范作用得以充分发挥,不合格党员组织处置稳妥有序。

(二)丰富组织平台,拓宽组织育人"覆盖面"

1. 创新品牌内涵,搭建"育人载体"

结合"微笑"这一校园文化品牌和专业特色,打造出"心服务·星先锋"党建文化品牌,获得学校首批校级基层党建品牌培育工程立项。要求党员在思想政治上守初心,做指引方向的北斗星,在学习工作上秉匠心,做逐梦前行的启明星,在奉献服务上暖人心,做重义担当的智多星。着力打造组织力强、贴近师生、接轨行业的堡垒和先锋队伍。党员教师成立2个思政工作室,开辟组织育人新载体。持续提升学生党支部的品牌建设,学生第一党支部"阅经典·悦青春"红色读书会、学生第二党支部"爱国传声筒",通过形式多样的学习活动,激发学生的学习热情,创新学生理论学习新载体。

高等职业学校全员全过程全方位融入"浙旅探索"

心服务·星先锋

在思想政治上守初心,做指引方向的北斗星;
在学习工作上秉匠心,做逐梦前行的启明星;
在奉献服务上暖人心,做重义担当的智多星。

"心服务·星先锋"党建文化品牌

"阅经典·悦青春"红色读书会

爱国传声筒

2. 探索多元阵地，激发"育人动能"

党总支在实际党建工作中积极探索，不断创新，努力实践，形成"1+1+N"三全育人工作体系，"党建进社区123"工作体系，"微笑酒管"志愿服务体系，开创辅导员"首问负责制"。线下，建设党群服务中心、红色阅读空间、党建长廊，最大限度地满足学生的学习、培训、组织调研、谈话等日常活动需要。同时开辟社区楼内的党员活动室、党建集装箱等阵地，通过硬件改造、软件提升和日常服务三项党建配套，进一步提升社区管理育人、服务育人等功能，将学生社区打造成为红色思想引领、政治教育强化和道德品质养成的重要阵地，激发了党建活力，提高了党建工作质量。线上，围绕党建文化品牌，以"浙旅院酒店管理学院微党建"公众号为载体，聚焦支部党建工作，速递支部党建动态，成为集学习、交流、互动于一体的线上平台，开展党员教育、学习党务知识、展示党员风采。党员教师成立"Aone 幸福课""用情和你说那些事儿"等思政工作室，深化"笑纳心理"品牌，搭建全员育人平台，开辟组织育人新领域。

（三）注重示范引领，奏响组织育人"最强音"

1. 开展志愿服务，彰显青春风采

在 G20 峰会期间，组织学生参加接待和晚宴服务工作，得到组委会以及国内外嘉宾高度好评；在历年乌镇世界互联网大会期间，受邀为大会提供志愿服务，多名同学获大会全国先进志愿者表彰；在全国职业技能大赛、全国大学生运动会期间，我院志愿者同学积极服务参赛师生，获得参赛院校的一致好评；疫情期间，学生党员郑丽萍、郎超等作为志愿者，工作在社区防疫一线……据统计，全院共有 200 余名学生党员投入了疫情防控工作中去，争先锋，做表率，真正做到了让党旗在疫情防控一线高高飘扬。党总支积极响应省委、省政府关于推进全省大花园、万村景区化建设的号召，2017 年 5 月至今，组建了 39 个学生志愿服务队参加"师生助力全省万村景区建设"和"微改造、精提升"等项目，指导浙江省村镇景区化建设近 80 个，创建成功率 100%。每年的暑期社会实践有 1000 多名学生志愿者走向社会，助力行业企业发展，关爱留守儿童、空巢老人，推进"共同富裕"建设，开展党史宣讲、红色旅游资源普查、为乡村振兴献计献策等志愿服务。

2. 打造"微笑之星"，发挥头雁效应

为保持和发展党组织的先进性，切实发挥学生党员的先锋模范作用，以模范行动影响和带领广大师生努力完成各项工作任务和学习任务，党总支制定"微笑之星"的

标准，从政治素质优、学习成绩优、师生评价优等方面列出具体标准，强化政治标准要求，教育引导学生党员坚定理想信念，模范践行社会主义核心价值观，模范履行党章规定的义务，积极参加组织生活，认真完成党组织交给的任务；认真学习文化知识和专业技能，提高创新创业意识和能力，积极组织参加社会实践活动，自觉树立良好形象，表率作用突出，形成了比学赶超的良好氛围。

三、育人成效

（一）锻造特色品牌，组织优势凸显

党总支通过全省党建工作标杆院系的创建，充分发挥党总支示范引领的主体作用，引导师生党员在科研和学习中亮出党员身份，带头攻坚克难，打造可辐射、有影响力的"心服务·星先锋"党建文化品牌，发挥示范效应，带动、引领其他同类型高校基层党建建设。形成创新方法和路径，高质量打造指尖上的育人平台，及时高效地满足学生对所需信息的获取。截至目前，"浙旅院酒店管理学院微党建"累计推送文章 600 余篇，使组织育人的形式"活"、效果"佳"、影响"大"，充分弘扬了组织育人主旋律。

（二）推进课程思政，人才培养提升

党总支以教学为基础，强化"党建+课程思政"新模式，在课程思政全覆盖的基础上，通过集体备课等形式，引导教师党员提炼各门课程中蕴含的思想政治教育元素，挖掘专业课程的"思政教育元素"，打造"课程思政"示范课，挖掘专业课程的"思政教育元素"，打造"课程思政"示范课，教师党员"每学期至少上好1堂示范课，每年至少指导1项学生课外科技竞赛，每年至少邀请1名专家来校面向学生做学术报告"。坚持严格要求与灵活方式相结合，既解决师生的思想问题，也解决教学科研、实习就业等实际问题。发挥"课程思政"教育效果，发挥立德树人标杆作用。

（三）发挥标杆引领，辐射效应扩大

在校内外进行经验分享，党总支积极与行业、兄弟院校、部队等单位开展党建共建联建，在校内外进行经验分享。目前已经与深圳职业技术学院、浙江经贸职业技术学院、杭州开元名都大酒店、杭州金溪山庄、61191部队、华数（杭州）后勤服务有限公司等签订党建共建协议。嘉兴职业技术学院、重庆工业职业技术学院、广州财贸职业学校、浙江金融职业学院、浙江机电职业技术学院等，校内资产保卫党支部、现

教中心党支部、人事工会党支部等多个党组织，300余人先后到访我院，交流党建工作经验。2020年7月召开的省直机关工委基层党建工作座谈会，党总支应邀作为文旅系统唯一代表作交流发言；党总支副书记谢振旺应邀前往浙江艺术职业学院做党建品牌建设经验分享。"先锋党建355"工作方法被浙江省唯一党建指导刊物《浙江共产党员》深入报道。通过党建共建与宣讲交流，形成了经验互通、工作互动、资源共享的党建合力，进一步扩大了组织党建工作的影响力。

四、经验启示

（一）创新点

1. 创新体制机制，激发红色动力

为了推动党建工作建设的标准化、规范化，党支部在坚持严格落实党内基本制度的同时，结合学院实际、专业特色，通过实践探索、经验积累，制定出台了一系列符合支部发展实际的政策制度，为支部工作标准化规范化建设提供了制度支撑，使支部的各项工作有章可循、有据可依，以确保党员更好地开展组织生活。

2. 聚焦实践创新，夯实人才培养

将社会主义核心价值观培育贯穿专业课实践教学、社会实践活动、创新创业教育全过程，增强教学成效；依托专业技能不断深化行业教学改革，组织开展业务学习，举办系列课程思政建设研究会，鼓励采用多元化教学手段，不断提高学生综合素质，以课程育人有效实现组织育人。

3. 创新工作方法，提升党建质效

党总支强化资源整合，创立"先锋党建355"工作法，"党小组155"工作法，激活"红色动力"，充分发挥战斗堡垒和党员先锋模范作用，形成一套成熟的、有特色的、可推广、有实效的党建工作机制和制度，确保支部高效运转、充满活力，为组织育人提供方法保障。

（二）下一步举措

党总支将继续围绕育人才、聚人才、出人才，实施好基层党建质量提升攻坚行动，充分发挥基层组织的引领功能、载体功能、教育功能，发挥高校基层党组织在立德树人工作中的组织保障作用，推动组织育人工作取得新实效，助力培养德智体美劳全面发展的社会主义合格建设者和接班人。

e 导华夏 聚力先锋
——旅行服务与管理学院党总支组织育人实践案例

◎旅行服务与管理学院

> 旅行服务与管理学院党总支以习近平新时代中国特色社会主义思想为指导，坚持"以高质量党建夯实立德树人之根基"的总体思路，在学院"中国服务 先锋领航"的党建品牌引导下，融合导游专业群"融合文旅、融汇德技、融通校企、融入国际"的"双高计划"建设目标，通过构筑党建"e 导"园地，打造出了组织力强、特色鲜明、贴近师生、接轨行业的基层党建品牌。

一、目标思路

以"e 导华夏 聚力先锋"党建文化品牌为引领，努力创建有理想信念、有道德情操、有扎实学识、有仁爱之心的立德树人先锋模范党建基层组织。"e 导华夏 聚力先锋"品牌理念体现在四个方面，具体如下：

"e 导"为本：多渠道运用网络阵地，以党建网站、微信公众平台为载体，建设 e 导党建园地，加强红色知识宣传教育，创新政治理论素养培养模式，服务于智慧旅游、电子商务等专业领域，致力于"跨界融通、技能迭代"现代旅游业，做好"e 党建、e 课堂、e 实践"的党建三维服务。

"华夏"为核：党建文化的核心是传承中华优秀文化、中国历史、中共党史，把旅游事业的"诗和远方"扎根在祖国的大地上。旅行服务与管理学院党总支的党建工作以"华夏"文化为抓手，养成旅管学院总支师生"讲好中国故事"的特质。

"聚力"为径：从"深入党员，疏通渠道，督查引导"三个方面凝聚力量，做到了解党员、尊重党员、关心党员。对党员进行教育、管理、监督和服务，提高党员素质，使基层党建具备凝聚力、向心力和战斗力。

"先锋"为标：发挥出"一个党员一面旗帜，一个支部一座堡垒"的作用，充分发挥党建"龙头"引领作用，着力推动党务、业务、服务深度融合，在党建过程中树立先进人物、典型事迹，并通过"e导"平台进行宣传推广，充分发挥先进党员的示范引领作用，激励全体党员在各项工作中创先争优，争创先锋。

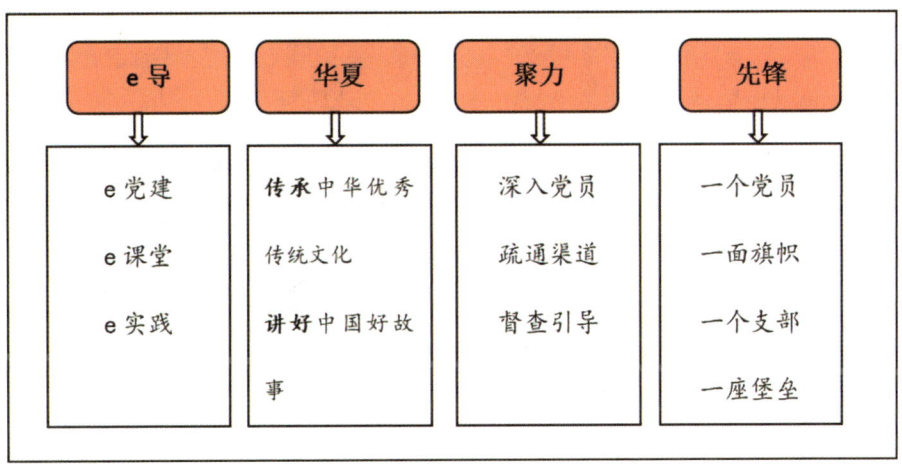

党建品牌的内涵

二、实施举措

按照新时代党建总要求，学院"e导华夏　聚力先锋"党建文化品牌的创建，主要从政治建设、组织建设、作风建设、阵地建设、先锋建设等方面制定举措，创新"五微"（微学习、微服务、微窗口、微阵地、微旗帜）e党建载体，全方位提升党建工作水平，强化党组织的凝聚力、向心力和战斗力。

（一）微学习

创新"领、讲、研、践、创"五维学习方式，通过线上与线下学习相结合，积极打造"旅管党建微学习"平台。线下通过"三会一课"、"四史学习"、主题党日活动等制度组织支部党员学习，线上通过"两群一平台"（钉钉群、微信群、微信公众号党建专栏平台）为支部党员定期推送党的方针政策解读、党建工作信息等内容，打造"全天候、开放式"的党员教育新模式，不断丰富学习形式，实现党员学习教育的普遍化和常态化。如：邀请嘉兴红船干部学院专家开展"追溯红色根脉，弘扬红船精神""用好红色资源，传承红色血脉"等专题党课，赴下姜村、杭州党史馆、东阳木雕馆等开展"学四史，守初心，担使命"理论实践活动，集中组织观影《平津湖》等主题党日活动。

旅行服务与管理学院教工党支部"传承家风家训　弘扬廉洁风尚"主题党日活动

（二）微服务

党总支有计划地组织支部党员开展志愿服务活动，通过旅管学院五个党小组及校外党建基地 2-3 家开展"旅管志愿者微服务"。如：2022 年上半年组织 40 名师生党员出色完成学校抗疫志愿服务工作，组织 75 名党员完成"1+4"应届毕业生就业帮扶志愿服务工作，组织入党积极分子参与停业歇业旅行社行业企业调研 20 余次，等等，通过党建微服务，充分发挥我院师生党员在服务旅游行业的积极作用，增强师生党员的服务意识、责任意识和担当意识。

（三）微窗口

支部党员亮明党员身份，在门牌和胸牌上亮出党员身份，在工作岗位上设立党员先锋岗，强化师生党员的自律意识和服务意识，主动、自觉地为身边师生提供服务，为展示党员的良好形象树立"旅管党建微窗口"。

旅行服务与管理学院党总支合影

（四）微阵地

支部将进一步打造好、维护好、占领好每一个线上、线下党建"微阵地"。线下，升级改造党员之家，重视党员之家"硬件"建设，最大限度地满足教师党员学习、培训、组织调研、谈话等日常活动需要。"三味诗屋"党建微阵地是以文旅融合产业发展为背景，以"三味文化"为基石，引领全院教师在教书育人中融合思政元素。"三味"即"文化味、人情味、家国味"。文化味是旅游人的立身之本，传承中华文化，讲好中国故事，打造文旅融合有品有味的新时代；人情味是旅游人的待客之道，践行"游客为本，服务至诚"的旅游业核心价值观，旅游打造旅游职业教育的"中国品牌"；家国味是旅游人的精神之基，心有家国，肩有担当，方能托举民族复兴的伟大使命。融合课程思政，通过第一课堂＋第二课堂建设，夯实党建阵地。

（五）微旗帜

通过设立"党员示范岗""最美教师党员""铸师魂、立师德、强师能""红旅家园伴我行""小荷才露尖尖角"等载体和方式，鼓励支部党员创先争优，发挥支部党员的示范引领作用和先锋模范作用，在思想、工作、生活、学习等各个方面插上一面面党建"微旗帜"，实现党的引领作用。

三、育人成效

旅行服务与管理学院围绕"红色根脉强基工程"，以"e导华夏　聚力先锋"党建文化品牌为引领，以"数字赋能、融合创新、品牌深化"推进党建工作高质量发展。以"党建引领＋专业群建设"双融双促为抓手，促进基层党建工作系统化、标准化、品牌化发展，在课程思政、教师创新团队建设、教师教学技能提升、大学生创新创业等方面取得了突出成绩。2021年教工党支部成功入围省级第二批党建工作样板支部创建，成功立项学校党建"揭榜挂帅"项目，获评学校"2021年五星级基层党组织"；2022年获评"省文旅系统先锋支部"。一年来，在党建引领下，旅行服务与管理学院获得国家级重大标志性成果9项，省级重要标志性成果33项。如：2020年、2021年，范平领衔的教学团队参加浙江省高职院校教学能力比赛连续两年获得"专业课程一组"一等奖；2021年，杜兰晓同志领衔的党建研究课题在国家社科基金立项；2021年，芦爱英同志主编的《中国旅游地理》获首届全国优秀教材二等奖；2021年，池静同志、孙旭同志的课程被旅游教指委在"学党史 迎百年"课程思政展示活动中评为旅游类优秀课程；2021年，郭一同志、范平同志、於佩红同志三门课程"旅游电子商务""导游文化基础知识""中国旅游地理"被评为浙江省第一批省级课程思政教学项目；2021年，郭一同志领衔教师团队指导的学生项目获得中国国际"互联网＋"创新创业大赛铜奖。

党总支负责人郭一同志领衔教师团队指导的学生项目获得中国国际"互联网＋"创新创业大赛铜奖

四、经验启示

旅行旅服与管理学院党总支打造"e导华夏 聚力先锋"党建文化品牌，特色与创新体现在三个方面：

（一）目标明确，理念创新

党建品牌首先要体现与时俱进的时代特征，面对高职院校双高建设的新形势、新任务，融合学院导游专业群"融合文旅、融汇德技、融通校企、融入国际"的"双高计划"建设目标，给学院基层党组织建设提出新要求、新课题、新挑战，确定基层党组织建设的工作思路和实现目标，增强党组织的凝聚力、向心力、创造力和战斗力。

（二）工作规范，方法创新

完善党建工作制度，将理论学习与业务培训相统一，创新党建方式，创建党建教育活动基地。利用浙江省革命胜迹众多的优势，创建杭州西湖景区管委会、浙江省诸暨东和乡等党员活动基地，为党员教育活动和支部党员组织生活提供平台。利用"微党课"，针对党的路线、方针、政策，每人轮流主讲8分钟的微党课，促进党员师生理论素养的提高。此外，还开展党建实践活动，全体师生党员积极参与服务类、技能类、劳动类实践引领活动。

（三）示范引领，载体创新

党总支开展的形式多样的党建主题活动，在实践中考验党员，在实践中锻炼党员，在实践中提升党员素质；围绕"创新、亮点、特色、品牌"八字工作理念，开展多项具有特色的活动。除了组织党员积极参与上级党委部署的主题活动外，学院还精心策划了"党员师生服务万村景区建设""听党员讲先锋故事""红旅家园伴我行"等一系列具有鲜明特色的党建活动，给党员展示先进性，发挥模范作用提供平台，让党员把身份亮出来，本领显出来，作用看出来，形象竖起来。

附录　国家级媒体报道

1.《中国教育报》：数字化改革赋能现代化治理新格局

浙江旅游职业学院　韦国潭

随着大数据、云计算、移动互联网等现代科技的迅速发展和广泛应用，数字技术改变着人们的生活方式和思维模式，也深刻影响着高校办学治校的理念和方式。浙江旅游职业学院作为"双高计划"建设单位，顺应"互联网+"大融合、大变革趋势，通过整体牵动力、需求驱动力、平台联动力、机制推动力"四力协同"，聚焦数据治理，强化数字服务，突出场景应用，创建点、条、块"三维融通"，教、学、管"三线贯通"的数字化改革新范式，打造数据精准化、服务精细化、管理精密化的现代化治理新格局。

整体牵动：构建"五个一"改革体系

高职院校深化数字化改革的意义不仅体现在具体的场景应用中，更体现在教学、管理、服务的理念和方式等发生的深层次基础性、全局性与根本性变革重塑中，牵引力强、带动面广，需要从宏观层面系统设计、整体推进。

学校编制的《"十四五"学校数字化改革总体方案》明确提出，以坚持育人为本、引领创新、系统推进为建设原则，构建全方位、全过程、全天候的一站式服务平台和数据治理体系的总体目标，并细化落实到每年的数字化改革建设任务中。通过实施数据治理攻坚工程、校务服务提升工程、校园环境智治工程、教学改革深化工程、数智基建保障工程，全面构建了"五个一"整体改革体系，即以数据治理为核心的协同"一中枢"、平台"一体化"、改革"一件事"、服务"一张表"、决策"一张图"。"五个一"工作体系的设计是基于数据中枢可视化采集、交互的技术能力，可有效解决"数据孤岛"的痛点，全面实现数字化应用"业务通、数据通、单点登录、一网通办"与校务管理和服务"网上办、掌上办、终端办"，校园数字化具备了"应用随身、服务随行、反馈随时"的治理能效。如通过数据中枢的数据采集交互，自动汇集教职工基础信息、教学、科研、教育培训等多项数据，形成教师个人成长信息档案"一张表"，实现年度考核、成果申报、评奖推优等校内表单"最多填一次"或"不用填"，彻底解决了教师重复填表、多头填报的常规性难题。学生的成绩单打印、等级考试证明、学生证注册等原先需要"上门办"的服务事项，现在通过刷脸或刷校园卡等身份认证方式，可以随时在终端机自行盖章打印取件。二级部门的经费使用进度、教职工的课题经费使用状态也都可以实时查询反馈。

需求驱动：落实"五个到位"目标体系

中国现代职业教育正在推进质量内涵式发展，特别是"双高计划"和职教本科的发展，为数字技术提供了丰富的应用场景。数字技术在职业教育领域的全场景赋能，进一步优化了教育教学环境，提高了学校治理效率，推动了发展方式变革，为职业教育高质量发展注入了新活力和新动能。

学校在深化数字化改革中，坚持以需求为导向，聚焦办学治校中的堵点、痛点、难点，做到"五个到位"，力求破解数字化改革"好看不管用"的弊病。一是清单编制到位。按照数字化逻辑，聚焦教学、科研、管理、生活等校园业务场景，梳理和重构职能部门的业务场景，确立了应用系统、业务数据表、主题数据和元数据资产，编制了"网上办"清单、"终端办"清单、填表服务清单、决策看板清单。二是数据价值挖掘到位。完成了办学条件、师生状况、教务科研、智慧思政、招生就业、财务资产、平安校园、图书资料、服务效能、宿舍管理、校园能耗等专题数据看板和二级学院专属数据看板定制。三是场景应用到位。学校上线新版"浙旅院钉"移动门户，开设资产采购、访客审批等"掌上办"便民业务场景50余个，在师生活动区域推出"一网通办"自助服务终端，集成校内办公、教务、学工、人事、后勤等部门基于线下交互的服务事项，为师生提供"24小时不打烊"的自助服务窗口，打通校务服务"最后一公里"。四是专业教学数字化应用到位。学校在明确文旅产业各类数字化人才规格的基础上，出台专业数字化升级改造方案，重点推动新专业目录下的导游、酒店管理与数字化运营、智慧景区开发与管理、餐饮智能管理等专业群核心专业的数字化改造，高标准建设智慧旅游技术、定制旅行管理与服务、民宿管理与运营应用等新专业；同时，学校围绕由传统知识进阶型向文旅融合型、智慧化能力提升型转变的教学目标，全面调整专业人才培养定位，出台专业数字化升级改造方案，重构模块化课程体系，创新线上线下混合教学模式，在国家智慧教育公共服务平台上，学校共计48门（次）开放课程入选国家高等教育智慧教育平台首批推荐课程，各开课平台累计选课26万余人次，智慧景区开发与管理专业团队成功入选国家职业教育教师教学创新团队。五是智慧教学场景改造到位。学校聚焦智慧教室和虚拟仿真实训基地建设，创设了虚实结合的教育教学环境，2021年学校首个"智慧教学示范楼"正式投入使用，75%以上的教室和实训室完成了智慧化改造，大大提升了课堂教学效率和课堂学习体验；同时，学校联合企业共同投资1900多万元建设国家虚拟仿真示范基地——"现代旅游虚拟仿真实训基地"，系统打造虚拟景区、虚拟酒店、虚拟厨房等7个"云旅游"模块，全面覆盖5G信号，引入VR、AR等设施设备，为学校师生提供虚拟实践教学环境，通过沉浸式体验全面提升教学实训质量。

平台联动：打造"五个平台"服务体系

在数字化全面推进的背景下，职业教育领域的理念重塑、过程重构、场景重建、要素重组等都发生了深刻变化，大数据技术驱动职业教育治理的方式、效率和效果呈现出新样态。强大的数字平台支撑是数字技术发挥作用的基础和依靠，是提高治理效能的技术保障。

学校着力打造"五个平台"，赋能学校服务能力升级：一是打造科研数字化平台，通过建立中国旅游研究院标准化研究基地、浙江省文化和旅游发展研究院、浙江省智慧旅游体验中心（智慧旅游研究所）、浙江省文化和旅游统计数据中心等十大教学科研平台，融合实现智慧旅游体验展示功能、教学科研功能、社会服务功能，促进信息技术与教育教学的深度融合，探索旅游职业教育信息化的创新发展之路；二是打造智慧产教融合平台，开展旅游人才集群式培养，校企合作共建"阿里巴巴新旅游人才孵化基地""麦扑智慧旅游产业学院""蜗牛产业学院""森泊产业学院""雷迪森产业学院"等10余个产教融合平台，建设"名师名导工作坊""智慧旅游体验中心"等融合产业工作场景的智慧化场所，推动教育链、人才链、创新链、产业链"四链"融合；三是打造智慧思政平台，构建集学业预警、心理预警、经济预警、行为预警等四种类型预警信息的数据共享"安全舱"、安全教育"防火墙"、分析判断"预警台"、AI辅助"智慧脑"、反馈分析"稳定器"五大功能模块，形成学生个人和校园整体的

"安全画像"，预警有效率高达98%，提升了学生思政工作的精度、力度、温度；四是打造校园安全管理平台，集预警研判、接警处置、留档追溯等功能于一体，将全校的火灾监测、能耗监测、车辆管理、寝室考勤融入安全管理平台，实现对校园各类突发事件的实时智能监控，加强校园安全一体化设计，织密校园安全"一张网"；五是打造校园能源管控平台，创新物联网技术应用，为生态节能、用能安全、用能发展、用能经费安排提供决策支持，建立校园能源"大脑"，推进绿色校园建设，综合能耗同比降低5%。

机制推动：健全"五个机制"保障体系

推动体制机制创新和政策加持是数字化改革走深走实的重要保障。学校通过构建"五个保障"工作机制，确保数字化改革落地见效：一是组织领导机制，学校成立由书记、校长任组长的数字化改革工作小组，校长兼任数字化改革办公室主任，下设党建学生思想政治工作、教学科研、校园安全稳定、校务服务、资产后勤、干部人事、改革督查7个数字化工作实施推进工作小组，形成专班统领、分头实施、整体推进的合力机制；二是运营管理机制，出台《数据管理办法》，建立"一数一源，一源复用"应用模式，形成每月例会、每周碰头、责任到人的沟通机制，确保数据运营的高效性、管理的规范性；三是两级联动机制，学校与各学院、职能部门按照"专班化运作＋项目化实施"的方式组建两级工作专班，分级建立项目任务书、时间表、作战图，组建二级部门数据管理员队伍，明确数据采集、维护、使用等全生命周期的管理职责，全校"一盘棋"协同推进数字化改革工作；四是目标责任机制，建立了"目标项目化、项目清单化、清单责任化"的闭环式工作责任体系，将数字化改革纳入目标责任制考核，建立重大任务数字化改革专项督查制度，加强绩效评估和监督考核；五是数字素养提升机制，面向干部、教师、行政人员、学生等不同对象，通过专家讲座、应用技能和信息素养培训等形式，科学构建分层分类培训体系，将提升信息素养纳入职能部门培训计划，逐步提升干部、师生的信息化意识、素养和能力。此外，学校开设"每周一荐"专栏，加强信息化应用热点和难点问题解答、智慧校园应知应会、信息技术应用分享等系列宣传，营造良好的数字化改革舆论环境。

数字治理已经成为全方位数字化转型的重要驱动力量。信息技术与高等教育的深度融合，催生了高校在教学、行政管理和服务等领域的深刻变革。高校在数字化改革赋能办学治校现代化的过程中，要特别注重顶层设计的系统性、数据管理的规范性、机制建设的长效性，坚持需求导向、问题导向、成果导向，持之以恒、久久为功。学校通过持续不断的努力和积累，先后获得国家首批教育信息化试点工作优秀组织单位及浙江省首批数字校园示范建设校、区域和学校整体推进智慧教育综合试点学校、教育领域数字化改革首批创新试点单位、首批高校智慧思政特色应用试点单位等诸多荣誉，取得了教育信息化方面的多项科研成果，为高职教育深化数字化改革、推进治理现代化提供了可借鉴的范例。

2.《中国教育报》：以"人文铸旅"工程开启"中国服务之美"——浙江旅游职业学院构建全方位育人新体系

赵　青　李依彤

■ 特色为笔　绘制"双高"建设新画卷·浙江篇

课程、讲座、观演、竞赛、研习、实践……一种全新的学习模式正逐步渗透浙江旅游职业学院学生的大学生活，从上课到实践，形成了一个学习闭环。这是浙江旅游职业学院通过"人文铸旅"工程打造的全新教学生态。

2020年，浙江旅游职业学院全面启动"人文铸旅"工程，并成立隶属于学校宣传部的人文素养教育中心，一方面推动日常管理工作，另一方面也将"人文铸旅"工程与文化校园建设深度融合。工程的目标是打造"行业站得高，国内叫得响，国际有影响"的人文教育精品特色工程，培养德才兼备、品技兼优、浙江中坚、国内骨干、国际称誉的"双高"人才，将"人文"更好地注入"人心"，为建设世界旅游强国贡献智慧和力量，为世界旅游职业教育创新发展提供"中国样板"。

■ 建好"人文铸旅"的"智力库"——智力高地魅力尽显

2018年是我国文旅融合发展的元年。作为国家示范性骨干高职院校和"双高"计划建设单位，如何培养具有"中国服务之美"的高素质技术技能旅游人才？这个问题一直萦绕在浙江旅游职业学院校长杜兰晓心头。经过对行业企业和在校师生广泛而深入的调研，一个初步的想法形成了：高素质旅游人才培养要有完善的顶层设计，充分体现"以文铸旅 以旅彰文"，首先需要的是良好的智力支持。2020年，"人文铸旅"工程正式启动，它搭建的"智力库"成了一张亮眼的"金名片"。

启动会上，"人文铸旅"总领衔专家董平教授亮相发言，现场掌声雷动。董平是浙江大学求是特聘教授、国家特殊津贴获得者，曾任浙江大学哲学系主任等职，出色的履历让浙江旅游职业学院的学子充满期盼。当天，董平被聘任为浙江旅游职业学院

"国学"模块领衔专家。未来，浙江旅游职业学院的学子可以学习董平在浙江大学任教的所有课程。

据悉，"人文铸旅"工程以"高标准谋划、高起点建设、高质量落地"为特点，启动之初便聘任"国学、哲学、艺术、礼仪"四大模块领衔专家，为工程夯实智力基础，领衔专家来自全省富有盛誉的学者团队，开启了该工程的智慧之门。目前，由领衔专家主讲的"人文铸旅"大讲堂系列讲座已开展20余场，受众达5万余人次。

"人文铸旅"工程的智慧脚步不止于此。浙江省文化和旅游系统是一个富有人文内涵的系统，作为其中的一分子，浙江旅游职业学院与5家省级文化单位共建合作，与浙江省文旅部门下属院校发起了校际联盟。

2020年，浙江旅游职业学院与杭州良渚遗址管理区管委会共同开设了"中国良渚文化"慕课堂，通过16章48单元的篇幅和原创的中英双语表达，全方位多角度解读良渚文化和良渚文明，深入阐释良渚社会及其"玉魂国魄"，目前已有2.3万余人点击观看。

2020年底，京昆艺术中心主任翁国生带队在浙江旅游职业学院遂园演出了《牡丹亭·游园》《孽海记·思凡》等精彩曲目。2021年，浙江旅游职业学院和浙江省美术馆共同主办了"伟业铭史，丹青铸魂"庆祝中国共产党成立100周年主题教育美术作品展。

这些都是浙江旅游职业学院探索"人文铸旅"工程的有效实践。目前，浙江旅游职业学院已引进浙江省美术馆、浙江省话剧团等单位的高规格文化艺术展演10余场，线上线下受众达8万余人次。

不仅如此，"人文铸旅"工程也得到了兄弟院校的高度关注和鼎力支持。浙江音乐学院、浙江艺术职业学院与浙江旅游职业学院成立了三校联盟，建立跨校选修课课程库，出台学分互认管理办法，在校际的资源共享、优势互补、创新多元化培养途径等领域开展了合作。

当然，"智力库"不局限于师资与共建单位，还在于研究创新。浙江旅游职业学院拥有浙江省文化和旅游发展智库、浙江北大数字文化和旅游联合中心等十大研究平台，一直把研究放在核心地位。"人文铸旅"工程启动之初，学校便与省社科联合作建立省文旅融合研究基地，面向全省每年资助一批人文文化、文旅融合主题的科研项目及专著，让工程与研究结下了不解之缘，也让工程有了更好的智力依托。

■ 建好"人文铸旅"的"主心骨"——课程体系内外兼修

假如"人文铸旅"工程的智力库是"空气",那么人文铸旅的课程体系便是"氧气",是工程发展的血肉。"人文铸旅"工程启动之前,学校经过多轮针对课程体系的讨论,最终确立了"2+4+X"的课程体系。

"2+4+X"即:2门全校公共基础必修课程——所有旅院学生在大学一年级都要学习的"人文素养概论"和"旅游职业礼仪",4门与专业群融合的专业基础课程,以及开放式的人文素养教育平台。"这是举全校之力共同建设的工程。课程设计的基本思路是:在知识领域中做到'起点高',即高等教育的知识层次和大学生心智水平相匹配;在知识传授上做到'知识精',知识传授力求'精品、精准、精练';在专业融合上做到'专业强',通过结合不同的学科与专业特征,巧妙设置知识节点,力求学而致用。"杜兰晓校长表示。

在两年多的课程体系发展过程中,课程的骨架越发明晰。2021年,工程教师团队领衔起草制定了《旅游职业教育人文素养课程体系设置指南》,并经浙江省标准化协会正式发布实施,为提高职业教育教学效益与学生人文知识水平提供了依据和指导。

在相对固定的"2+4"课程体系中,"人文铸旅"工程着力推进"金课"建设,促进"跨学科""前沿性"的课程发展,积极建设校级、省级乃至国家人文素养精品课程和教学资源库,已立项省级教学科研项目1项、教学类项目9项。

与相对固定的"2+4"课程体系相比,"X"则是一个具有极大发挥空间的领域,高品质的大讲堂、人文类学科竞赛等活动都是"X"的重要组成部分。

2021年,"X活动"之一"喜迎亚运 礼绽芳华"礼仪展示活动在学校开展,杭州亚组委相关领导与"人文铸旅"工程"礼仪"模块领衔专家许爱玉共同担任评委。现场,学生展现了旅游人特有的风貌与气质,以青春的风采向建党100周年献礼。

"X"活动中别具一格的当数"特长+"计划,也就是人文类学科竞赛项目,在全校范围内选拔具有艺术特长的学生,组织技术型优秀学生参加全国中华经典诵写讲、大学生艺术展演等国家、省级学科竞赛,获2020年浙江省大学生艺术节戏剧类三等奖,2021年浙江省第九届大学生中华经典诵读竞赛一等奖、二等奖,2021年全国第三届中华经典诵写讲大赛优秀奖,取得了人文类国家A类学科竞赛的突破性成绩。

■ 建好"人文铸旅"的"生力军"——青春力量活力迸发

开启"人文铸旅"工程,最终是为了培养优质人才,因而青年学生是工程重要的"试金石"。

经过两年多的实践,"人文铸旅"工程探索成立了校级大学生知识研习与学术研究组织——"大学生文旅融创研习空间",截至目前,已指导两名学生在《旅游与摄影》《当代旅游》上发表学术论文两篇。

"我们建立研习空间的初衷是通过举办知识沙龙、问题研究、学术讲座、社会调研等活动,锻造学生求知、探索、研究的能力,目前看来也取得了不错的成果。接下来,研习空间将举办首届'文化·旅游·融创'学术论坛,以扩大其在学生群体中的影响力。"研习空间发起者、"哲学"模块领衔专家高长江教授表示。

"人文铸旅"工程启动之时,杭州亚运会正如火如荼地筹备。培养亚运规格的服务人才是"人文铸旅"工程的直接目标。

2021年,学校选派学生参加杭州亚运会国际文明礼仪大赛,两名学生分别获评大赛"赛事服务礼仪之星"及赛事服务礼仪优秀奖。

除此之外,今年,浙江旅游职业学院全面启动了校内亚运志愿者的选拔工作,目前共有471人被预录用,将服务于千岛湖小轮车、公路自行车、铁人三项等赛项,以及西湖国际高尔夫球场(决赛)、学校橄榄球训练场馆等。值得一提的是,浙江旅游职业学院高尔夫专业的100名学生将担任高尔夫球比赛专业球童志愿者,直接服务各国运动员。

在人文熏陶下,志愿服务使理论真正落地。近年来,G20杭州峰会、上海世博会、第十三届全国运动会、第八届全国残疾人运动会、世界互联网大会、第14届FINA世界游泳锦标赛、国际动漫节、世界旅游联盟·湘湖对话等各类社会重大活动中都有浙江旅游职业学院青年学子的身影。

在浙江旅游职业学院人文素养教育中心主任姚哲峰看来,志愿服务是社会实践的一种形式,是学生理论与实践结合的重要方式,也是"人文铸旅"工程的具体落地。

当然,社会实践不仅限于志愿服务。作为旅游院校,浙江旅游职业学院在促进共同富裕的道路上一直干在实处。目前已连续14年开展"乡村旅游免费送教下乡(企)"活动,启动"师生助力全省万村景区建设"项目和"微改造、精提升"活动,助力乡村旅游提升。5年来,5000余名师生对浙江省内的286个村庄提供乡村旅游发展指导,协助94个村庄成功创建省3A级景区,其中包括全程指导安吉余村创建国家4A级旅游景区。

这都是培养高素质技能技术人才的积极探索。浙江旅游职业学院党委书记韦国潭对此一直给予极大支持,并多次向"人文铸旅"工程负责团队强调:"文化自信是更基础、更广泛、更深厚的自信，是更基本、更深沉、更持久的力量，坚定文化自信，是关乎国运兴衰、关乎文化安全、关乎民族精神独立性的大问题。高校作为人才高地和创新高地，对文化自信的践行尤为重要。'人文铸旅'工程是延续文化基因、萃取思想精华、展现精神魅力、增强文化自信的重要举措。我们要通过这个工程，向师生输送人文养分，激发精神动力，彰显人文价值，从而为国家输出优质人才。"

如今，职业教育学界已掀起了一股对职业教育更高质量发展的探求热潮。对浙江旅游职业学院而言，"人文铸旅"工程是立足于新发展阶段、追求职业教育进一步高质量发展的重要举措。通过全方位的教育，培养学生的人文底蕴，塑造学生内在精神品格，提升学生核心竞争力，用人文涵养技术技能，让学生在职业教育发展的浪潮中占得先机，实现浙江旅游职业学院"中国旅游职业教育的排头兵""国际旅游职业教育的'中国品牌'""中国高职教育系统人文素养教育的标兵与典范"的历史跨越。

3.《中国旅游报》：写在《大学生劳动教育教程》出版前面的话

徐初娜　金蓓蕾　徐　敏

劳动教育是中国特色社会主义教育制度的重要内容，直接决定社会主义建设者和接班人的劳动精神面貌、劳动价值取向和劳动技能水平。2020年3月，中共中央、国务院发布《关于全面加强新时代大中小学劳动教育的意见》，对新时代劳动教育做了顶层设计和全面部署，提出了整体优化学校课程设置，将劳动教育纳入中小学国家课程方案和职业院校、普通高等学校人才培养方案，形成具有综合性、实践性、开放性、针对性的劳动教育课程体系。2020年7月，为加快构建德智体美劳全面培养的教育体系，教育部组织研究制定了《大中小学劳动教育指导纲要（试行）》。

本教材严格遵循《大中小学劳动教育指导纲要（试行）》文件要求，以培养学生劳动精神和劳动素养为目标，以强化学生劳动认知和劳动技能为关键，以案例分析、劳动实践项目训练、线上课程平台为载体，按照认识劳动、崇尚劳动、懂得劳动、践行劳动的逻辑顺序，分为四个模块十二个专题。

第一篇"认识劳动"模块由"劳动导论""劳动实践概述"两个专题构成，着力于提高学生对劳动及劳动教育的认知，帮助学生树立正确的劳动观；第二篇"崇尚劳动"模块由"劳模精神""劳动精神""工匠精神"三个专题构成，着力于弘扬劳模精神、劳动精神、工匠精神，引导学生崇尚劳动；第三篇"懂得劳动"模块由"劳动心理""劳动安全""劳动法规"三个专题构成，着力于强化学生劳动技能、职场文化适应能力，培育学生劳动素养；第四篇"践行劳动"模块由"校园劳动""社会实践""实习实训""创新创业"四个专题构成，着力于提升学生服务意识、创造精神，指导学生劳动实践。

新形态一体化活页教材，本教材遵循职业教育教学规律和人才成长规律，符合学生认知特点，体现先进职业教育理念，反映人才培养模式改革方向，将知识、能力和正确价值观的培养有机结合，适应专业建设、课程建设、教学模式与方法改革创新等方面的需要，有效激发学生学习兴趣和创新潜能。

本教材与本门课的在线课程紧密关联，学生可以通过扫描书本封面及各章二维码的方式，获得海量的在线劳动教育资源，并可直接和编者在线互动，提升教材的使用效果。同时，学生可以通过扫描书本封面的劳动教育小程序二维码，从劳动思想性、劳动服务性、劳动创造性、劳动习惯与品质四个维度参加劳动实践项目，走出课堂，身体力行，参加劳动锻炼，知行合一，形成全面的劳动素养。

4.《浙江教育报》：给学生劳动实践"画像" 浙旅职院上线"劳动在线"应用

本报记者 江 晨

打开钉钉，找到"实践啦·劳动在线"板块，点进"劳动任务认领列表"一栏，浙江旅游职业学院2021级电子商务专业学生缪金坊看到了自己本学期完成的劳动实践项目。最近的一次是9月15日参加了一场以"迎新服务"为主题的校内志愿者活动，劳动时间、劳动类型、劳动主题等信息都被罗列得明明白白。

缪金坊使用的是今年4月浙旅职院上线的"劳动在线"特色应用。"应用是从去年12月开始策划的，目的是实现学生劳动教育的数字化管理，调动学生劳动积极性。同时，通过全过程记录形成一个完整的劳育画像。"浙旅职院学工部部长徐初娜介绍。

根据人才培养方案和劳动教育课程标准，浙旅职院从劳动思想性、劳动服务性、劳动创造性、劳动习惯与品质这4个维度对劳动项目进行了分类，设定了志愿服务、校园义工、校园劳动、家务劳动等14个劳动类型。每个类型对应不同的考核要点与考核分，学生在完成任务拿到分值后，应用内会相应形成一个直观的劳育雷达图。同一页面中，学生还可以查看自己的劳动得分、劳动得分排名、劳动时长和劳动时长排名情况。

"2020年3月,中共中央、国务院印发的《关于全面加强新时代大中小学劳动教育的意见》对新时代劳动教育作了顶层设计和全面部署,学校第一时间响应,在综合素质考评中更新了劳动素质的模块,并在全省率先设置了劳动教育公共必修课程。学生通过学习理论知识和加强劳动实践获得相应的学分。"学工部主管徐敏说,一直以来,学校劳动教育氛围较为浓厚,有了应用,学生开展劳动实践也更方便灵活了。

　　在应用的劳动任务设置页面,校级和院级管理人员可以发布"定制"和"非定制"两种劳动任务。其中,"定制"劳动主要是指定给学子的劳动任务,如美丽校园创建等;"非定制"劳动则是学生自愿参与的活动,由校层面或院层面发布任务,学生接单完成,如劳模讲座等。发布任务后,任务信息通过钉钉应用程序自动推送给学生,形成一条待办。学生自主报名,审核通过后,就可以做任务了。

　　厨艺学院2020级烹调专业学生冯榆凯自平台上线以来已经参加了6个活动。劳动成长画像页面显示,他的劳动得分排名为全校第二。"将完成任务过程中拍的照片、劳动心得上传,教师们都会给予一定反馈。"冯榆凯说,平台采用双向评分机制,学生也可以给布置任务的教师评分,"就像外卖评分一样"。

　　浙旅职院共有27位专职劳动教育课教师,学生们给予这些教师的评价会在数据后台生成一个"最受欢迎的劳育教师"栏目。此外,学生们每次完成的劳动实践也会被记录下来,纳入劳动素质考评。如此,便形成了一个报名审核、提交劳动任务成果、成果审核、双向互评、记录显示的流程闭环。

　　劳动任务面向全校学生,也让冯榆凯获得了不一样的体验。"以前每个学院都有群发布劳动实践信息,参与者局限在本学院。现在通过平台,可以和其他学院的同学一起参与,实践类型、合作人员都多了起来。"他说。

　　除了固定的4个劳动维度,劳动的具体内容和主题都是个性化的,不同学院可以设置不同的劳动实践。通过"劳动在线"应用,学校可以看到各学院学生的劳动教育情况,学院可以查看院里师生的劳动教育情况,而教师可以借助平台创新劳动教育教学,做到理论和实践的真正结合。应用数据为学校、劳育教学、管理等方面提供重要的参考。

　　当然,这只是浙旅职院在劳动教育智能化方面迈出的第一步。增加"劳动在线"应用中的角色分配功能、优化应用体验感、加强劳动数据的集成应用……应用还有广阔的升级空间。"我们希望不断完善现有架构,结合实际需求和职校特点,利用智能化应用提升学生参与劳动实践的效果,充分发挥劳动教育的综合育人功能。"在徐初娜的设想里，未来应用体系会更加成熟，数据会更加丰富。

5.《中国文化报》：以"人文铸旅"工程驱动文旅人才培养

时忆宁　徐继宏

浙江旅游职业学院校园一景　浙江旅游职业学院供图

课程、讲座、观演、竞赛、研习、实践……一种全新的学习模式正逐步融入浙江旅游职业学院学生的大学生活，这是浙江旅游职业学院通过"人文铸旅"工程打造的全新教学生态。

2020年，浙江旅游职业学院全面启动"人文铸旅"工程，通过凝聚智力资源，体系化推进人文课程，高质量开展第三课堂，着力培育"中国品牌"和"中国服务"的忠实践行者、最美窗口的展示者。

据悉，"人文铸旅"工程以"高标准谋划、高起点建设、高质量落地"为特点，启动之初便聘任国学、哲学、艺术、礼仪四大模块领衔专家，为工程夯实智力基础。同时，浙江旅游职业学院与浙江省文旅部门下属院校发起了校际联盟，共建平台、共选课程、互认学分，与5家浙江省省级文化单位共建合作，目前已引进浙江省美术馆、浙江省话剧团等单位的高规格文化艺术展演10余场，线上线下受众达8万余人次。

浙江旅游职业学院院长杜兰晓表示："有了良好的智力支持，我们设计出了工程的'骨架'，即'2+4+X'课程体系。课程设计的基本思路是：在知识领域中做到'起点高'，即高等教育的知识层次和大学生心智水平相匹配；在知识传授上做到'知识精'，知识传授力求'精品、精准、精练'；在专业融合上做到'专业强'，通过结合不同的学科与专业特征，巧妙设置知识节点，力求学而致用。"

据了解，"2+4+X"即所有学生在大学一年级都要学习"人文素养概论"和"旅游职业礼仪"这2门全校公共基础必修课程，4门与专业群融合的专业基础课程，以及开放式的人文素养教育平台。在相对固定的"2+4"课程体系中，"人文铸旅"工程着力推进"金课"建设，促进"跨学科""前沿性"的课程发展，积极建设校级、省级乃至国家人文素养精品课程和教学资源库，已立项省级教学科研项目1项、教学类项目9项。

与相对固定的"2+4"课程体系相比，"X"则是一个具有极大发挥空间的领域。"X"活动中别具一格的当数"特长+"计划，也就是人文类学科竞赛项目，即在全校范围内选拔具有艺术特长的学生参加全国中华经典诵写讲、大学生艺术展演等国家级、省级学科竞赛，目前已获2021年全国第三届中华经典诵写讲大赛优秀奖，2021年浙江省第九届大学生中华经典诵读竞赛一等奖、二等奖等国家级、省级奖项。

如今，职业教育学界已掀起了一股追求职业教育更高质量发展的热潮。对浙江旅游职业学院而言，"人文铸旅"工程是立足于新发展阶段、追求职业教育进一步高质量发展的重要举措。通过全方位的教育，培养学生的人文底蕴，塑造学生内在精神品格，提升学生核心竞争力，用人文涵养技术技能，让学生在职业教育发展的浪潮中占得先机。

6.《中国旅游报》：浙江旅游职业学院加快推进数字化改革——学校更"智能"课程更"智慧"

赵 青 本报记者 靳 畅

"智慧教室不光有'颜值'，还有'内涵'。教室前面、两侧都配备了大屏幕，不论坐哪里都可以看清讲课内容，老师上课的板书笔记也可以'同步分享'，听课效率大大提升。"让大二学生沈芯如赞不绝口的教室，是浙江旅游职业学院正式投入使用的"智慧教学示范楼"中的45间智慧教室，不仅任课教师可以实现一卡签到、一键上下课，还可以依托智慧双屏实现半屏操作、双屏切换、登录教学平台等。高颜值、高科技，让智慧教室成为师生争相拍照的"网红"打卡点。

浙江旅游职业学院智慧教室　浙江旅游职业学院供图

智慧教室是浙江旅游职业学院全面推进数字化改革的一个缩影。该校校长杜兰晓表示，"2017年，学校全面启动'最多跑一次'改革，成效显著，形成了数字化转型的先发优势，也为数字化改革奠定了扎实基础。今年，我们在此基础上全方位系统性提升，进一步加快了数字化改革步伐。"

革新管理方式

今年，浙江旅游职业学院的人脸识别系统正式上线，师生录入人脸照片后，即可在校门口通过闸机"刷脸"进出。学校还在教学楼、主干道等校内各处安装了50余个人脸抓拍机，可根据系统查询到相关人员在校轨迹以及最后落脚点，为师生安全保驾护航。

全面推进数字化改革以来，浙江旅游职业学院以革新管理方式为核心，以数据资产管理为依托，为数据服务"一张表"、数据决策"一张图"提供了支撑。

"以前，教师申报事项要填写表格，不同的事项有不同的表格。现在'一张表'管理，通过基础信息表数据交互和定制，实现了45张校内表单'最多填一次'或'不用填'，切实解决了教师重复填表、多头填报的难题。"浙江旅游职业学院现代教育技术中心主任张永波说，"依托数据资产，学校的'一张图'聚焦了教学、管理、生活等校园场景，开发了'一项工作一看板'，完成了教务教学、招生就业、平安校园、图书馆等25项专题数据看板，让数据充分赋能学校科学决策。"今年，浙江旅游职业学院"网上办"月均处理事务超过3万件（次），"掌上办"月均访问量超过18万人次，"自助终端办"月均办理业务量超过1万件（次），极大地提高了学校治理能力和服务水平。

此外，浙江旅游职业学院还实施了用水用电能耗管控工程，建立校园能源大脑，为生态节能、用能安全、用能发展、用能经费安排提供决策支持。

建设信息平台

作为浙江省旅游业"微改造、精提升"专家指导团队，今年，学校组建60余支师生工作团队，利用暑期、节假日等课余时间分赴全省各地，调研梳理乡村问题，帮扶景区村庄与数字科技融合。

"学校有省文化和旅游发展研究院、省文化和旅游统计数据中心等十大科研平台。依托这些平台的海量数据基础，基于手机信令轨迹数据，我们建立了全域旅游客流监测模型，服务于全省旅游。"浙江旅游职业学院合作发展处处长方敏表示。

学校还同步推进了服务师生的数字化项目。今年5月，学校入选为浙江省教育厅第一批高校智慧思政特色应用试点单位名单。智慧思政以打造集大数据共享"安全舱"、三维安全教育网络"防火墙"、分析判断"预警台"、AI辅助系统"智慧脑"、反馈分析平台"稳定器"5个功能模块为有机整体的学生安全态势感知平台建设为目标，提升思政工作质量与效能，不断赋能高校学生工作。

浙江旅游职业学院学工部部长徐初娜介绍，"智慧思政项目就是建成思政队伍和学生管理无壁垒的数据中心，运用数字化技术、数字化思维、数字化认知，解决学生思政工作中存在的盲区、断点，全力提升教育智治能力。"

"学校全力推进数字化改革，极大提升了学工线的工作成效。比如，我们可以将勤工助学和奖助工作相关通知直接通过数字化系统'点对点'通知到学生，学生通过手机端即可发起申请。这避免了繁杂的通知和申请流程，让学生更便捷。"浙江旅游职业学院辅导员杨婷说。

此外，今年学校还依托钉钉平台，迭代优化了"浙旅院钉"平台功能，联结办事大厅、智慧后勤、平安校园、幸福旅院、采购管理等应用场景，实现校内服务掌上办全覆盖，为师生们"流动性"处理校内事务提供了智能载体。

重构课程体系

"去年，学校在牵头教育部旅游大类中高本一体化教育专业目录修订工作时，牵头申请了'智慧旅游技术应用''定制旅行服务与管理'等新专业并被批准，今年均已开始招生。按照教育部印发的《职业教育专业目录（2021年）》，学校调整了一大批专业，如原部分专业调整为'酒店管理与数字化运营''智慧景区开发与管理''餐饮智能管理'等，同时撤并了一些课程。"浙江旅游职业学院教务处处长吴雪飞说。

这是学校结合新时期"互联网+旅游"发展面临的新形势、新机遇和新挑战，为适应产业发展趋势，着力推进的专业升级和数字化改造举措。针对专业的更新，学校同步调整课程体系，培养学生的数字化思维和能力，陆续开设了《智慧旅游》等大量相关课程。在开设线下课程的同时，学校也同步启动了配套在线课程的建设。以《智慧旅游》为例，截至目前，教师团队共制作了课程素材482个。同时，依托学校牵头建设的景区专业国家教学资源库，《智慧旅游》已在MOOC学院开设了三期慕课，共1360人参与了学习。

课程体系的调整更需要配套设施的完善。浙江旅游职业学院与企业共同投资1905万元建设国家级虚拟仿真示范基地"现代旅游虚拟仿真实训基地"，系统打造虚拟景区、虚拟酒店、虚拟厨房等7个"云旅游"模块；建成后将全面覆盖5G信号，并引入VR、AR等设施，更好地为学生学习提供智慧化实践场地。如在虚拟景区模块中，利用VR技术模拟中外著名景点、景区，模拟旅游目的地地震、火灾、泥石流、旅游大巴故障等突发状况，使学生通过沉浸式体验全面提升实战业务能力。

7.《光明日报》：浙江旅职院：数字化改革激活学校发展新动能

通讯员　赵　青　光明日报全媒体记者　陆　健

浙江旅游职业学院智慧教室全景图

"智慧教室不光有'颜值'，还有'内涵'！不论坐哪里都可以看清讲课内容，老师上课的板书笔记也可以'同步分享'，听课效率大大提升。"学生沈芯如说，在智慧教室，任课教师可以实现一卡签到、一键上下课，还可以依托智慧双屏实现半屏操作、双屏切换、登录教学平台等。

秋季学期开始，浙江旅游职业学院首个"智慧教学示范楼"正式投入使用，楼内的45间智慧教室成了学校最新"网红"打卡点。

这是学校全面推进数字化改革的一个缩影。"早在2017年，学校全面启动'最多跑一次'改革，取得了一批标志性成果，形成了数字化转型的先发优势，为数字化改革奠定了扎实基础。"浙江旅游职业学院校长杜兰晓说，"在此基础上，今年我们全方位系统性重塑，进一步加快了数字化改革步伐，激活了发展新动能。"

革新管理方式，数字化让管理更高效

今年，浙江旅职院的人脸识别系统正式上线，师生通过钉钉系统录入人脸照片后，即可在校门口通过闸机"刷脸"进出。在教学楼、主干道等校内各处安装了50余个人脸抓拍机，可根据系统查询到相关人员在校轨迹以及最后落脚点，为校园安全事件综合研判提供参考线索。这是校园环境智能管控建设中的人工智能安防系统，可实现进出人员身份识别、实时测温、追踪预警等功能。

全面推进数字化改革以来，浙江旅职院以革新管理方式为核心，以数据资产管理为依托，为数据服务"一张表"、数据决策"一张图"提供了数据支撑。

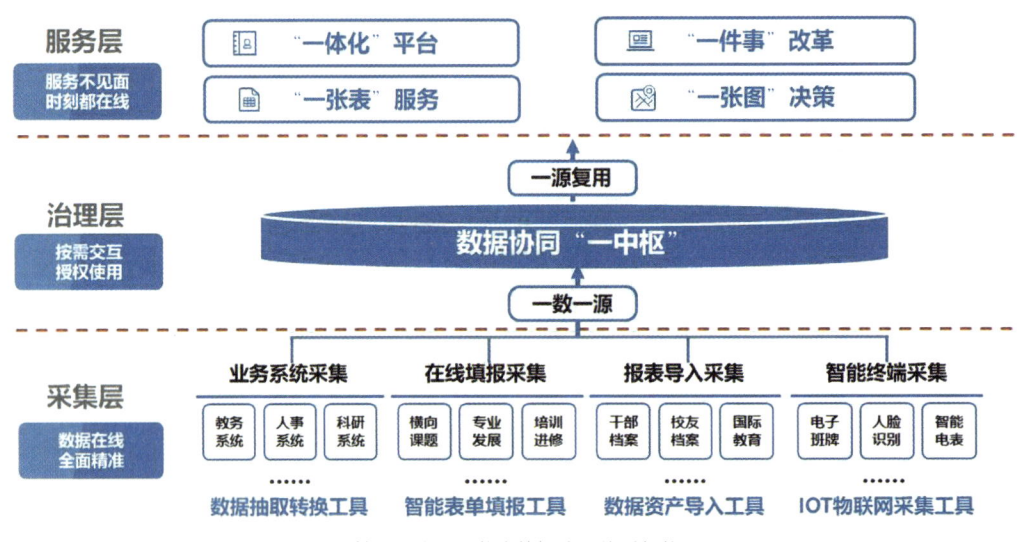

浙江旅游职业学院数据治理体系架构

"以前教师申报事项，往往要填写表格，不同的事项有不同的表格。现在'一张表'管理，通过基础信息表数据交互和定制，实现了45张校内表单'最多填一次'或'不用填'，切实解决了教师重复填表、多头填报的难题。"现代教育技术中心主任张永波说。

"依托数据资产,学校的'一张图'聚焦了教学、管理、生活等校园场景,开发了'一项工作一看板',完成了教务教学、招生就业、平安校园、图书馆等 25 项专题数据看板,让数据充分赋能科学决策。"今年,学校"网上办"月均处理事务流程超过 3 万件次,"掌上办"月均访问量超过 18 万人次,"自助终端办"月均办理业务量超过 1 万件次,极大地提高了学校治理能力和服务水平。

学校还实施了用水用电能耗管控工程,建立校园能源大脑,为生态节能、用能安全、用能发展、用能经费安排提供决策支持。

依托信息平台,数字化让服务更细致

作为浙江省旅游业"微改造、精提升"专家指导团队,今年学校组建 60 余支师生工作团队,利用暑期、节假日等时间分赴全省,调研梳理乡村问题,帮扶景区村庄推动与数字科技的融合。

"依托省文化和旅游发展研究院、省文化和旅游统计数据中心等十大科研平台的海量数据基础,基于手机信令轨迹数据,我们建立了全域旅游客流监测模型,服务于浙江旅游业。"合作发展处处长方敏表示。

学校还同步推进了服务师生的数字化项目。今年 5 月,学校入选为省教育厅第一批高校智慧思政特色应用试点单位名单。智慧思政以打造集大数据共享"安全舱"、三维安全教育网络"防火墙"、分析判断"预警台"、AI 辅助系统"智慧脑"、反馈分析平台"稳定器"五个功能模块为有机整体的学生安全态势感知平台建设为目标,提升思政工作质量与效能,不断赋能高校学生工作。

"简单来说,智慧思政项目就是建成思政队伍和学生管理的无壁垒的数据中心,运用数字化技术、数字化思维、数字化认知,解决学生思政工作中存在的盲区、断点,全力提升教育智治能力。"学工部部长徐初娜介绍。

"学校全力推进数字化改革,极大地提升了学工线的工作成效。比如,我们可以将勤工助学和奖助工作相关通知直接通过数字化系统'点对点'通知到学生,学生通过手机端即可发起申请。这避免了繁杂的通知和申请流程,让学生处理事务工作更便捷。"辅导员杨婷说。

此外,今年学校还依托钉钉平台,迭代优化了"浙旅院钉"平台功能,联结办事大厅、智慧后勤、平安校园、幸福旅院、采购管理等应用场景,实现校内服务掌上办全覆盖,为师生们"流动性"处理校内事务提供了智能载体。

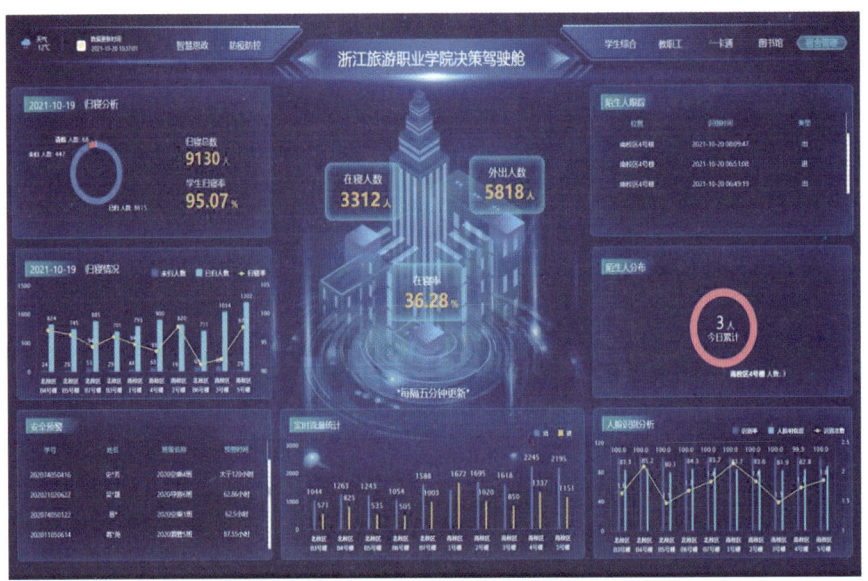

浙江旅游职业学院智慧思政平台

重构课程体系，数字化让课程更智慧

"去年，学校在牵头教育部旅游大类中高本一体化教育专业目录修订工作时，就牵头申请了'智慧旅游技术应用''定制旅行服务与管理'等新专业并被批准，今年均已开始招生。按照教育部2021年《职业教育专业目录》，学校调整了一大批专业，如原部分专业调整为'酒店管理与数字化运营''智慧景区开发与管理''餐饮智能管理'等，同时撤并了一些课程。"教务处处长吴雪飞说。

这是学校结合新时期"互联网＋旅游"发展面临的新形势、新机遇和新挑战，为适应产业发展趋势，着力推进的专业升级和数字化改造举措。

针对专业更新，学校同步调整课程体系，培养学生的数字化思维和能力，陆续开设了《智慧旅游》等大量相关课程。在开设线下课程的同时，学校也同步启动了配套在线课程的建设。以《智慧旅游》为例，截至目前，教师团队共制作了课程素材482个。同时，依托学校牵头建设的景区专业国家教学资源库，《智慧旅游》已在MOOC学院开设了三期慕课，共1360人参与了学习。

课程体系的调整更需要配套设施的完善。学校与企业共同投资1905万元建设国家级虚拟仿真示范基地"现代旅游虚拟仿真实训基地"，系统打造虚拟景区、虚拟酒店、虚拟厨房等七个"云旅游"模块。建成后将全面覆盖5G信号，并引入VR、AR等设施，更好地为学生的学习提供智慧化实践场地。比如在虚拟景区模块中，可利用

VR技术模拟中外著名景点、景区，模拟旅游目的地地震、火灾、泥石流、旅游大巴故障等突发状况，学生通过沉浸式体验全面提升实训质量。

浙江旅游职业学院课程体系改革

8.《中国旅游报》：浙江旅游职业学院酒店管理学院：学生综合素质提升工作体系深化"三全育人"成效

俞莹莹

近年来，为进一步探索"三全育人"（全员育人、全程育人、全方位育人）综合改革有效途径，浙江旅游职业学院酒店管理学院不断推陈出新工作方法。新近发布的"1+1+N"学生综合素质提升工作体系，有利于构筑"三全育人"大格局。

"1+1+N"学生综合素质提升工作体系是以"微笑之树"为品牌形象，在"1"个"心服务·星先锋"党建文化和"1"个"微笑酒管"校园文化基础上拓展了"N"个工作载体。

党建引领扩格局

"党建引领是工作体系的根本特色，也是推进'三全育人'的组织和政治保证。"酒店管理学院党总支书记葛志荣介绍，近年来，学院全力打造"心服务·星先锋"党建文化品牌，以微学习、微服务、微窗口、微阵地、微旗帜构建无"微"不至的微平台，从政治建设、组织建设、作风建设、阵地建设、先锋建设全方位入手。而"1+1+N"学生综合素质提升工作体系就是在"心服务·星先锋"党建文化品牌的根基上构思的。

作为全国党建工作"样板支部"培育创建单位,学院党建工作基底扎实,已形成自有品牌。"三'心'和三'星'分别是学院党建文化品牌的出发点和落脚点。"酒店管理学院教工支部书记、浙江省"双带头人"教师党支部书记工作室负责人章艺说,"'心服务·星先锋'党建文化品牌的内涵是在思想政治上要守初心、在学习工作上要秉匠心、在奉献服务上要暖人心。我们希望全体党员和教师最终能成为指引学生前进方向的北斗星、助学生逐梦前行的启明星、教学生重义担当的智多星,深度落实'全员育人'理念。"

"微笑之树"立品牌

"三全育人"的核心是"人"。把学生摆在首位,是"1+1+N"学生综合素质提升工作体系构建的初心和出发点。"如何在学生思政工作中融入'三全育人'理念,探索和创新工作体系是当下高校教育的重要改革方向。"酒店管理学院学工办主任、教工党支部副书记谢振旺说,"学院当初构思'1+1+N'学生综合素质提升工作体系时就考虑到了要结合学生工作,从党建、宣传、始业教育、安全教育、创业就业、团学、奖助以及学风建设8大载体入手,人人参与、时时在线、面面俱到。"

据介绍,"1+1+N"学生综合素质提升工作体系在党建引领的根基上,以全程五育并举为树干,全员育人工作模块为枝干,全方位育人举措为树叶,学生综合素质提升为果实,勾勒出一棵以"微笑酒管·精彩人生"为名、内含8大工作载体元素的"微笑之树",囊括学生管理工作的方方面面。微即"无'微'不至"学生党建工作载体;笑即"载'笑'载言"新媒体工作载体;酒即"初识'酒'爱"始业教育工作载体;管即"'管'怀备至"安全教育工作载体;精即"'精'英创智"创新创业就业工作载体;彩即"多'彩'青春"团学工作载体;人即"情暖'人'心"学生奖助工作载体;生即"有'生'力量"学风建设工作载体。

公寓育人建体系

为拓展扩大学生思想政治教育阵地,进一步落实三全育人"全方位"效应,发挥党员先锋模范引领作用,学院抓牢学生公寓阵地,融合全国党建工作样板支部建设经验,创新推出了党建进公寓"123"工作体系(1个品牌、2种平台、3项配套)。

体系以1个"心服务·星先锋"党建文化品牌为引领,搭建学生第一、第二支部和"党员工作站"2种组织平台,通过硬件改造、软件提升和日常服务3项党建配套,进一步提升公寓管理育人、服务育人等功能,将学生公寓打造成为红色思想引领、政治教育强化和道德品质养成的重要阵地。

"党员先锋要亮牌上墙的。"酒店管理学院预备党员、19 酒管 13 班学生黄雯雯指着公寓大厅墙上自己的照片说,"现在我们楼有专门的红色书报亭,每周开展一次党员领读、积极分子参与的红色专题学习会,同学们学习都积极了不少!"她介绍:"公寓楼还专门设立了一站式便民生活服务角,关键时候可以免费按需领取物品。公寓楼还定期结合'二十四节气'等传统文化开展各种各样的活动,我们包过粽子、做过香囊、做过饺子、送过绿豆汤……同学们都很喜欢。"

累累硕果话初心

伴随着"1+1+N"学生综合素质提升工作体系构思、成型和推行,学院涌现出了一大批优秀学子,收获了累累硕果。这些学生在各类竞赛中斩获佳绩,累计获国家级竞赛奖项 19 项、省级奖项 70 多项。他们甘于服务奉献,积极践行"围绕旅游强服务"理念,年轻的身影活跃在全国残疾人运动会、乌镇世界互联网大会、浙江省两会等现场,还积极响应政策号召助力"万村景区"建设……

"服兵役是国之大事,摁了手印就要兑现承诺、勇于担当。"校级最高荣誉"最美阳光标兵"获得者、酒店管理专业学生郑丽萍在入伍前说。2019 年,正在服兵役的她参加了庆祝新中国成立 70 周年大阅兵,担任单簧管演奏员,在天安门广场接受党和人民的检阅。疫情发生后,她又主动投身抗击疫情第一线,在疫情防控工作中充分彰显出党员先锋模范力量。2020 年,返校继续求学的郑丽萍以优异的成绩、高尚的品格、卓越的表现获评国家奖学金特别奖。

"感谢学校和老师们给我开了一个好头,让我扣好了人生第一粒'扣子',我将继续让青春之花绽放在党和人民最需要的地方。"郑丽萍说。这正是学院积极探索"1+1+N"学生综合素质提升工作体系的出发点,也是学院不断深化"三全育人"成效的目标。

9.《中国旅游报》:成体系培养匹配新时代的"酒店工匠"
——以浙江旅游职业学院为例

卢静怡

建设知识型、技能型、创新型劳动者大军是我国文化和旅游事业迈向高质量的动力泵。后疫情时代,全球酒店业的渐进复苏为中国酒店业提供了价值跃迁的契机,时代呼唤大匠至巧的"孺子牛",行业渴望一专多能的"拓荒牛",顾客乐见敬业精益的"老黄牛"。

综观全球，仔细研究口碑良好的酒店企业或品牌，会发现一个清晰的趋势，即：他们的团队坚持用"工匠精神"为客人提供良好的居住体验。高校是工匠精神实施与实践的主平台、桥头堡。就酒店管理专业而言，如何契合国家顶层战略，让工匠精神在酒店高质量发展中扮演"澎湃动能"的角色，是一个现实的议题。笔者认为，可依循"站位""思想"与"转型"三大抓手，成体系地培养匹配新时代的大国工匠。

在"站位"上有高度，加快建立共建共荣的"产教共同体"。现阶段，成立企业制学院，共建院务委员会、教学指导委员会是我国高校的普遍做法。然而，合作载体优势不凸显，现代学徒制校企共育路径单一的问题始终存在。笔者所在的浙江旅游职业学院针对上述问题，探索性升级了企业制学院，通过与首旅南苑集团共建2.0版企业制学院，试图破解认知上的偏差。学院全面实施"学生—学徒—管理精英（工匠）"职业发展路径。通过课程资源建设、标准建设（行业标准、专业标准、课程标准、实训标准、教材标准等），引领专业发展与行业规范。以学院为主导，落实思政类、素质类课程全程贯通，以"匠心匠技"为主线，完成了专业技术类、专业管理类、工作标准类课程的校企共建。以学生为中心，通过整合产教共同体的资源优势，从服务能力、督导能力、经理能力方面，全面实现匹配工匠精神的职业能力进阶，使"产教共同体"的优势得以发挥。

在"思想"上有突破，迭代创新传统人才培养模式。浙江旅游职业学院以现代学徒制班为载体，结合10年培养经验，重构了基于工作过程能力和职业素养导向的课程体系，引入企业职业标准，通过品牌活动体验、企业技能赛项等活动，创新了"学生—学徒—技术工匠"全程产学交叉成长路径。2018年起，引入浙江开元旅业的中高层管理能力点测评指标，以企业课程为主导，充分利用36个月完成各等级能力点测评，鼓励学生利用假日提前完成实践积分，在校时实现管理晋升，突破校园"围墙"，实现"学生—学徒—管理精英（工匠）"升级发展路径。以课程为载体，校企路径互鉴共通，打破学徒至技术型工匠的单一路径。通过第一阶段的师徒结对、校内见习、校外实践课程，完成酒店基本认知。通过第二阶段的专业核心课程、专业选修课程、企业品牌课程学习完成学生学徒向员工的逐步转型。第三阶段是利用操作类跟岗与顶岗实习，通过工作标准考核，逐步向技术工匠转化；利用管理类跟岗与顶岗实习，通过管理能力点测评，逐步进阶为管理精英（工匠）。

在"转型"上有成效，构建引领导向型的"三师三能"师资队伍。工匠的培育关键在师傅。浙江旅游职业学院紧扣产业标准，以工匠精神为指引，依托教育部酒店管理专业"双师型"教师培养培训基地,逐步建立了一支适应酒店数字化变革的,具备行业引领能力、技术创新能力、文化传播能力的师资团队。近三年,师资团队承担《品质饭店评价规范》《特色文化主题饭店》等起草工作,二十余人以国家和省级星评员、品质饭店评审员等身份参与行业规范发展,同时,指导学生未来职业规划。十余位教师以技术传承者为目标,精益于提升学生职业技术,学生获得国家级竞赛奖项19项、省级奖项61项。团队师资获得国际酒店业职业资格认证、国际金牌咖啡评审员认证、中国金钥匙联盟讲师认证等,占教师总数的近9成,较好地打通了工匠质素的传承、传播与引领链路。(作者系浙江旅游职业学院酒店管理学院院长)

10.《中国旅游报》:浙江旅游职业学院与开元酒店集团创新人才培养模式 酒店管理专业学生36个月可当部门经理

陈 静

刚上大二的浙江旅游职业学院学生顾若彤,前不久被杭州开元名都大酒店聘任为见习领班。她是2019级"M36开元精英班"的班长,自入学时通过面试成为开元精英班的一员后,每周五、寒暑假,她都会和同学们一起到杭州开元名都大酒店上酒店和学校共同定制的课程,既有理论,又有实操。

晋升为见习领班并不容易,晋升率只有15%,是同期在岗位上获得同事和客户点赞最多、累计实践学时最长、岗位技能考核最优的"三最员工"。在后续的酒店实践过程中,见习领班将作为企业的基层管理人员指挥小组员工工作,并逐步增加对客接待、协调组织、运营管理等工作内容,向主管岗位发展。

"像顾若彤这样优秀的学生,很有可能在经过大三学年的历练后胜任主管职位,也就是一毕业就能当上主管,月薪6000元左右。此后再经过12~16个月的历练,就极有可能当上部门经理,月薪达到8000~10 000元。这样的职业待遇对刚出校门的毕业生而言是相当不错的,对酒店而言,也能将有潜力的人才留住。""M36开元精英班"项目主要负责人之一、开元杭州区域总经理金杭甬在接受记者采访时表示。

据了解,"M36开元精英班"是开元酒店集团与浙江旅游职业学院酒店管理学院深度合作的一个创新项目。该项目创新办班模式,将实践教育贯穿人才培养全过程,有针对性地将在校教育与在企业的社会实践深度融合,以解决酒店行业留住大学生、留住优秀人才的问题。

M36 是指 36 个月的重点实践培养期，具体分 3 个周期。一是学生入校前 2 年，依托校企共同开发设计的人才培养方案，使学生获得超过 10 个月的在岗实习时间；二是学生自第三学年开始，进行为期 11 个月的酒店实习期；三是毕业后在酒店正式工作 15 个月左右，也就是在总计历练 36 个月后，学生即可获得 3 次集团旗下酒店部门经理的推荐机会。"也就是说，学生毕业 1 年半时间，就能当上部门经理。而常规酒店专业毕业生，一般需要 5 年甚至 8 年才能完成这样的职业晋升。"

"目前，业界也有不少校企合作开展订单式人才培养，但效果并不理想。酒店行业是一个实操性很强的行业，要胜任管理岗位，必须得在基层岗位上具备足够的历练。毕业生要在基层岗位上工作 1-2 年，才能获得晋升的机会，而酒店行业基层人员薪资一般偏低，因此很多人在此期间就会选择跳槽到其他行业。"金杭甬说，"M36 开元精英班"项目的创新点在于，能把学生的"历练"深入贯穿在校学习阶段，使其毕业后成为酒店真正需要的人才，而真正有才能的人也得到了应有的职业待遇，获得比一般毕业生较高的薪资收入和职位，这样就会让院校方和酒店方的供需由以前的"错位"变为"匹配"。

据了解，近年来，长时间的基层工作、较低的薪资以及社会地位不高使得高校酒店管理专业的学生对于行业认同感普遍不高，再加上互联网等行业对年轻人吸引力较大，不少酒店管理专业的毕业生转行转岗。专业性人才匮乏且流失严重，无新鲜血液注入，已成为制约酒店行业健康发展的突出问题。

"近几年，在以往订单式培养、顶岗实习、共建实训基地等基础上，我们一直在积极联系企业，共同制订教学计划、共同组建教师团队、共享教学资源、共同提高培养质量，希望能共同探索解决行业人才培养的'痛点'问题。M36 精英班就是在此基础上探寻出的酒店人才培养新模式。"浙江旅游职业学院酒店管理学院院长卢静怡说，2019 年，开元与学校共同选拔了 40 名新生组建了第一个 M36 开元精英班，经过一年的培养，部分学生已崭露头角，基本上能胜任酒店基层领班或主管的岗位。"这证明这一尝试是较为成功的。目前，这一项目已引起了多个高校和企业的关注，也赢得了很多学生的青睐。第二期开元精英班近日已成功组建，共招收了 36 名精英班成员。后期，我们还会持续加大投入，探寻更加契合双方需求的人才培养模式。"

业界专家表示，精英班项目的实施既需要学校在教学计划上支持，又需要酒店有严谨的培训计划、提供充分的培养实践岗位、与学校共同制定课程体系，同时还需要学生的认同性与主动性。希望业界与校企能发挥主观能动性，涌现出更多的创新和探索，让更多的酒店管理专业毕业生"高起点"就业，为行业留住更多的"未来之星"，用优秀的人才激活行业的创新发展。

11.《光明日报》：浙江旅游职业学院：让党史学习教育"活"起来

宣传部

红色书籍日均借阅量从30余册增长到近100册，日均入馆流量人次增加近一倍……近段时间，浙江旅游职业学院图书馆成为师生们眼中的"热门景点"。党史学习教育开展以来，全校上下迅速行动，快速掀起了党史学习教育的热潮。

开学以来，坐落在校园内的浙江旅游博物馆四楼有一项工程正在紧锣密鼓地推进中。"为庆祝建党100周年，学校筹建'红色之旅'场馆，在'七一'前正式开馆。"马克思主义学院副院长刘建明说，"场馆内部设计了LED矩阵墙体，720全景高清线上展馆、红色景点景区VR体验等展区，将成为生动展示党史、红色旅游研究、学校党建、思政教育成果的重要窗口。"

除了线下宣教阵地建设，学校"百年礼赞"系列文体活动也已全面铺开。3月29日，第十一届"读书文化节"系列活动正式启动。"书中阅'百年'是我们今年读书文化节的主题。除了传统的精品活动，我们结合党史学习教育和建党100周年推出了'致百年'系列活动。"图书馆馆长项顺贵介绍，包括寻'百年'——'党史上的今天'图书推荐、探'百年'——'聚变'摄影活动、述'百年'——真人图书馆。

3月，旅行服务与管理学院师生来到浙江美术馆，完成"红船女儿现场：献礼中国共产党成立100周年艺术特展"19组艺术作品的视频讲解任务，为来馆参观展览的群众提供便捷服务。艺术学院师生开展了"FM红色书信馆"活动，通过朗读红色书信，展现革命先烈的爱国情怀、无畏的革命斗志以及对亲人的深情牵挂。工商管理学院举办"三行情书"党日活动，师生们用初心向党表白，抒发自己感恩党、崇敬党、忠诚党的炽热情怀，表达不忘初心、紧跟党走的坚定决心。

第三届辅导员党史理论宣讲比赛正在如火如荼地进行中。"守护红色根脉，展示青春风采"是今年宣讲比赛的主题，辅导员们围绕"红船精神""四千精神""浙江精神"、大陈岛垦荒精神、浙西南革命精神、蚂蚁岛精神、海霞精神、新时代浙商精神等8个主题开展理论宣讲。

"党史学习教育期间，整个学工系统将开展'五个一'系列活动，举行一场红色根脉主题报告会、开展一次红色足迹寻访活动、举办一场党史理论宣讲比赛、召开一次红色经典读书分享会、共建一个学生共享阳光书苑,进一步树牢师生理想信念,强化责任担当。"学工部部长徐初娜说。学校还以"红色讲坛"形式,邀请校外党史研究专家、省劳模、省新四军历史研究会宣讲团等到校讲好党史学习教育专题党课。

"为师生办实事、为学校解难题、为基层减负担"是学校党史学习教育的专题实践活动主题。以师生美好生活公共活动空间提升改造项目为例,学校计划在 2021 年完成增加停车位 25 个,在教学楼建设屋顶花园,在运动场地增加照明设备,在文创中心等场所增加遮阳伞和休闲桌椅等服务,利用好公共活动空间及功能空间,提升师生学习生活环境的品质。学校工会也在全体教职工中推出了"庆建党百年 迎亚运盛会"全民健身年活动,通过"云上漫步"线上健身走活动、全民健身操比赛、公园健身打卡活动等活动,提升教职工身心素质,营造健康生活理念。

12.《光明日报》:浙旅职打造红色阅读体验空间

5 条浙江省红色旅游经典线路介绍,12 个红色旅游景区的标志性景点,11 个红色景区"合影打卡"专题模型,浙江省革命历史人物展,入党誓词墙及手抄本……以红船文化为依托,浙江旅游职业学院图书馆的"在红船边上"红色阅读体验空间"上线"后就成了学校的"网红打卡地",红色书籍月均借阅量从 360 余册增长到 800 余册,日均入馆流量人次增加近   倍。

"我最喜欢图书馆体验区的朗读亭,在里面诵读《红色家书》《共产党宣言》等红色经典作品,从作品中感受浓浓的家国情怀。体验区里展示了我军的历史物品,如仿

真步枪、水壶、军号等，我们还可以穿上道具军装在各种模型前合影。"艺术系学生支部党员季卓亚说。

"我们采用互动体验的形式设计红色阅读空间，用'看得见''摸得着''用得了'的具体应用让师生们体会红色文化，通过多维度的体验，突破传统的'灌输式'红色教育。"据校图书馆馆长项顺贵介绍，除了红色阅读空间的精心设计，"沉浸式"红色阅读体验活动也在主题教育期间如火如荼开展。

系列巡展活动以浙江省红色旅游经典线路为核心，展示"红色浙江"之旅、"星火燎原"之旅、"红色要津"之旅、"红色海防"之旅和"两山理论"之旅五个部分内容；

"诚信书吧"项目通过在南北校区各选取一幢学生宿舍，展示红色经典图书，供学生自由借阅，由宿舍学生党员定期管理维护；

读书思考沙龙活动通过邀请嘉宾讲座、优秀党员事迹分享等形式，激励师生不断升华理想信念，筑牢信仰之基；

红色电影放映月活动通过播放爱国主义红色电影，带领师生们追忆峥嵘岁月，弘扬爱国主义精神；红色佳句欣赏活动通过精选红色佳句100条，海报总数千余块，利用教学楼、寝室楼、食堂楼梯拐角处，路灯杆等醒目位置传播红色文化。

"在'不忘初心、牢记使命'主题教育期间新推出的图书馆系列活动,一方面通过视、听、读、触、享多维沉浸,让红色文化体验更'接地气';另一方面将红色文化与浙江旅游线路充分融合,是展现'文旅融合'发展的新尝试,也是主题教育期间学校的特色亮点。"该校党委书记金炳雄说。

后 记

《高等职业学校全员全过程全方位育人"浙旅探索"》是集体智慧的结晶。浙江旅游职业学院党委书记韦国潭高度重视、持续推进；编委会成员多次研究全书的框架结构、内容编排；校党委副书记周国忠、学工部部长徐初娜、副部长金蓓蕾具体负责协调、统稿工作。在此，向所有给本书倾注了大量心血、参与书籍编写的工作人员致以衷心的感谢和诚挚的敬意！由于时间仓促，不足之处在所难免，欢迎广大读者批评指正。